驾驶行为模拟实验平台及其应用研究

赵晓华　荣　建　张志清　著

人民交通出版社

内 容 提 要

本书主要从国内外驾驶模拟技术的发展历程、研究动态、关键技术以及基于模拟技术开展的研究内容、研究方法、研究结果等方面着手，详细介绍了在驾驶行为、道路条件及交通设施等领域，基于驾驶模拟技术开展的相关研究，总结了驾驶模拟技术的应用经验，提出了基于模拟技术从事交通领域相关研究的基本思路，为开展相关研究提供借鉴。

本书可作为高等学校交通运输工程类研究生教材或科研、教学参考用书目，也可作为广大围绕驾驶模拟技术开展相关研究人员的重要参考用书。

图书在版编目(CIP)数据

驾驶行为模拟实验平台及其应用研究/赵晓华，荣建，张志清著．—北京：人民交通出版社，2013．11

ISBN 978-7-114-10693-4

Ⅰ．①驾… Ⅱ．①赵…②荣…③张… Ⅲ．①汽车驾驶—模拟实验—研究 Ⅳ．①U471．1-33

中国版本图书馆 CIP 数据核字(2013)第 211052 号

Jiashi Xingwei Moni Shiyan Pingtai Jiqi Yingyong Yanjiu

书　　名：驾驶行为模拟实验平台及其应用研究

著 作 者：赵晓华　荣　建　张志清

责任编辑：戴慧莉

出版发行：人民交通出版社

地　　址：(100011)北京市朝阳区安定门外外馆斜街 3 号

网　　址：http://www. ccpress. com. cn

销售电话：(010)59757973

总 经 销：人民交通出版社发行部

经　　销：各地新华书店

印　　刷：北京市密东印刷有限公司

开　　本：787 × 980　1/16

印　　张：15．25

字　　数：300 千

版　　次：2013 年 11 月　第 1 版

印　　次：2013 年 11 月　第 1 次印刷

书　　号：ISBN 978-7-114-10693-4

定　　价：48．00 元

(有印刷、装订质量问题的图书由本社负责调换)

前　言

驾驶模拟最早出现在航空驾驶训练中，随着计算机成像技术和运算能力的发展，其逐渐应用在汽车训练中。美国在20世纪70年代就有500多所汽车驾驶学校装备了汽车驾驶模拟舱。目前，驾驶模拟舱已经广泛应用于车辆工程、交通土建工程、人因工程等领域。模拟舱主要有3种，分别是简单的驾驶模拟器、真车模拟舱和支杆式模拟舱。随着虚拟技术的快速发展和应用，高保真驾驶模拟技术已经得到了长足的发展和应用。

驾驶模拟技术是把实际道路交通系统在实验室内真实的模拟再现，为了更科学地分析研究道路交通系统，实验平台需要能够对道路交通系统中人、车、路和环境4个部分建模和采集数据，满足与微观驾驶行为及驾驶人特性相关的研究要求。同时，为了实现以驾驶人为核心的交通系统综合分析，需要集成其他采集驾驶人特性的仪器设备，搭建驾驶人综合特性采集系统。

近年来，应用驾驶模拟技术国内外开展了很多相关的研究工作，研究内容包括交通系统中人、车、路以及环境的方方面面。本书围绕驾驶人的特性，在介绍驾驶行为模拟实验平台的基础上，详细介绍了应用驾驶模拟技术，通过科学的实验设计方法及统计分析技术，在驾驶行为特性研究、道路条件优化设计以及道路环境效用评价等方面开展了相关研究工作。

本书主要内容包括：

第1篇，驾驶行为模拟实验平台。这是本书的基础部分，在了解交通系统人的特性的基础上，基于人的性能检测，集成构建驾驶行为模拟实验平台，实现驾驶人生理、心理、行为特征参数的综合采集。同时，对于在应用驾驶模拟技术开展相关研究过程中采用的实验设计方法以及数据处理技术进行了详细的介绍和说明。

第2篇，驾驶行为实验研究。主要介绍了驾驶行为特征建模以及对交通流的影响、酒后驾车特征及判别方法、驾驶疲劳的特征及判别方法。这部分主要基于驾驶人的特征采集和提取技术，获得驾驶人分类特征以及在危险状态下的行为特征。

第3篇,道路条件实验研究。主要介绍了左侧路肩设计、道路横断面及道路线性设计等研究内容。这部分的基本思想是以驾驶人感受作为优化目标,采用模拟技术研究道路基础条件的设计方法。

第4篇,道路环境实验研究。主要介绍了道路景观的单调性、线形诱导标的效用评价、减速标线的有效性以及急弯处标志作用的相关研究。围绕交通环境,以人为核心,研究道路环境的效用评价方法。

本书属于专著书籍,是作者多年从事驾驶模拟实验研究的总结和经验的汇总,主要根据模拟实验平台以及作者的研究工作完成。期望本书的出版能为从事驾驶模拟实验研究的研究人员和学者提供一定的借鉴和帮助,特别是如何科学地应用驾驶模拟实验平台支持交通领域以人为核心的相关研究提供技术路线和方法。本书在撰写过程中受到北京工业大学交通研究中心魏中华老师、翁剑成老师、边扬老师和孙立山老师的大力支持,在此深表感谢。同时,对于博士研究生李德慧、毛科俊、张兴俭、关伟,以及硕士研究生龚鸣、丁罕、伍毅平、杜洪吉、黄利华、王丰等学生在本书撰写过程中付出的辛苦表示诚挚的谢意。

由于作者水平有限,难免有疏漏及不足之处,敬请读者批评指正。

作　者

2013年5月

目　录

绪论 …… 1

第 1 篇　驾驶行为模拟实验平台

第 1 章　交通系统中驾驶人特性 …… 5
　1.1　交通系统与驾驶人的相互关系 …… 5
　1.2　驾驶人生理、心理特性 …… 7
　1.3　驾驶人的认知行为特性 …… 14
第 2 章　驾驶行为模拟实验平台 …… 17
　2.1　驾驶行为模拟实验平台简介 …… 17
　2.2　驾驶行为模拟实验平台结构组成 …… 20
　2.3　驾驶行为模拟实验平台的应用 …… 30
第 3 章　实验设计方法及数据分析 …… 34
　3.1　实验设计方法 …… 34
　3.2　数据分析方法 …… 42

第 2 篇　驾驶行为实验研究

第 4 章　驾驶人个体特征 …… 53
　4.1　驾驶人交通特性 …… 53
　4.2　驾驶人特性与交通特性关系 …… 55
　4.3　驾驶人特征分类 …… 58
　4.4　不同类型驾驶人微观模型特征 …… 59
　4.5　驾驶人特性对交通流的影响 …… 75
第 5 章　酒后驾驶 …… 83
　5.1　酒后驾驶简介 …… 83
　5.2　数据获取方法 …… 87
　5.3　影响特征 …… 89
　5.4　状态判别 …… 99

第 6 章　疲劳驾驶 …… 103
6.1　疲劳驾驶 …… 103
6.2　疲劳驾驶的特征 …… 108
6.3　疲劳驾驶的判别及预警 …… 120

第 3 篇　道路条件实验研究

第 7 章　左侧路肩 …… 131
7.1　左侧路肩简介 …… 131
7.2　左侧路肩对驾驶人的影响特征 …… 134
第 8 章　道路设计 …… 144
8.1　道路三维仿真场景 …… 144
8.2　道路设计 …… 148
8.3　设计方案评价 …… 167

第 4 篇　道路环境实验研究

第 9 章　道路环境单调性 …… 177
9.1　道路环境单调性 …… 177
9.2　道路环境单调性判别 …… 180
9.3　道路环境单调性对驾驶人的影响特征 …… 189
9.4　道路环境单调性评价的应用对策 …… 193
第 10 章　急弯处警告标志 …… 197
10.1　急弯处警告标志概述 …… 197
10.2　急弯处警告标志位置与驾驶行为的影响 …… 201
10.3　研究分析对工程实践的指导意义 …… 210
第 11 章　线形诱导标 …… 211
11.1　线形诱导标简介 …… 211
11.2　线形诱导标影响特征 …… 213
11.3　指导意义 …… 221
第 12 章　减速标线 …… 222
12.1　减速标线简介 …… 222
12.2　减速标线有效性评价 …… 224
参考文献 …… 232

绪　论

1. 交通安全中的人因因素

人类第一起交通事故的发生，意味着汽车这种交通工具从此变成了一把双刃剑，它在带给人们幸福的同时，也把灾难撒向了人间。因此，汽车被人们形象地比喻为"能走的凶器、能动的棺材"。随着汽车保有量的不断增加，道路交通事故已成为一大社会公害。道路交通事故是我国安全生产的主要事故源。据国家安全生产监督管理总局统计数据表明：我国自2001年以来，意外死亡人数为13万余人，其中道路交通事故死亡人数为10多万人，约占总死亡人数的80%。

道路交通系统是由"人—车—路—环境"构成的复杂系统，交通安全需要交通系统中各个要素之间的相互协调才能实现，道路交通事故的发生从根本上讲是"人—车—路—环境"系统中的要素失去平衡造成的。交通事故的原因可以分为人的因素与车辆及道路环境系统的因素2个方面，人的因素包括驾驶人、行人、交通管理者及其他交通参与者等。国内外相关研究结果表明，在"人—车—路—环境"4要素中，由驾驶人直接导致的道路交通事故约占70%。若综合考虑车辆、道路设计、建造、维护以及道路环境等方面的人因因素，有90%～97%的事故与人的因素有关。

驾驶人是交通行为人中的强者，在道路交通要素中具有特别重要的作用。驾驶人在行车过程中的差错是引发道路交通事故的直接原因，驾驶人的差错又由多种因素造成，包括驾驶人自身、交通管理规则以及道路运行环境等，但驾驶人自身却是引发交通事故的根本原因。研究表明，道路交通事故中，由于感知失误引起的事故占48.1%，判断决策失误引起的事故占36.0%，反应操作失误引起的事故占7.8%，其他原因占8.1%。

驾驶人的行车过程是"人—车—路—环境"的驾驶操控系统。首先通过自己的感官（主要为眼、耳）从外界环境接受信息，产生感觉（视觉和听觉）；然后通过大脑一系列的综合反应产生知觉，在知觉的基础上，形成所谓的"深度知觉"，如目测距离、估计车速和时间等；最后，驾驶人凭借这种"深度知觉"形成判断，从而指挥操作。

在车辆驾驶操控系统中，起操控作用的是驾驶人的生理、心理素质和反应特性，这不仅与驾驶人的年龄、性别、基本的生理状况、心理状况有关，还受驾驶人受教育程度、累计驾驶时间、日平均行驶里程数等因素的影响。

因此，从驾驶人的角度出发，探究驾驶人行车过程的驾驶行为特性和生理、心理反应特性,分析驾驶行为与道路交通环境之间的相互影响关系,明确驾驶行为影响过程和形成机理,进而优化道路交通环境系统,这对于提高行车安全,减少交通事故具有重要意义。

2. 驾驶模拟技术的发展

汽车驾驶模拟器是一种能正确模拟汽车驾驶动作,并能在主要性能上获得与真实汽车驾驶相同感觉的仿真设备。汽车驾驶模拟器具有多种类型,按视景系统的不同,可分为被动式驾驶模拟器和主动式驾驶模拟器;按用途的不同,可分为训练型汽车驾驶模拟器和开发型汽车驾驶模拟器;按驾驶模拟器的运动结构不同,可分为座位固定式、整体转鼓式和座位可转动式3种形式。

驾驶模拟最早出现在航空驾驶训练中,随着仿真技术的发展,特别是计算机成像技术的成熟,才被逐渐应用在汽车训练中。20世纪80年代以前,国外开发的汽车驾驶模拟器主要为静态训练型,可分为主动式和被动式。比较早的如捷克的点光源平板投影式汽车驾驶模拟器,应用比较广泛的是日本新泻通讯机株式会社开发的NT-491系列和多轮公司的L-300型汽车驾驶模拟器。

20世纪80年代以后,利用开发型模拟器进行"人—车—环境"系统的主动安全性分析,改善汽车运动性能已成为提高安全性的主要研究方向之一。德国、日本、美国的各大汽车厂家都分别投入巨资研制开发型汽车动态模拟装置。

1985年,奔驰公司首先研制出世界上规模最大的六自由度汽车动态模拟器,并成功地用于系列化高速轿车的产品开发中。1989年,大众公司则投资改进了其原有的模拟器,更新了计算机运算能力和视景生成系统,并用于新产品研制中。1991年,马自达公司投资研制了跑车型模拟器。1993年初,福特公司也投资研制开发模拟器。1995年,日本汽车研究所建成了带有体感模拟系统的模拟器。通用公司的最初研制计划始于1989年,至今已开发出第二代产品,其性能指标居世界领先水平。美国依阿华大学1993年就投入1300万美元来开发汽车驾驶模拟器,1996年又进一步增加投资3000万美元由TRW公司进行改进,其产品被称为"国家高级汽车驾驶模拟器(NADS)"。

汽车驾驶模拟器在我国发展较晚,经历了从引进国外产品到自行研制的较漫长的发展过程。20世纪70年代,中国已有了自己研制的点光源、转盘机电式汽车模拟器。到了20世纪90年代,随着计算机技术和图形、图像技术的发展,国内相继出现了自己研制的、仿真精度较高的主动式实时科研型汽车驾驶模拟器。装甲兵工程学院开发的MUL 2QJM汽车驾驶模拟器采用了实时车辆动力学、运动学仿真模型和实时CGI技术,不仅可以完成汽车驾驶培训,还可以进行车辆安全性、人机工程、道路工程等研究。南京大学软件新技术国家重点实验室开发的主动式三维汽车驾驶训练模拟器,应用了三维场景人工智能技术。昆明理工大学交通综合模拟实验室也于1999年开发出了基于网络的WM汽车驾驶模拟器,除了其先进的车辆模型、逼真的视景系统外,它的联网功能可允许多台驾驶模拟器同时操作,并具有可选择的对车辆的监视功能。1996 年,吉林工业大学建立了汽车动态模拟国家重点实验室,其建设完成的科研型 ADSL 驾驶模拟器的规模和性能设计指标居世界先进水平。目前,北京工业大学、清华大学、同济大学、公安部交通管理科学研究院、交通运输部公路科学研究院等多所高校及科研院所都通过引进开发等方式建立了自己的汽车驾驶模拟器。

3. 驾驶模拟技术在交通领域中的应用

与其他实验环境相比,驾驶模拟器不仅能完全控制实验所需环境因素,高效收集实验数据,而且还能为人的极限生理反应、车辆失控、碰撞等危险情况的实验提供安全的环境;同时,驾驶模拟实验也极为经济。因此,从 20 世纪 70 年代初起,以通用公司为代表,各国汽车公司和研究部门就针对所要研究的内容开发了自己的驾驶模拟器,应用于“人—车—路—环境”系统的研究。随着计算机技术的不断发展,汽车驾驶模拟器因其真实的仿真而在“人—车—路—环境”系统中得到了越来越广泛的应用,其研究内容几乎涉及汽车“人—车—路—环境”系统的每个方面:

1)驾驶人

通过模拟器可以研究驾驶人在道路交通环境中的驾驶行为特性、生理和心理反应特征以及驾驶行为机理。如紧急情况下驾驶人的认知行为、心理反应,新、老驾驶人之间的驾驶行为差异性,疲劳、酒驾、精力不集中等危险驾驶行为特性及机理,愤怒、情绪激动等条件下的驾驶行为特性,合理的驾车年限研究等。

2)车辆

通过设置不同的参数,驾驶模拟舱系统可以仿真不同的车辆性能状态,实现动态的信息反馈。一方面,利用驾驶模拟舱可以从人的角度研究人机界面设计及布局,开展汽车主动安全研究;另一方面,借助驾驶模拟舱系统可以开展相关车载辅助装置研究,如疲劳监测装置、不良驾驶行为矫正装置等。

3)道路

通过驾驶模拟器可以研究道路条件与驾驶行为特性的协调性和安全性,考察驾驶人在不同道路条件下的反应与操作,测试不同道路要素在交通安全中的作用与影响,为合理设计道路线形、优化横断面布局等提供技术参数。

4)环境

驾驶模拟器还可以用来研究道路交通安全设施、路侧景观等与驾驶行为之间的关系,通过研究不同的道路安全设施或景观对驾驶人视觉感知、操控行为及生理、心理的影响,从而对道路安全设施、路侧景观等进行优化设计。

驾驶人是“人—车—路—环境”系统中的关键因素,与交通安全事故息息相关,明确驾驶人行车过程及驾驶行为特性,对于合理设计道路线形、优化道路布局和优化设置道路安全设施,进而提高行车安全具有重要意义。与此同时,驾驶模拟技术的快速发展为从驾驶人的角度探讨交通系统、剖析交通行为特征等提供了有效的研究手段。基于此原因,本书依托北京工业大学驾驶模拟舱实验平台,以交通工程学、实验设计方法和数理统计方法为理论基础,围绕“人—车—路—环境”系统展开研究,涉及驾驶人个体差异特性,疲劳、酒驾等危险驾驶行为特征及预警装置,道路线形及横断面优化设计,道路景观优化设计,以及交通安全设施优化设计等多个方面。

第1篇 驾驶行为模拟实验平台

第1章 交通系统中驾驶人特性

1.1 交通系统与驾驶人的相互关系

1.1.1 驾驶人在交通系统中的作用

交通系统是由人、车、路及环境组成的一个综合系统(图1-1),其中人是交通系统中的核心部分,主要包括驾驶人、乘客及行人,而驾驶人又是最重要的组成部分。驾驶人通过视觉、听觉、触觉等器官从交通环境中获得信息,经由大脑处理作出判断,再支配手、脚等运动器官操纵汽车,使汽车按驾驶人的意愿在道路上行驶。

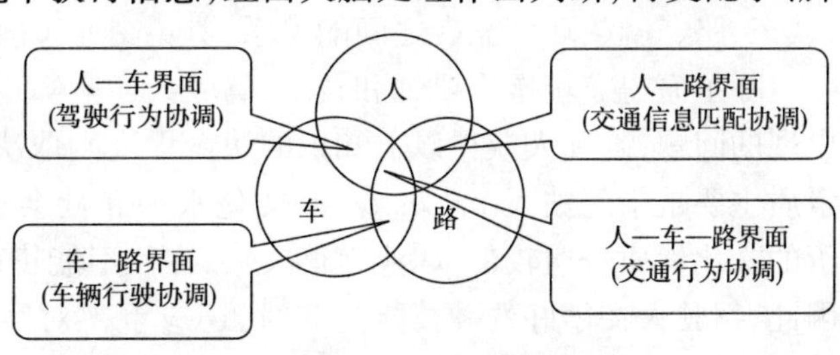

图1-1 人—车—路—环境系统构成

交通事故统计表明,在造成交通事故的诸多要素中,人的因素占的比例最大(占55% ~90%);而在发生交通事故的直接或间接原因中,80% ~90%与驾驶人有关。由驾驶人引起的交通事故一般是由于驾驶人的感知、判断或操作特性发生差错而造成的。如果驾驶人在信息搜索、处理、判断的某一环节上发生差错，都有可能引发交通事故。

1.1.2 交通系统对驾驶人的基本要求

驾驶人的行为对整个道路交通系统的运行有着很大的影响。因为驾驶人在保证将旅客和货物迅速、安全、准时送达目的地的同时，还要注意对行人和非机动车的影响，尽量减少交通事故，这就要求驾驶人在满足基本生理、心理素质的同时，还要有高度的社会责任感、良好的职业道德和熟练的驾驶技能。

首先，驾驶人的生理素质即身体健康状况须适应汽车驾驶要求。公安部明文规定，凡患有心血管疾病、心脏病、神经系统疾病、痴呆及生理缺陷等疾病的人不得办理驾照。一般把由于生理因素而导致的道路交通事故统称为生理型车辆肇事，其主要表现形式有视觉差肇事、色盲肇事、立体盲肇事（指双眼视觉功能产生障碍或视觉主体感缺失，不能利用双眼三维视觉来辨认物体之间的距离、方向、位置、速度等）、听觉差肇事、打喷嚏肇事、疲劳肇事等。

其次，驾驶人应具有良好的心理状态。驾驶人心理特征包括驾驶人本身的心理素质以及在特定行车环境中的心理活动，既有主观上的性格、气质、意志等因素，也包括在受外界人为或特定环境影响下的情绪反应等。国内外统计数据表明，道路交通事故中的70%以上由驾驶人心理特征引起，提高驾驶人心理素质是预防道路交通事故的关键。同时，交通事故案例分析表明，驾驶人的麻痹、骄傲、侥幸、逞强、逆反、盲目等心理反应极易引发交通事故。此外，驾驶人出现情绪波动、恐惧紧张或争抢车道等情况时，也都容易导致事故发生。因此驾驶人驾驶车辆时应保持精神饱满、视野开阔、思维清晰、反应灵敏、动作敏捷。

最后，驾驶人应该具备基本的驾驶技能与文化素质。驾驶机动车的工作是一项技术性很强的劳动，驾驶人操作车辆时，驾驶技术的好坏，直接影响汽车驾驶安全。我国明确规定机动车使用者应申请机动车驾驶证，驾驶证的获取需要通过驾驶人行车技术素质培训。优秀的汽车驾驶人应有熟练的驾驶技能，做到手脚动作配合密切，各操作互相协调，运用得当；同时，在行车中能正确分析和判断外界各种信息并采取相应措施，妥善处理人、车、路、气候、环境五者之间的关系，避免交通事故的发生。

除了懂得车辆操作要领和技术，驾驶人还应知道如何处理车辆运行过程中交通系统出现的问题，驾驶人获得以上知识的快慢程度则取决于驾驶人的文化素质。驾驶人文化素质主要是指驾驶人个人的修养、文化水平和社会道德观等。当前，我国营运驾驶人队伍的文化素质普遍较低，职业道德欠缺，往往不能正确处理经济效益与交通安全的关系。因此，驾驶人在学好驾驶技能的同时，还应重视对交通安全法律、法规的学习，提高安全意识，加强自身文化素质。

综上所述,在交通系统中,驾驶人不仅要满足生理特性的要求,还应具备良好的心理素质以及驾驶技能和文化素质。

1.2　驾驶人生理、心理特性

影响驾驶人感知、判断及操作特性的因素包括驾驶人生理和心理两个方面,从心理和生理角度分析驾驶特性影响因素,可为研究驾驶行为提供理论依据。

1.2.1　生理特性

驾驶人体力不足、生理缺陷、机能下降等不良生理现象与交通事故有直接联系。影响驾驶人感知、判断及操作行为的主要生理特性是其视觉和听觉特性;此外,其他生理特性如反应时间、驾龄、血型、年龄、性别等均对驾驶人行车过程产生影响。驾驶人常用生理检测指标主要有身高、体重、肺功能、血压、心电图、色觉、听力、视机能、握力、背力、视野等。

1. 驾驶人的视觉特性

驾驶人行车过程中,主要依靠视觉系统收集情报,所以对视觉机能的检查是考核驾驶人的重要内容。

1)视力

眼睛分辨两物点之间最小距离的能力叫做视力。视力有静视力、动视力和夜间视力之分。静视力是待检人员站在视力图表前,距视力表 5m,依次辨认视标测定的视力。我国驾驶人的体检视力标准为两眼的视力各应为 0.7 以上,或两眼裸视力不低于 0.4,但矫正视力必须达到 0.7 以上,无红、绿色盲。日本驾驶人的体检视力考核标准规定,驾驶大客车的驾驶人视力不应小于 0.5,小汽车驾驶人的视力不小于 0.4。

驾驶人在行车过程中的视力叫动视力。随着汽车速度的提高,驾驶人动视力会明显下降。例如以 60km/h 的速度行驶,驾驶人能看清距车前 240m 处的标志,而以 80km/h 的速度行驶,则在接近 160m 处才能看清。研究表明,车速提高 33%,视认距离相应减小 36%。为保证驾驶人在发现前方障碍物时,能有足够的时间辨认和采取措施,希望车速提高时,视认距离能相应地增加,但由于人的生理条件所限,其结果恰恰相反。因此,汽车的最高车速也受人的动视力的限制。

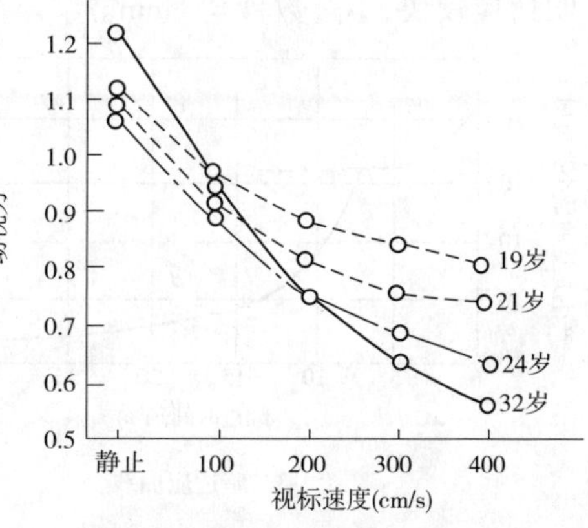

图 1-2　动视力与目标移动的关系

此外,视力下降数值与驾驶人的年龄也有关系,年龄越大,视力下降的幅度越大,如图 1-2 所示。室内试验表明,目标在垂直方向移动时,较在水平方向移动时的视力下降的程度大。目标的移动,若以相对眼的角速度表示,则角速度越大,视力下降的幅度越大。如在某种照明条件下,静视力为1.2,则在角速度为100°/s时,动视力只有0.3。

夜间视力受某些因素的影响,位于明亮地方的物体,容易被人看见,位于黑暗之中的物体,不易被看见。照度增加,视力增大。在照度0.1~1000lx范围内,照度与视力成直线关系。黄昏时间对驾驶人行车最不利,开启前灯与周围的光度相似,周边车辆及行人发生意外时均不易见到。夜间照明微弱,网膜上的圆柱细胞不能分辨颜色。所以,白天非常鲜艳的黄、红、橙色,天黑后被感知为暗蓝色;白天并不鲜明的青色反而惹人注目。夜间行车,在无外部照明,只用汽车前灯照明的条件下,一个身穿白色衣服的行人,当他距车82m左右,驾驶人就能看到有白色物体;距车42.9m左右,能断定是一个人;距车19m时,则可看清人的动向。若是穿黑色衣服的行人,距车9.6m左右,驾驶人才能够看清他是横过道路还是沿着道路行走。当驾驶人看清前面的红色是一位身着红衣的妇女时,那就说明她离车子的距离已少于47m;若能看出她与汽车反向行进,那她离汽车已经不足24m了。

由于汽车前灯光线较低,所以物体在车前的位置越低,夜间越容易被发现。交通标志立杆的下部,应经常清洗刷漆,便于驾驶人发现。一般而言,明度对比大的物体容易确认,但确认距离比白天短53%。加强交通标志的颜色对比,有助于驾驶人较早发现,以便及时采取措施。夜间行车,自发现路上有物至确认路上有何物的距离之差,对交通安全影响很大,应在道路系统中采取措施增大发现物体距离与确认物体距离的差值。

2)视力适应

由明处到暗处,眼睛习惯,视力恢复,叫做暗适应。由暗处到明处,眼睛习惯,视力恢复,叫做明适应。暗适应通常较明适应所需时间要长。例如入暗室时,成为习惯所需时间约为15min,若完全适应,则需要30min以上。适应速度的快慢,受到照明强度的影响,明适应较快,不过数秒至1min。

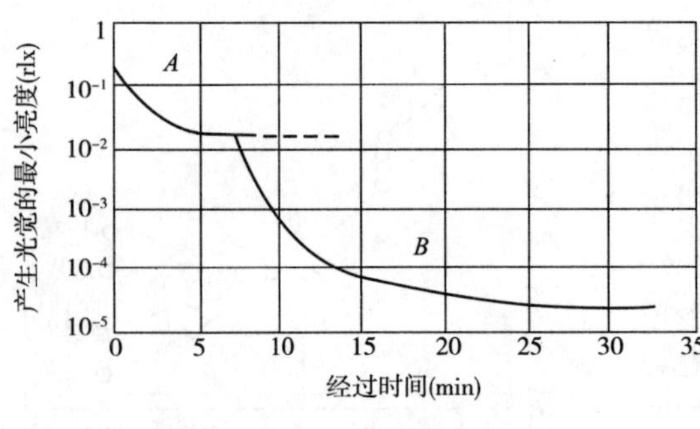

图1-3 暗适应曲线

图1-3为暗适应的过程,这一过程可以分为两个阶段,开始后5min,曲线变平缓,这段称为*A*段。*A*段表示圆锥细胞的暗适应。之后,较快地下降,经15min后,又开始缓慢下降,这段称为*B*段。

明适应过程,瞳孔要缩小;暗适应过程,瞳孔要扩大。眼睛在明亮的白天和黑暗的夜间,虽然能通过瞳孔的变化来适应环境,发挥视觉功能,但对明暗的突然变化不能立即适应,特别是由明到暗,比由暗到明更慢。一般由隧道外面进入隧道,大约发生10s的视觉障碍，这成为肇事的原因。在隧道出口产生的视觉障碍，在1s左右。因此，在隧道入口处应设有缓和照明，以减少视觉障碍，或在路旁设立"隧道内注意开灯"的标志，提醒驾驶人注意。

3)其他视觉特性

在视觉指标中，除了视力以及视力适应以外，还有耀眼、色视觉、视野等指标。

(1)耀眼。

通常，光线越明亮视觉越好。若视野内有强光照射，颜色不均匀，使人的眼睛产生不舒适感，形成视觉障碍，这就是耀眼。夜间行车，对面来车的前灯强光照射，最容易使驾驶人产生耀眼现象。耀眼是由眩光产生的，眩光会使人的视力下降，下降的程度取决于光源的强度、光源周围的亮度、眼的适应性等多种因素。汽车夜间行驶，大多遇见的是间断性眩光。耀眼后视力恢复时间的长短与刺激光的亮度、持续时间、受刺激人的年龄有关系。为了避免眩光影响，可采取交通工程措施，如改善道路照明、设防眩网、设道路中央分隔带等。此外，还可以采用汽车前灯用偏光玻璃做灯罩、带防眩眼镜、驾驶人内服药物等方法。

(2)色视觉。

能引起视觉的电磁波称为可见光，可见光只占电磁振荡全部波长的很小一段，在可见光波长范围内，不同波长的感觉阈限不同，可见光的波长在400～760m之间。可见光的颜色是从波短的紫色到波长的红色之间的颜色。波长在此范围以上的为红外线，在此范围以下的为紫外线。不同的颜色对驾驶人产生不同的生理心理作用，如红色显近，青色显远；明度高的物体视之似大，显轻；明度低者，视之似小，显重，等等。从远处辨认颜色的顺序为红、黄、绿。表面色易读顺序为黑/黄、红/白、绿/白、蓝/白、白/蓝、黑/白(分子为表面色，分母为底色)。红/黄色虽不易读，但最能唤起人们的注意。我国制定的交通标志，就是按照易读的原则把警告标志都定为黄底黑色图案。

(3)视野。

两眼注视某一目标，注视点两侧可以看到的范围叫做视野。用大分度器状的视野表测定视野，将视野表上的弧向各种角度回转，做成视野图，可知与驾驶人最有关系的视野方向主要为水平视野。

将头部与眼球固定，同时能看到的范围为静视野。若将头部固定，眼球自由转动，同时看到的范围为动视野。驾驶人的视野与行车速度有密切关系，随着汽车行驶速度的提高，注视点前移，视野变窄，周界感减少，如图1-4所示。

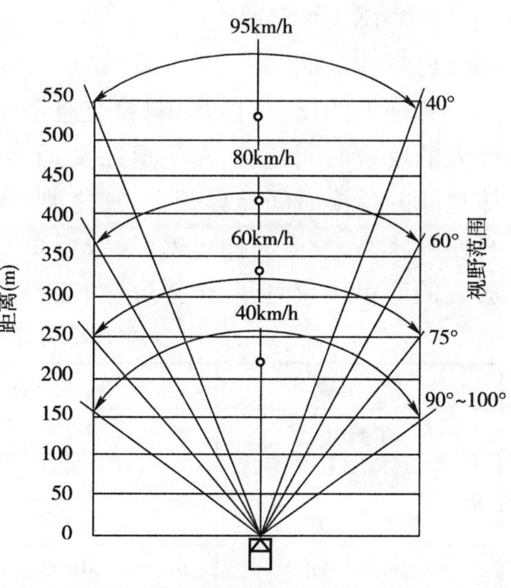

图1-4　不同车速视野和注视点的关系

行车速度越高，驾驶人越注视远方，视野越窄，注意力随之引向景象的中心而置两侧于不顾，结果形成所谓隧洞视，与引起瞌睡的限制相类似。因此，在设计道路时，应在平面线形中限制道路直线段的长度，强制地促使驾驶人变换注视点的方向，避免打盹肇事。

2. 驾驶人的听觉特性

物体振动发出音波，音波作用于听分析器而引起听觉。听觉有音高、响度、音色的区别。

音高基本上决定于音波每秒振动的次数，即声音的频率。频率越大，听到的声音就越高，人对1000Hz附近的声音感受性最高。在500Hz以下和5000Hz以上的声音，需要大得多的强度才能被感受。20Hz以下或20000Hz以上的声音，强度无论多么大，都不能使人发生听觉。

响度是声音的强弱，它的计量单位是分贝(dB)。当响度超过140dB时，所引起的不再是听觉而是不舒适的痛觉。

音色是把基本频率与强度相同，但附加振动的成分不同的声音彼此分开来的特殊品质。

驾驶人凭借听觉收听声音信息，根据交通指挥人员的指令，进行各种操作，根据汽车机件发出的噪声来判断是否发生故障等。美国曾对全聋与不聋的驾驶人进行过试验，对女性驾驶人，在发生交通事故和违犯交通法规方面，没有显著差异；对男性驾驶人，在违犯交通法规方面没有显著区别，而在发生交通事故方面，聋的驾驶人显著增多，事故次数比不聋驾驶人多1.8倍。我国规定的噪声标准，听力保护的最大值为90dB，思考工作允许值为45dB。一般来说50dB以下被认为安静。

3. 其他生理特性

1)反应时间

驾驶人的反应时间影响着交通系统的可靠性，是造成交通事故发生的主要原因。驾驶人的反应时间越长，发生道路交通事故的几率就越大。由于驾驶人存在个体差异，个体之间的反应时间差异较大，加之判断信息的时间也不同，这影响了驾驶人不断调整自身操纵状态、反应时间过迟，导致行车安全的可靠性降低。表1-1为事故组和非事故组驾驶人的简单反应时间、选择反应时间和决策反应时间。

事故组与非事故组驾驶人的反应时间 表1-1

分　类	简单反应时间	选择反应时间	决策反应时间
事故组	0.26	0.69	0.43
非事故组	0.22	0.56	0.35
T(T检验值)	1.36	3.47	2.57
P(显著性概率)	>0.05	<0.01	<0.05

由表1-1可知，两组的简单反应时间差异不明显，选择反应时间与决策反应时间存在

显著差异，事故组驾驶人的反应时间都要比非事故组的长。

2）驾龄

从交通事故责任者的驾龄看，驾龄在 1 年以下的新驾驶人，由于技术尚不熟练，经验不足，发生事故几率明显高于其他驾龄的驾驶人。驾龄满 3 年后，驾驶人会自以为技术熟练，出现忽视安全的倾向，以至于驾龄在 3 ~ 10 年之间的驾驶人发生交通事故呈上升的趋势。而当驾龄满 10 年以后，发生交通事故开始明显下降。

3）年龄

年龄影响人的感知、判断及操作特性。年龄在 10 ~ 17 岁时，判断能力和动作与反应速度均未达到最大值的 90%；在 18 ~ 29 岁时，人的判断能力和动作与反应速度均达到了最大值。尤其是 20 ~ 25 岁，该年龄段反应速度为一生中最快。

4）血型

驾驶人的血型与交通安全有着极其密切的关系，不同血型的驾驶人在道路驾车时，心理活动有所不同，行车中发生的事故也有差异。不同血型驾驶人发生道路交通事故的比例如图 1-5 所示。

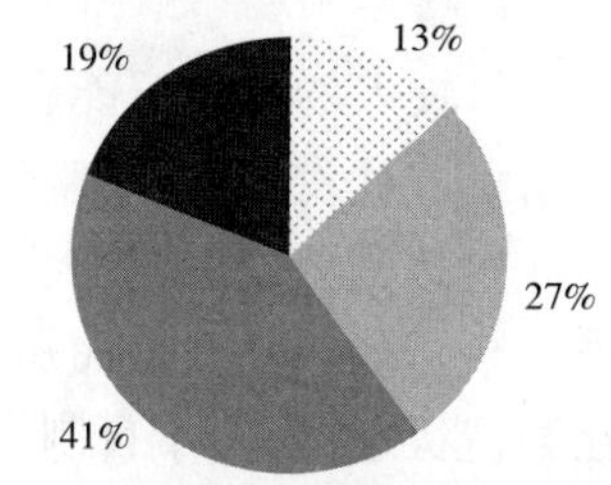

图 1-5　不同血型驾驶人发生道路交通事故的比例

（1）A 型。血型为 A 型的驾驶人驾车时容易迷糊，尤其是一个人驾车时很大意，载客时注意力较集中，易受感情左右。在变道时发生的道路交通事故中，驾驶人的血型多为 A 型，这与 A 型人遇事操之过急的性格有关。

（2）B 型。血型为 B 型的驾驶人驾车时不易碰撞行人和骑车者，通常不注意停止不动的车辆，驾车时易冲动、急躁、常开快车。研究表明：具有 10 年以上驾驶经验的驾驶人容易发生交通事故，因为 B 型人对周围注意力不够，随着驾驶技术的熟练，这一特征就显现出来。

（3）O 型。血型为 O 型的驾驶人通常过于自信，常发生意想不到的事故，如容易从后面碰撞前进中的车辆，转弯时易撞行人和骑车者，在超车、滑行、制动时的事故、错误较多，争强好胜的性格使其常出现强行开车、争道抢行等现象。在交叉路口处，易发生车头相撞事故。

（4）AB 型。血型为 AB 型的驾驶人较沉着冷静，过于依赖感觉，从而易发生事故。其驾车时注意力不集中，易发生碰撞行人、骑车者的事故，也易发生迎面相撞或碰撞横过道路行人的事故。

5）性别

在通常驾驶条件下，男女驾驶人对交通状况的处理能力差别不大，而在紧急情况下，女性驾驶人的制动距离比男性驾驶人的长，男性驾驶人的个性多为主动攻击性，女性则表现为被动的受攻击性。驾驶车辆时酒后开车、强行超车，多属于男性驾驶人的行为；女性驾驶人则少见。对于违反行车速度的想法也不同，男驾驶人对超速行车往往采取不在乎的态度，而女性则很重视。

1.2.2 心理特性

影响驾驶特性的心理因素主要指驾驶人本身的心理素质以及在特定行车环境中的心理活动。既包括主观上的因素，如个性、心理应激等因素；也包括受外界人为或特定环境影响下的情绪变化因素。驾驶实验时，常用的心理检测指标主要有：速度估计、复杂反应、操纵机能、人格测定、安全意识、危险感受等。

1. 情绪

驾驶人的情绪既能影响驾驶人的驾驶特性，又能改变驾驶人的行为方式。驾驶人的情绪根据其发生的速度、强度和延续时间的长短，分为激情、应激和心境三种状态。

1）驾驶人的激情与交通安全

激情是一种猛烈而短暂的、爆发式的情绪状态，如狂喜、愤怒、恐怖、绝望等。驾驶人在激情状态下，由于自制力显著降低，极易产生不正确的反应，导致事故发生。所以驾驶人必须尽量控制自己的情绪，掌握一些避免或延缓激情爆发的方法，如自我暗示、转移注意等。

2）驾驶人的应激与交通安全

应激是在出乎意料的紧急情况下所引起的情绪状态，应激状态的发生对驾驶人的驾驶行为会产生很大影响。正常情况下，驾驶人能够保持良好的心理状态和旺盛的精力，从而实现高效、准确的操作，这是正常的“知觉—动作”反应。当车辆行驶在复杂的交通环境中时，由于突显信息的出现，如突然跑到车道上的行人、突然转弯过来的自行车、车辆操纵机件失灵等，使得驾驶人必须迅速判明情况，在一瞬间作出决策，这时非常容易出现应激状态。应激状态的发生会很快改变有机体的激活水平，致使驾驶人的心率、血压、肌肉紧度发生显著改变，从而引起情绪的高度应激化和行动的积极化（应激反应）。客观地认识应激的利弊，通过正确把握或引导来降低应激反应程度，最大限度地减少应激的不良反应，是解决问题的根本所在。

3）驾驶人的心境与交通安全

心境是一种微弱而持久的情绪状态，对人的活动有很大影响。驾驶人心境良好时，判断敏捷、操纵准确，能轻松愉快地处理好行驶中遇到的各种复杂情况；在厌烦、消沉、压抑的心境下，会表现得粗鲁易怒，容易开赌气车，这对安全驾驶非常不利。积极稳定的情绪状态是确保驾驶人行车安全的重要心理素质。驾驶人的情绪状态与交通安全关系密切，带着消极情绪行车的驾驶人容易发生交通事故。对事故组和非事故组驾驶人的情绪状态统计分析表明：事故组驾驶人的消极情绪（疲劳、紧张、慌乱）得分明显高于非事故组，且差异非常显著，而积极情绪得分明显低于非事故驾驶人，事故组驾驶人的情绪状态不稳定,即情绪较为纷乱、烦恼或失调。

2. 个性

驾驶人的个性特征在整个驾驶过程中对驾驶人的心理活动起着制约作用,个性与协同各种生理机能、保证驾驶特性的正常发挥有着密切的关系。事故组驾驶人的攻击性、神经质倾向性较强,在持久性、协调性方面与非事故组驾驶人存在显著性差异。攻击性这一人格特征与事故的关系最为密切。

事故组驾驶人的神经质倾向较强。神经质是反映个性稳定性的一个指标,神经质得分高的人受挫后情绪不易恢复,而且容易产生不满、焦虑等情绪。行车中这种不满焦虑的情绪很容易导致交通事故的发生。而非事故组驾驶人的神经质倾向弱,通常表现为开朗、乐观的心境,在良好的心境下行车一般不容易发生事故。

事故组驾驶人的协调性差,协调性差的人常常表现为不适应社会环境,不信任他人。具有这种人格特征的人,在行车中往往因无视交通法规、不顾他人、随心所欲而成为交通肇事者。事故组驾驶人的持久性较差,他们往往缺乏耐性与恒心、容易急躁,而非事故组驾驶人则表现为更具有耐性和恒心,能始终如一地完成任何一项工作,这使得他们在行车中对自己的行为有更多的约束和控制,从而确保行车安全。

3. 心理应激

驾驶人的心理应激与道路交通事故有关,直接影响驾驶人的驾驶特性。其中,驾驶人生活事件、职业本身的因素、个性、社会支持与应对等均会影响心理应激程度。

心理应激的致激因子可以来自于驾驶情境,如行车过程中车辆突然发生故障、道路上突然出现某些出乎意料的复杂情况等;也可以来自个人日常生活,如经济困难、身患疾病、同别人吵架等。处于心理应激状态或被不良情绪困扰的驾驶人,在驾驶过程中,对交通情境的辨认和反应能力都会下降,容易造成驾驶失误。

驾驶人的应激事件,如家庭纠纷或工作障碍与高事故率密切相关。研究表明,80%发生事故的驾驶人中,有18%的人报告在事故前处于严重应激状态,包括人际关系紧张、婚姻破裂、职业困难等。离婚驾驶人的事故率显著高于离婚前的事故率。对410名离婚驾驶人7年间的交通事故数据调查表明,离婚驾驶人的事故数是一般驾驶人的2倍,而在离婚前后的6个月中,事故率更高。研究还发现,25个导致驾驶人死亡的事故中,有20个驾驶人在连续24h内至少承受过一次显著应激,如家庭或工作事件等。

4. 安全态度

驾驶人的安全态度是影响驾驶特性的重要心理特征,驾驶人的安全态度不同,其表现的驾驶行为也不同,不正确的安全态度易导致交通事故。研究表明,易发生交通事故的驾驶人通常具有以下心理特性:

1)刺激型心理

此种心理一般多出现在经验不足的驾驶人身上。这种心理活动受外界刺激而产生,心理平衡被破坏,遇事主观意识强,不顾后果。此类心理活动容易导致重大车祸。

2)麻痹型心理

一般驾驶人有一定的行为经验与技术,但由于自我纵容,产生骄傲情绪,因此放松了对行车安全的警惕性,出现这种心理发生交通事故的概率很大。

3)逞强心理

有些驾驶人特别是年轻驾驶人,争强好胜,常做出违反交通法规的行为,如超速行驶,强行超车等。这种情况最易发生交通事故。

4)侥幸心理

有些驾驶人明知汽车存在不安全因素,但不及时排除故障,结果导致事故发生;有些驾驶人认为违章操作并不是每次都会发生交通事故,因此就贪图方便而不遵守交通规则。交通事故的发生有其偶然性和必然性,如果侥幸心理一直存在,最终必会导致交通事故的发生。

5)抵触心理

如果驾驶人在闹情绪或有思想包袱时出车,或是对交通处罚不满时出车,就容易产生逆反心理,行车中不安全因素相对增多,使发生交通事故的可能性大大增加。

6)随意性心理

驾驶人中有的自由散漫、组织纪律性差,对安全操作存在随意性心理,在行驶和操作过程中,不习惯于安全法规的约束,随意性大,出现这种心理的驾驶人极易发生交通事故。

1.3 驾驶人的认知行为特性

驾驶人对信息的处理,在一定的时间下进行,并在一定时间内完成,及时准确地对信息进行处理是安全驾驶的关键。整个驾驶过程可以简化为驾驶人“感知—判断—操作”过程,如图1-6所示。

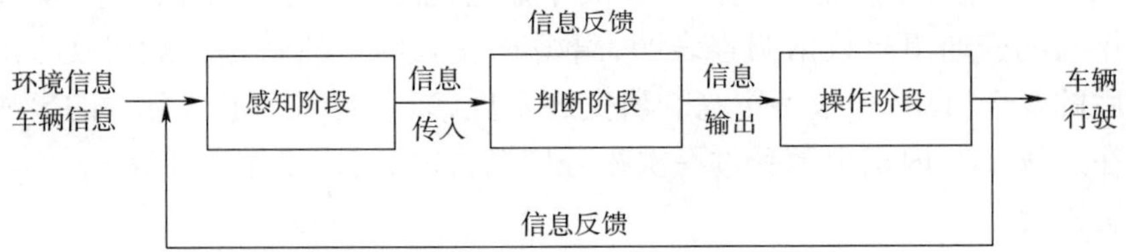

图1-6 驾驶人行驶中的信息处理过程

1.3.1 感知

驾驶人的感知特性分为感觉与知觉两个方面。人们对客观事物的认识始于感觉,驾驶人通过各种感觉器官从外部环境获取信息。知觉是比感觉更复杂的认知形式,是在感觉的基础上对事物各种属性的综合反应。

1. 感觉

与驾驶行为有关的最重要的感觉有视觉、听觉、平衡觉、运动觉等。视觉和听觉是眼、耳的功能，而平衡觉是由人体位置的变化和运动速度的变化所引起的。人体在进行直线运动或旋转运动时，其速度的加快或减慢，以及体位的变化都会引起前庭器官中感觉器的兴奋而产生平衡觉。运动觉是由于机械力作用于身体肌肉、筋腱和关节中的感觉器而产生兴奋的结果。

2. 知觉

与安全驾驶相关的知觉形式有视觉、听觉、空间知觉、时间知觉、速度知觉等。其中，视觉与速度知觉是与行车安全最为密切的知觉形式。驾驶人的空间知觉是非常重要的一种知觉，行车、超车、会车都要依靠空间知觉，没有空间知觉将无法驾驶机动车辆，正确的空间知觉是驾驶人在驾驶实践中逐渐形成的。时间知觉是对客观事物运动和变化的延续和顺序性的反应，通过某种衡量时间的标准来反应时间，由于受心理状态的影响，人们的时间知觉具有相对性。速度知觉是对车速的感知能力，驾驶人在估计车速时，是根据先前行驶的速度来估算当时的速度。

1.3.2　决策(判断)

在影响驾驶人决策的因素中，重点讲述反应能力、注意水平两个常用心理测评指标。驾驶人的判断特性因人而异，驾驶经验与驾驶水平的差异、感知速度的差异、疲劳、酒后驾驶及驾驶适应性等问题都会影响驾驶人的判断特性。在影响驾驶人判断特性的所有心理品质中，最重要的是驾驶人对道路情况变化的反应及注意能力，因此，驾驶人的判断特性通常用选择反应时和注意水平指标来测评。

1. 反应能力

驾驶人的反应能力对行车安全有着较大的影响，选择反应时是影响行车安全的重要心理指标。驾驶人对外界环境刺激的反应时越长，反应能力就越差，越容易发生危险。反应时间长、认知和反应时间稳定性差、动作反应比认知反应快的驾驶人容易发生事故，存在着较大的事故倾向性。反应时间长的驾驶人易发生车速判断误差及行车间距判断误差。

2. 注意水平

驾驶人的注意水平也影响其判断特性，注意具有指向性、集中性及分配性等特征。车辆在行驶的过程中，驾驶人心理活动有选择地指向和集中于一定的道路交通信息，经过大脑的识别、判断、抉择，然后采取正确的驾驶操作，保障行车安全。注意能力是影响行车安全的重要心理因素。注意的集中性直接影响驾驶人的反应判断能力，而处于疲劳状态的驾驶人注意分配能力较差。驾驶人的反应特性可以用视觉反应时测试仪来测量，驾驶人的注意分配特性可使用注意分配实验仪来测量。

1.3.3 操作

驾驶人的操作特性不是人体的一种心理特征,但也是影响行车安全的一种特性。由操作错误引起的交通事故主要是不能正确地操控制动踏板或加速踏板,或者是对转向盘转动过度或不足。虽然由于操作错误引起的交通事故比感知或反应判断错误所引起的交通事故少,但操作错误也是造成交通事故的原因之一。驾驶人操纵汽车不当,容易造成动作差错。例如,由于受训不够、动作不规范造成的动作不到位或动作错误,由于安全意识较差、违反操作规程引起的动作盲目或随意,由于经验不足、疲劳造成的动作不协调等,都会造成驾驶人操作失误。驾驶人的操作特性可以用单位时间内反应正确操作次数及动作判断错误次数两项指标来测评。

第2章　驾驶行为模拟实验平台

2.1　驾驶行为模拟实验平台简介

2.1.1　模拟驾驶实验平台分类

1. 基本分类

随着时代的进步，通信技术、计算机技术、自动化技术向各种研究领域的研究平台提供了越来越好的支持，促进了科研手段的发展与进步，尤其是在研究工具方面，其变革程度十分显著。其中虚拟现实技术便是一种高端技术应用于科学研究的一项典型代表。

虚拟现实（Virtual Reality，简称 VR）技术是一种可以创建和体验虚拟世界的计算机仿真技术。它利用计算机生成一种模拟环境，通过多种传感器设备提供给用户逼真的三维视、听、触等感觉，使人作为参与者通过适当装置，自然地对虚拟世界进行体验和交互。当使用者位置移动时，电脑可以进行实时复杂运算，将精确的 3D 影像传回虚拟世界产生临场感。虚拟现实技术是仿真技术的一个重要方向，是仿真技术与计算机图形学、人机交互技术、多媒体技术、传感技术、网络并行处理技术、传感技术、显示技术和人工智能技术等多种技术最新发展成果的融合，是一种由计算机技术辅助生成的高技术模拟系统。

驾驶模拟系统是虚拟现实技术的一个重要应用。驾驶模拟系统利用虚拟现实仿真技术营造一个虚拟的驾驶训练环境，用户通过操作模拟器的部件与虚拟的环境进行交互，进行驾驶训练。驾驶模拟系统由动力学仿真系统、视景仿真系统、声频仿真系统、运行操作系统和数据记录系统组成，用户在驾驶舱使用驾驶模拟器时，计算机实时产生行驶过程中的虚拟视景、音响效果和运动感觉，使用户沉浸在虚拟环境中，给予真实的驾驶感觉。由于汽车是一种非常普通的代步和运输工具，相对于其他驾驶模拟器，汽车驾驶模拟器是虚拟现实技术的最重要应用。

驾驶模拟器可以分为简易汽车驾驶模拟器、简单电脑汽车驾驶模拟器、真实车辆驾驶模拟器、液压伺服体感模拟器 4 类。

（1）简易汽车驾驶模拟器。在这种模拟器上，安装有转向盘、离合器、加速踏板、行车制动器、驻车制动器、挡位、转向灯等操控部件，但是没有配置电脑和显示器，用户可以利用这种模拟器熟悉对挡位、行车制动器等部件进行操作，属于最简单的汽车驾驶模拟器。

（2）简单电脑汽车驾驶模拟器（pc-based driving simulator），如图 2-1 所示。在这种模拟器上，安装有一台或者几台计算机和屏幕、转向盘、离合器、挡位等部件，操作部件上还安装有传感器。传感器检测用户动作，通过传感器采集系统进行信息获取，然后输入计算机进行处理，再通过显示器和传感器反馈给用户。该模拟器主要应用于汽车驾驶人和飞行员的训练等。

（3）真实车辆驾驶模拟器（固定式，fixed-based driving simulator），如图 2-2 所示。以真实车辆作为驾驶模拟器，采用多个屏幕或者环形屏幕提供视角大于 140°的水平视野和大于 40°的垂直视野。模拟器通过音频设备模拟喇叭、发动机、车辆运行过程中的振动以及道路上其他声音，同时还能模拟车辆制动、鸣笛、转弯侧滑时发出的声音。通过振动发生器产生纵向振动，增强驾驶模拟器真实有效的模拟性能。目前，国外高校和科研机构大都采用此类模拟器进行交通安全方向的科学研究。

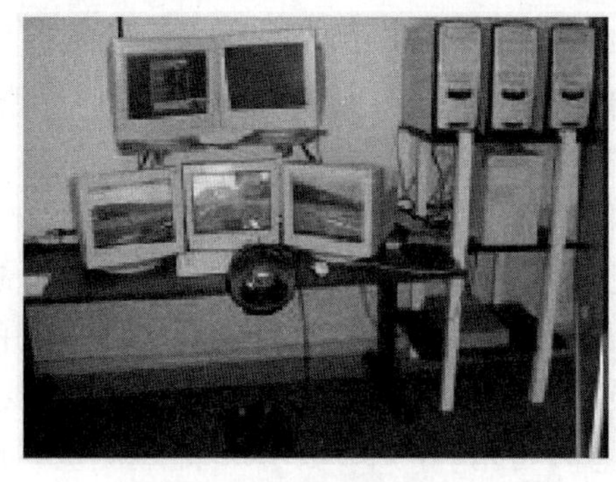

图 2-1　简单电脑汽车驾驶模拟器

图 2-2　真实车辆驾驶模拟器

（4）液压伺服体感模拟器（也称六自由度模拟器），如图 2-3 所示。这种模拟器基于液压伺服装置，其运动系统（体感模拟系统）可以模拟六自由度姿态，动力学模型非常完善，视景仿真系统复杂逼真。在这种模拟器中，用户可以体验到与真车完全相同的驾车感受。六自由度模拟器主要用于研制和开发车辆以及交通安全科学研究，价格比较昂贵但精度高、功能全。吉林大学研制的我国第一台驾驶模拟器 ADSL，属于六自由度模拟器，它采用圆形座舱，视景系统采用 3 个投影仪投影，模拟驾驶环境，座舱底部的 3 个大型液压装置联动控制，可以实现汽车的平纵横运动感。日本汽车研究所于 1995 年研制成功了具有体感模拟系统的模拟器。美国通用公司研制成功的第二代驾驶模拟器，其各项性能指标居世界领先水平。美国 IWOA 大学的液压伺服体感模拟系统被称作为“美国国家高级驾驶模拟器（NDAS）”。目前，同济大学引进了一套此类型模拟器，在国内得到了广泛关注。

2. 北京工业大学驾驶模拟器

为推进交通领域的研究，北京工业大学引进了一套驾驶模拟实验平台，该平台属于真实车辆驾驶模拟器，是挪威 AutoSim 公司所生产的研究型驾驶模拟器（图 2-4）。该模拟器能够为驾驶人提供包括道路、标志、标线、其他运动车辆、丰富的路侧场景等 3D 虚拟驾驶场景，同时可根据需要改变场景天气、时段等。在视觉感受中，模拟器能够为驾驶人提供前方140°水平视野和40°垂直视野，以及左右后视镜和后方30°水平视野、40°垂直视野。驾驶车辆为丰田 Yaris 手动挡车型，具备转向盘、加速踏板、制动踏板、离合器踏板等各种驾驶操作项目，实验运行过程中，车辆能够根据运行情况产生0～10Hz的振动感。同时，模拟平台具有音效模拟效果，包括发动机、车辆制动、车辆振动、转弯侧滑等常见音效。模拟器可以30Hz的频率记录车辆运行参数，包括速度、加速度、侧位移、加速踏板角度、制动踏板角度、转向盘转角、离合器踏板角度、车辆坐标等车辆参数，同时包括与车辆前后相近的其他车辆的运行参数。

图2-3　液压伺服体感模拟器

图2-4　北京工业大学模拟器效果图

2.1.2　平台应用

1. 优势及缺点

驾驶模拟平台作为一种研究工具，其优点主要表现在便捷性好、安全性高、影响因素易于控制、易于数据检测、成本低及效率高等方面。驾驶模拟平台使得一些研究内容变得简单易行，但同时也存在一些问题：(1)模型的可信度；(2)图像的相似性测度与图像质量评价；(3)复杂逼真虚拟环境的构造与海量数据管理；(4)模拟车辆的物理与行为建模；(5)虚拟景物和真实景物的融合；(6)人机交互的机制与沉浸感；(7)分布式虚拟现实的实时性与一致性。

2. 应用领域

驾驶模拟最早出现在航空驾驶训练中，随着计算机成像技术和运算能力的发展，其逐渐应用在汽车训练中。美国在20世纪70年代就有500多所汽车驾驶学校装备了汽车驾驶模拟舱。目前，驾驶模拟舱已经广泛应用于驾驶技术培训、车辆工程、交通土建工程、人因因素工程等领域。作为一种安全的驾驶体验平台，驾驶模拟器在各个驾驶学校的培训学员方面得到了广泛的应用，其配套的训练场景及模拟考试场景也得到了进一步开发，这对于驾驶技术初学者起到了很重要的认识体验作用。

驾驶模拟平台，在车辆工程应用方面，对于研究车辆运行性能、安全性能的测试评估具有重要意义；在交通土建工程方面，对于交通道路线形设计、道路标志设计、环境设计、以及其他道路相关设施的设计及评估具有重要支持作用。

驾驶模拟器作为一种先进的研究平台,尤其是在交通领域研究,属于微观系统,是研究驾驶人微观模型的最有利工具。在具体研究中,其所针对的对象主要是参与驾驶的驾驶人,因此在人因因素工程研究方面,驾驶模拟器显得尤为重要,它可以使研究者从驾驶人的角度来分析交通中的每一项问题。驾驶模拟平台所能够支持的人因因素研究包括:驾驶人视认特征、驾驶人生理心理特征、驾驶行为特征、驾驶人状态特征等,可以从这些角度来评估交通环境设计的安全性、舒适性、合理性以及驾驶人驾驶的安全性、环保性等各种特征。总之,驾驶模拟平台对于人因因素的研究方面引起众多研究者的注意,具有巨大的发展潜力。

2.2 驾驶行为模拟实验平台结构组成

北京工业大学的驾驶模拟器平台购置于2003年,整个系统由硬件设备和软件系统2个主要部分组成。在应用过程中,为了满足基于驾驶人的交通工程相关研究的需求,该基础平台集成相关的仪器设备进行了扩展,构建成一套完整的驾驶模拟实验研究平台。

2.2.1 硬件组成结构

北京工业大学驾驶行为模拟实验平台,硬件系统主要由3部分组成:控制系统、显示系统和车辆系统。其中控制驱动系统是整个平台的核心,显示系统是平台运行主要结果的体现,车辆系统则是实现人机对接的平台,也是驾驶人能够进行驾驶操作的接口。硬件基本组成如图2-5所示。

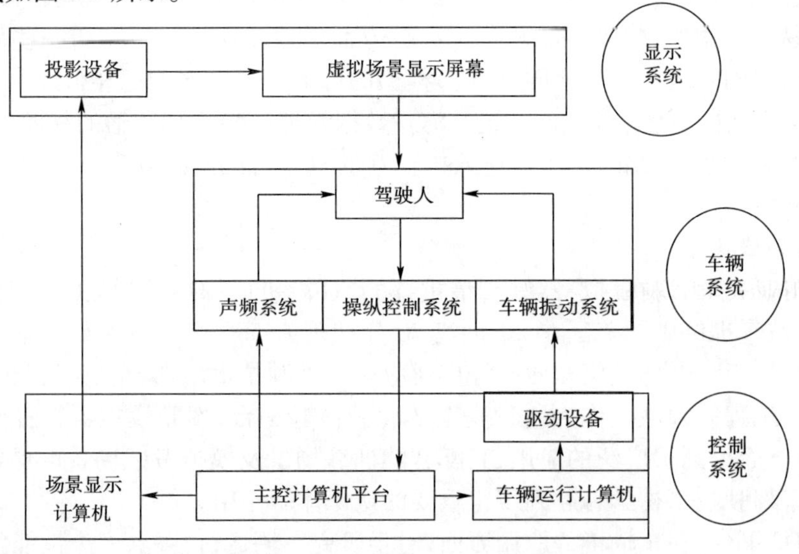

图2-5 北京工业大学驾驶行为模拟实验平台硬件结构图

1. 控制系统

作为模拟平台的核心硬件部分,控制驱动系统主要由8台计算机和车辆振动控制系统组成。其中1台计算机为主控机,负责控制整个系统的开始、运行及结束;1台计算机属于工控机,负责车辆运动模型的计算和运行;剩余6台计算机为显示控制机,与模拟平台的显示系统一一对应。而车辆振动控制系统则是由信号功率放大器和驱动系统组成,主要负责车辆运行中车辆振动感的控制和驱动功能。在该系统中,计算机是数据计算的主要载体,系统实现将各个计算算法分配到各个计算机的过程,每部分由各计算机自己进行计算,而不是由一台主控机单独计算,这样通过信息交互实现协同工作,提高效率。

2. 显示系统

显示系统作为驾驶人视觉效果的体现,主要是由投影装置和屏幕组成。其所含屏幕共有6块,分别与控制驱动系统中的6台显示控制计算机连接,显示的图像为6台计算机的屏幕。其中3块在前方,拼接组成横向140°、纵向40°的环境视野,1块在后面,提供横向30°、纵向40°的视野;这4块屏幕为大屏幕,由4台投影仪分别投影到4块白色屏幕实现。最后2块为车辆左右后视镜,由7in的显示器实现。

3. 车辆系统

为了给驾驶人提供更为真实的驾驶环境,车辆系统是由丰田Yaris真实车辆改造而成。原始车辆发动机被拆除,通过在各个操作输入位置上面安装传感器采集操作行为数据,并与控制系统相连接,操作装置包括:转向盘、加速踏板、制动踏板、离合踏板、挡位、发动机启动装置、转向灯等。这些装置保持原状,接受驾驶人的控制操作信息。车辆具有仪表盘以显示车辆运行、速度等信息,另外车内设有音效配合控制系统,实现模拟实验过程中的音效模拟。同时,动力学系统在真实车辆原型上开发设计,在4个车轮处设置动力发生器,动力发生器产生0~10Hz的振动,能够模拟车辆在平纵横三向运动中的位置差异,并产生相应振幅的振动。通过这几个方面的结合,实现驾驶车辆控制系统的整个系统设计。

2.2.2　软件组成结构

北京工业大学驾驶模拟平台中,最重要的软件系统便是场景模拟系统SimWorld系统,以及虚拟场景搭建系统。前者实现模拟场景的计算和运行,后者实现根据需求设计完成虚拟场景。其软件组成结构图如图2-6所示。

1. 软件SimWorld系统

以6台计算机为依托,模拟软件系统主要负责车辆运行与虚拟场景交互的动态效果,以及对交通环境中其他车辆运行及道路设施的模拟。其首先计算呈现出虚拟驾驶场景,接受驾驶人控制操作信息,实现在驾驶人操作情况下虚拟场景的动态运行,同时包括车辆振动信息和音效信息的输出。其次该软件实现对车辆运行状态的实时监控和记录,其能够对车辆运行状态、驾驶人操作特征、车辆运行环境周边特征等均以 30Hz 的频率进行记录输出，其输出的参数包括：实验时间、速度、加速度、发动机转速、加速踏板角度、离合踏板角度、制动踏板角度、转向盘转角、挡位、至下一交叉口距离、至下一交通信号灯距离、车道位置、至车道中线距离、前方车辆标号、至前方车辆距离、前方车辆车速、前方车辆加速度、后方车辆标号、至后方车辆距离、后方车辆车速、后方车辆加速度、车辆 X 坐标、车辆 Y 坐标、车辆 Z 坐标等。

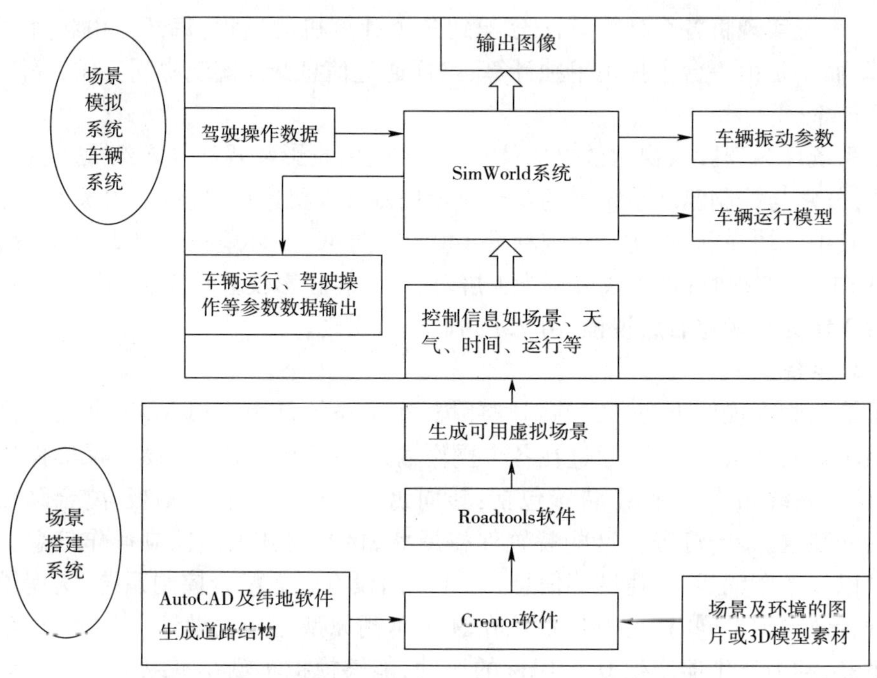

图 2-6　北京工业大学驾驶行为模拟实验平台软件结构图

该软件系统也为用户提供了动态可控的编程接口，可以根据实验需求，通过设计包括其他车辆运行情况、交通信号信息、天气、时间、突发事件等各种效果，进而使车辆在运行过程中达到所需要的事件效果。这套软件系统是整个平台运行中最重要的部分，它为我们的研究工作提供了重大支持。

2. 虚拟场景搭建系统

虚拟场景是驾驶模拟平台运行的基本条件，尤其是在研究工作中，由于研究的需求，往往需要特定的驾驶虚拟环境系统。因此，虚拟场景开发软件系统是模拟平台的重要组成部分。

虚拟场景的开发是通过结合多款软件实现的，其与驾驶模拟平台实现对接的是该平台系统配套的 Roadtools 软件，它是模拟系统识别场景的接口软件。开发过程中，为实现场景的逼真性，需要结合 AutoCAD、HintCAD（纬地）、3D - MAX、Creator、Photoshop 等软件，运行这些软件一方面建立符合规范的道路线形、道路路面、路肩等道路特征，另一方面制作出场景需要的环境如建筑物、树木、护栏等各种视觉场景。同时场景设计中也包括了诸如灯光设计、交通信号灯设计等各种细节内容。可以说，虚拟场景的开发是各种软件的结合，是一项细腻的工作，良好逼真的虚拟场景必然需要设计者花费大量时间和精力进行完善。虚拟场景的设计与开发，其核心在于研究者对所要研究因素的控制与设计。

在道路三维可视化仿真场景中，主要视觉画面多采用 HintCAD 与 Multigen Creator 软件相结合的方法制作而成。

HintCAD 道路辅助设计系统是纬地公司基于 AutoCAD 平台二次开发的道路辅助设计软件。该系统可以依据外业测量采集的数据或已有数字化地形图建立数字地面模型（Digital Terrain Models，简称 DTM），并基于 DTM（或数据）进行道路的平、纵、横三维化设计，并建立符合道路设计标准的、精确完整的真实道路实体模型（包括护栏、标线、波形梁等），并自动根据道路实体模型完成对原有数字地面模型的剖切，实现道路实体与地形实体的无缝连接，进而生成全三维的“道路—地形”实体模型。但其三维建模环境不如 Multigen Creator 软件，亦没有 Multigen Creator 软件中丰富的建模工具，并且它不具备像 Multigen Creator 软件所具有的顶级渲染和交互式的可视化仿真能力。

Multigen Creator 软件是由美国 Multigen-Paradigm 公司专门针对可视化仿真行业应用特点开发的实时可视化三维仿真建模工具软件，具有丰富的建模工具、材质设置及渲染工具，用于产生高逼真度、高优化、交互式的实时三维场景。它广泛应用于视景仿真、交互式游戏、虚拟城市等方面。Multigen Creator 软件所采用的 OpenFlight 数据格式已成为实时仿真、虚拟现实业界的标准数据格式，它的逻辑化层次场景描述数据库会使图像发生器知道在何时、以何种方式实时地以极高的精度及可靠性渲染三维场景。

它具有以下一些特点：

（1）建模容易、纹理贴图简单、材质丰富。应用 Multigen Creator 软件建立模型非常方便，它以面作为三维模型的基本处理单位，辅助以点和线来完成三维模型的建立；对于纹理的处理，Multigen Creator 软件有多种纹理贴图方式，可以根据不同的要求，选择不同的贴图方式，并且相对应的有很方便的调整方式；Multigen Creator 软件还提供了丰富的材质，用户可以选择提供的材质，也可自行编辑材质。

（2）数据分块处理和分层技术是 Multigen Creator 软件数据处理的两大重要技术。数据分块处理是将数据分成若干块，在使用时实时动态地调用相应模块的数据；分层技术（Level-of-Detail，简称 LOD 技术），根据观察视点的位置，来确定模型的精细程度，距离视点近的模型精细度高，而距离视点远的模型精细度低，距离可以定义，而后模型会自动调整精细程度。采用分块和分层技术大大优化了数据的处理，使得数据处理更加合理、高效。

（3）与其他软件接口方便，支持多种文件格式。Multigen Creator 软件自身文件格式为仿真业界标准文件 OpenFlight，它还可出输出其他文件格式，如 AutoCAD 的 DXF 文件格式、VRML 文件格式等,同时它也可以读入其他文件格式,如 3DMAX 的 3DS 文件格式、AutoCAD 的 DXF 文件格式等。

但 Multigen Creator 软件毕竟不是一个专业的道路设计软件,不太适宜用来制作符合道路工程设计标准的精确的道路模型。

因此可以将二者的长处互为补充,在 HintCAD 中生成工程研究需要的,较复杂的地面、道路实体模型,然后将数模数据输入到 Multigen Creator 软件中,利用 Multigen Creator 软件做后处理,最后建立能够满足研究人员对于道路线形设计、交通安全设施设置以及道路景观设计等方面精确要求的道路环境虚拟现实场景。

建立道路三维可视化仿真场景的基本流程为:根据现有的平面地形图和道路的设计资料,用南方 CASS 软件对二维地形图进行处理,将地形图转化为三维立体坐标,生成等高线;用 HintCAD 软件对转换后的等高线进行预处理,建立数字地面模型,然后进行道路平、纵、横的三维立体设计,之后将道路模型与地形模型进行叠加处理,建立道路三维线框模型;将 HintCAD 软件建立的道路与地形叠加模型导入 Multigen Creator 软件中并进行处理,建立交通附属设施模型,建立道路周边环境模型,对已经确认的模型进行纹理贴图及渲染,完成道路三维可视化场景的建立并输出。为实现制作的此场景与驾驶模拟实验平台的对接,还需要经过与驾驶模拟系统软件 SimWorld 所配套的 Roadtools 软件处理,基本流程如图 2-7 所示。

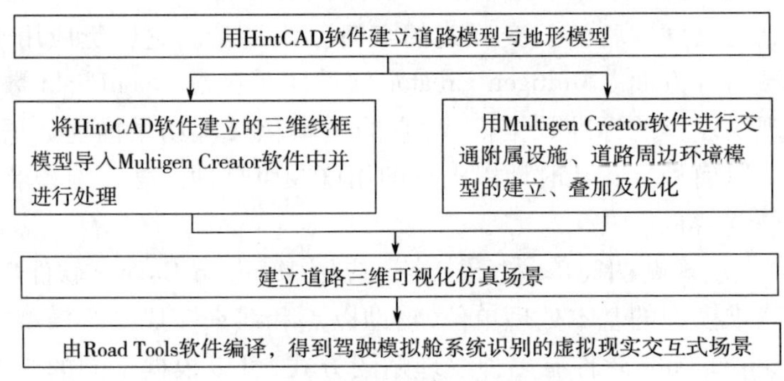

图 2-7　虚拟场景制作流程

2.2.3　其他辅助实验系统或设备

驾驶行为模拟实验平台在使用过程中结合多种研究方法和实验仪器,构成了具有北京工业大学驾驶行为模拟实验平台特色的一整套研究工具。围绕驾驶模拟实验平台,集成的辅助设备或系统包括:驾驶适应性检测系统、车辆运行监控系统、配套检测仪器等。这些设施系统的使用,为基于驾驶模拟平台的研究工作提供更全面的支持。

1. 驾驶适应性测试系统

驾驶适应性是职业适应性的一种,是指驾驶人安全、有效地驾驶汽车所必须具备的生理、心理素质的最低要求特征，其测评主要是采用心理学、医学和计算机检测手段，通过建立驾驶人适应性检测系统，来检测和评价驾驶人所具备的完成驾驶工作的素质和能力。

驾驶适应性检测，是基于事故倾向理论，运用当代心理学的研究成果，利用先进的科学仪器与设备，从心理、生理、人机工程学等方面对从事驾驶的人员实施检测，把那些人体素质和技能低下者挑选出来，不给他们从事驾驶车辆的机会，避免其成为今后的事故隐患，同时对现有驾驶人分批进行测试，根据不同人的不同欠缺，进行科学指导或再培训，提高他们的适应能力，即可有效地预防交通事故的发生。

推行驾驶适应性检测，将交通安全教育从静态宣传扩展到有针对性的安全教育和动态管理上，有利于全面提高驾驶人的整体素质，降低交通事故发生率，使交通安全管理工作更有成效。

北京工业大学所引进的驾驶人适应性检测系统，是检测机动车驾驶人心理、生理方面是否符合机动车驾驶人身体条件要求的综合系统。该系统执行国家标准 GB18463—2001《机动车驾驶员身体条件及其测评要求》。

它所具有的检测系统包括：

心理适应性检测：(1)速度估计检测。通过对模拟物体运动速度的时间判断，了解驾驶人对车速的判断和正确估计能力及是否有急躁和迟缓反应的倾向。大量交通事故统计表明，许多交通事故是由于驾驶人对所驾车辆及对方车辆或其他运动物体的速度判断失误造成的，因此，测定驾驶人的速度判断能力十分必要。(2)复杂反应判断检测。通过仪器模拟出 3 种颜色的灯光刺激，要求驾驶人对不同的灯光及干扰信号做出不同的反应，检测驾驶人在信息连续变化情况下有效动作反应的快慢及对无关信息的抗干扰能力，以预测驾驶人的安全性。(3)操纵机能检测。主要检测驾驶人在运行中的注意力稳定性、注意力分配和注意力持续性。检测中要求驾驶人在状态连续变化的情况下，在一定时间内对左、右障碍及时、有效地进行避让，通过左右失误的次数来判断驾驶人的注意力分配能力及稳定性。(4)深视力检测。主要检测驾驶人在驾车过程中对物体空间距离、障碍物远近是否有正确的判断能力，这对于了解驾驶人是否能够实施正确的交会、超越具有积极意义。(5)夜视力检测。据有关资料介绍，在一昼夜中，夜间交通量只是白天交通量的 1/10 ~ 1/3，但夜间所发生的交通事故却占全天事故总量的 46% ~ 56%。由此可见，驾驶人的夜视力好坏与交通事故的发生有着密切的关系，检测驾驶人的夜视力非常必要。通常以暗适应时间作为评价夜视力的指标。(6)动态视力检测。动态视力即在运动状态下的视力。驾驶人在行车中，几乎 95% 的视觉信息都是动态信息。因此，行车中真正有效的是动态视力，动态视力比静态视力更为重要。以前在驾驶人视力检查时，往往只注重静态视力的检测，现应补充动态视力这一检测指标，以提高驾驶人的整体安全素质。

生理检测:(1)视机能检测。此项检测主要是对驾驶人进行常规视力检查和根据不同年龄的驾驶人要求进行远、近视力健康检查及立体视力、斜视和散光检测。(2)色盲检测。色盲患者不能正确辨认不同颜色的交通信号、交通标志与标线及车辆上的各种指示灯,行车中极易造成观察、判断错误而导致事故,因此不宜驾驶车辆。(3)听力检测。主要利用筛选式听力仪在不同时间间隔内发出不同频率、高低的声音,采用纯音测听法对驾驶人的听力进行定量测试,并作出定量评判。(4)血压检测。主要检测驾驶人的血压是否符合公安部的有关规定。(5)心脏功能检测。利用数字式心电图分析仪,对不同的心电图进行疾病诊断和分析,并利用微电脑迅速打印诊断报告。(6)肺功能检测。利用微电脑肺功能仪,检测驾驶人的肺活量、用力肺活量状况。(7)握力和背肌力检测。利用握力计和背肌力计,检测驾驶人握力及背肌力的大小,这对货车、重型车驾驶人和女性驾驶人尤为重要。(8)体重、身高检测。利用体重身高检测仪,测量驾驶人的身高、体重。

2. 脑电仪

Neuroscan 32 导脑电仪是目前世界范围内被广泛使用的脑电采集分析系统,该系统非常适合进行脑与认知科学的研究,该脑电仪由脑电帽、NuAmps 型放大器、导电膏、数据采集狗、数据分析狗、Scan 软件等组成,脑电帽上的电极是安放于头皮上的金属导体,头皮电位通过电极与导电膏传送至电脑,在插有数据采集狗的电脑中以脑电图的形式被记录和保存,如图 2-8 所示。Neuroscan 脑电仪具有全新的脑电分析研究方法,包括采集 DC(也可采用 AC 传统方法)、采集脑电信号、在线实时分析(ERP、脑电频谱分析、相干同步分析等)、通过 ICA/PCA(独立成分分析和主成分分析)的方法去掉 EEG 中无效成分、通过 Source 软件实时观察偶极子的状态等。

图 2-8 脑电仪

1-脑电帽;2-放大器;3-数据采集狗;4-数据分析狗

由于 Neuroscan 脑电仪受外界影响较大,抗干扰能力弱,在采集脑电信号之前保证被测试者头皮清洁,最好是短发,具体步骤如下:

(1)佩戴脑电帽,A2 电极对应右耳乳突,A1 电极对应左耳乳突,HEOR 电极对应右眼眼角,HEOL 电极对应左眼眼角,VEOL 电极对应左眼眼下,VEOU 电极对应左眼上部。佩戴完成后,检查 CZ 电极是否在头顶顶点位置。

(2)在各个电极处涂上导电膏,先涂上 GND 接地电极,然后涂上其他电极。

(3)当所有电极上电阻小于 10kΩ 时,认为电极导电效果良好,可以进行实验。注意 A2 电极为基准电极,涂上导电膏后颜色不发生改变。

3.眼动仪

1)非接触式眼动仪

Insight 设备是一个基于视频图像处理系统来远程监控驾驶人注意力状态。它通过测量瞳孔直径和眼睛睁开程度进行测量。该系统也能够测量被测试者的头部运动和注视方向。头部位置和转动方向通过标志特殊头部边界确定进行测量。通过检测到的头部和瞳孔位置确定注视方向。Insight 设备采用红外线检测,能够实现从白天到完全黑夜环境条件下的检测。同时 Insight 设备能够检测被测试者眼睛移动距离为 50 ~ 85cm,该范围达到通过安装多个计算机监控的控制台监控范围。Insigt 设备也提供了开放变化的接口,能够实现在线或离线的指标分析,如图 2-9 所示。

由于该眼动仪为非接触式,仪器操作比较简单,特别在后续工作中主要是对驾驶人的眼部特征进行检测,因此该仪器使用中,通过调整仪器方位和角度,保证视频采集系统捕捉到驾驶人的眼睛即可。

2)头盔式眼动仪

SMI 的 iView X HED 头盔式眼动仪是一款先进的视频式眼动追踪系统,它集(被测试者)活动的自由性和设置、操作的便捷性于一体,如图 2-10 所示。包括功能如下:

图 2-9　非接触式眼动仪

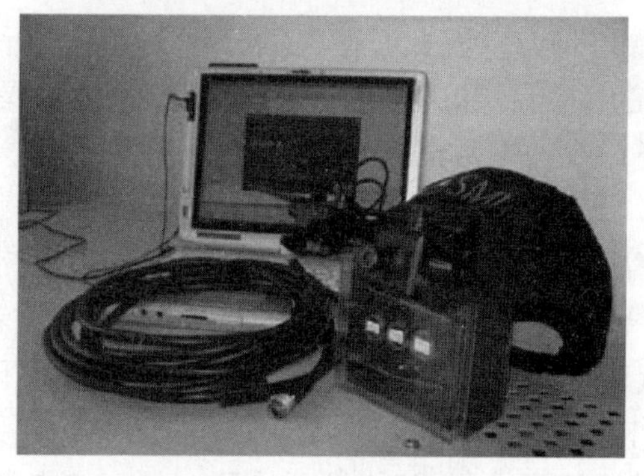

图 2-10　头盔式眼动仪

(1)坚固轻便的头盔设计;

(2)强大且便于调整的眼动追踪算法,确保在特殊环境条件下数据的精确性;

(3)用户界面友好,系统集成性管理,可以实现实时数据定性预览;

(4)眼部视频图像可实现即时分析,被试凝视位置以及辅助信息被添加到凝视视频图像上,可实现所有相关信息的存储;

(5)拥有专门针对轿车、车间环境的研究装置。

系统可采集所有相关的眼动数据并可实现快速精确的控制和分析,在被测试者移动或固定条件下测查凝视位置及瞳孔大小。用户视频窗口可记录凝视指针、时间标记、任务信息等数据。

采用头盔式眼动仪实验相对复杂,具体步骤如下:

(1)佩戴眼动仪,确保眼球在镜片的中央,调整摄像头的位置和焦距,保证驾驶人视频清晰;

(2)眼动仪的标定。采用五点标定法,选取五点,驾驶人在头部不发生移动的情况下,按照要求依次注视各点,以标定受试者的注视点;

(3)当仪器注视点随驾驶人眼球移动而一同变化时,说明眼动仪标定完成,可以进行实验;如果注视点与驾驶人眼球移动不一致时,需要重新标定。

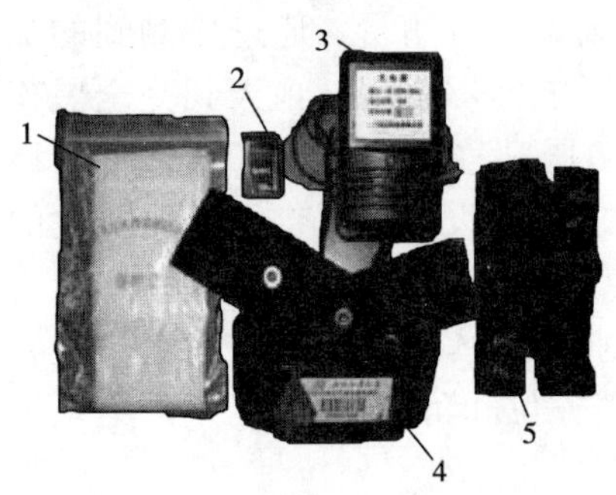

图2-11 心电检测仪
1-生理参数记录保护套;2-心电数据记忆卡;3-充电器;4-检测仪主机;5-副带

4. 心电仪

《KF2 型动态多参数生理检测仪》是北京保迈科技有限公司研制的一种先进装备,用于长时间检测受试者在各种状态(运动、睡眠等)下生理参数(心电图、心率、呼吸、体位以及体表温度等信号)的多参数动态生理检测仪,由检测仪主机、副带、软件光盘和充电器构成,如图 2-11 所示。分析软件用于分析检测仪记录的数据,具有下列功能:显示信号波形、QRS 波检测、呼吸率检测、心律失常分析、HRV 分析、ST 段分析、体动强度分析。

心电检测仪抗干扰强,佩戴方便,具体的操作步骤如下:

(1)在心电数据记忆卡中,建立数据采集文件。

(2)安装检测仪主机,选择主机加副带的长度短于佩戴者胸围 10cm 左右的检测胸带;将副带一端的挂钩挂于主机连接器上; 胸带上检测盒的指示灯向上,位置在中间;将副带绕于胸后挂于主机另一侧连接器,为佩戴者带好检测胸带。

(3)将存储卡插入存储卡插槽,适当用力下压,当听到"哒"声后停止下压,此时,存储卡插卡已到位,将存储卡插槽舱门关闭。

(4)摘下检测仪后,打开检测盒的存储卡插槽舱门,下压存储卡,存储卡会自动弹出,取出存储卡,检测仪会停止工作。

2.2.4 综合实验平台

以驾驶模拟实验平台为基础,结合其他仪器,北京工业大学搭建了一套基于驾驶模拟实验系统的综合数据采集平台。该平台通过驾驶模拟舱自带的检测系统实现对车辆位置以及车辆操作行为的检测;依托驾驶模拟舱开发场景快速生成系统,实现对道路和场景快速建模功能;搭建眼动仪的平台,实现眼动仪的快速定位以及实时修正功能,同时利用眼动仪获取驾驶人的眼动数据和面部特征;分别集成脑电仪、心电仪和主观问卷调查数据,获取驾驶人的脑电数据、心电数据以及主观问卷调查结果。通过对各个子系统的数据集成,搭建实验系统平台。平台结构如图 2-12 所示。

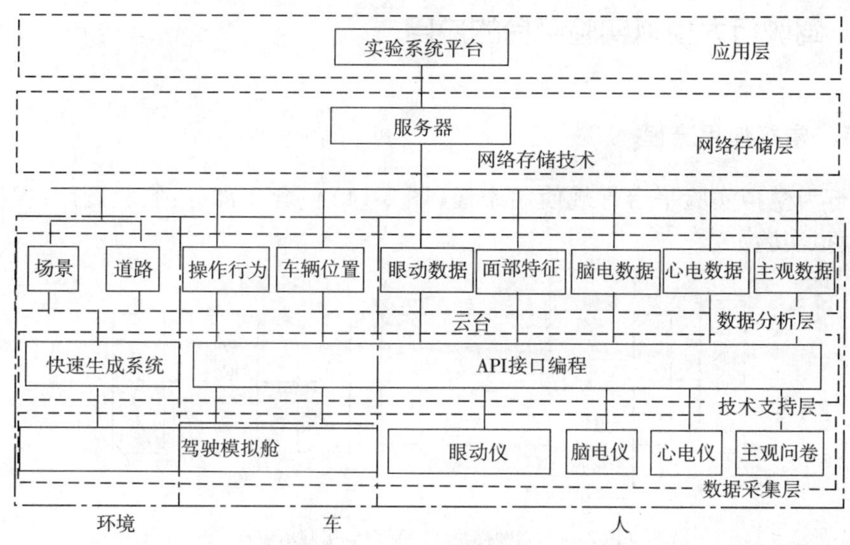

图2-12　基于驾驶模拟实验系统的综合数据采集平台

基于此平台也设计了采集数据监控平台，图2-13为实验平台的一个数据采集界面，该界面汇集了驾驶人面部特征、眼动、车辆位置坐标、道路线形以及驾驶操作行为等实时数据。通过该实验平台，能够实现对驾驶行为等与驾驶人研究相关的实验数据采集等功能。

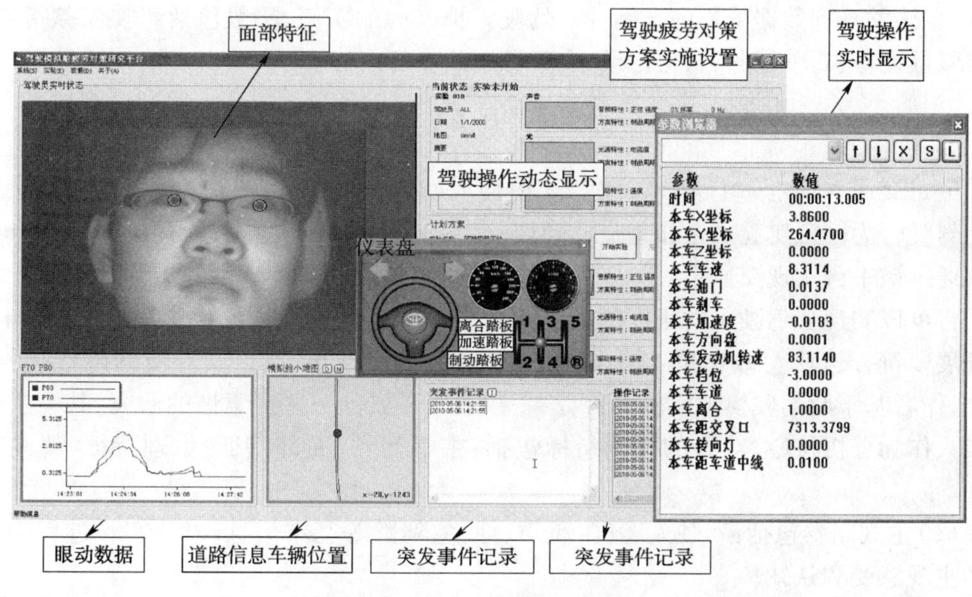

图2-13　实验平台数据采集界面

2.3 驾驶行为模拟实验平台的应用

2.3.1 常规使用流程

驾驶行为模拟实验平台常规使用流程(图 2-14)包含 3 部分:实验设计、虚拟场景开发、驾驶模拟实验。

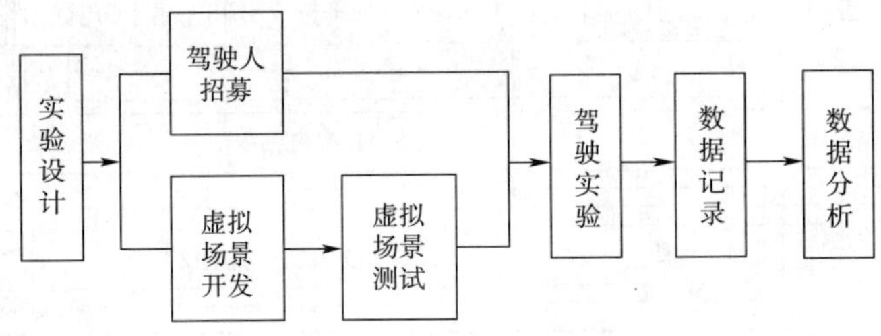

图 2-14 驾驶模拟实验平台应用基本流程

实验设计是整个过程中的核心,合理而完善的实验设计是顺利采集数据,获得期望研究成果的前提。实验设计部分除了需要明确实验目的、实验方法、实验对象、实验时间等基本要素外,还包括实验数据采集所采用虚拟环境的搭建和实验场景的设计,同时也需要明确应用过程中需要检测记录的动态数据及数据特性。虚拟场景的开发作为实验过程的重要组成部分,需要花费研究人员较多的时间和精力,场景的真实性和设计的合理性,直接关系到数据采集的准确性。驾驶模拟实验的实施,一般包括驾驶任务指导语、仪器佩戴设备、驾驶任务、数据记录、主观调查问卷等内容。

2.3.2 主要研究领域

道路交通系统是一个人、车、路和环境构成的复杂系统,四者之间相互协调,缺一不可。驾驶行为模拟实验平台作为交通领域较为完备的一项研究工具,其最大的特点在于能够通过该平台实现交通系统中以人为核心的微观特征的检测。同时,基于驾驶行为实验平台可以实现从驾驶人的角度剖析交通系统中的其他因素对于驾驶人特性的影响,从而开展以符合驾驶人感受和认知作为最优机制的,包括车、路以及环境的最优化问题。据此,作者基于此驾驶模拟实验平台,从一些领域开展了一些探索性的研究,其中主要以驾驶人作为分析核心,对人的检测指标包括:主观问卷、面部特征、生理特征、驾驶行为特征。

(1)主观问卷包括:驾驶人态度、履历、性格、驾龄等基本信息,以及实验过程中驾驶人的主观感受和认知;

(2)面部特征包括:眼动、口型及面部表情等;

(3)生理特征参数包括:脑电、心电、血压等;

(4)驾驶人驾驶适应指标:涵盖驾驶人的视觉、听觉、生理、反应、操作、记忆、触觉等多个方面。

驾驶行为指标包括:

(1)车辆运动状态参数:速度、加速度、横向位移、车辆坐标位置等;

(2)操作行为参数:转向盘转角、加速踏板角度、制动踏板角度、离合踏板角度、换挡、转向灯等。

目前,驾驶行为模拟实验平台涉及到的相关研究领域中,围绕人、车、路、环境所能采集的数据内容如图2-15所示。

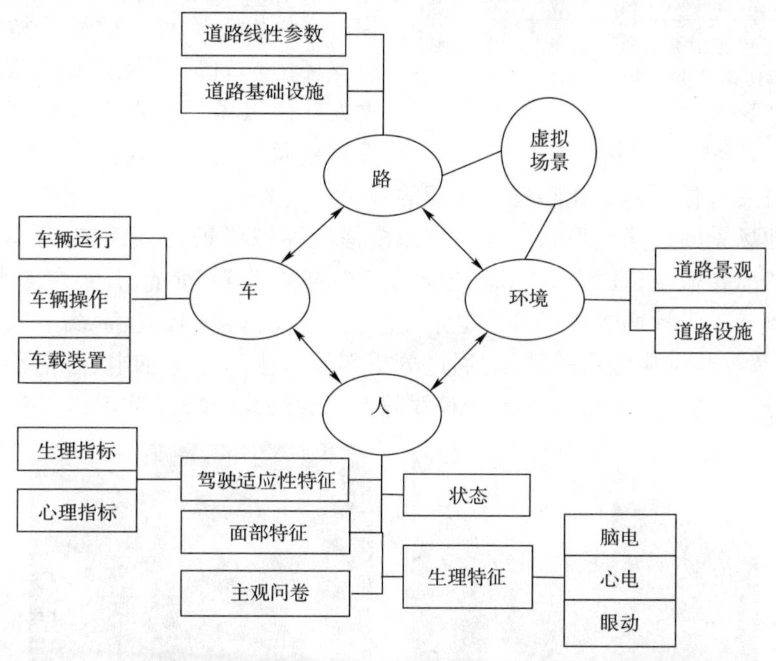

图2-15　北京工业大学驾驶行为模拟实验平台数据采集内容

利用驾驶行为模拟实验平台,围绕交通系统中的四大基本要素,通过合理的设计实验,采集驾驶人在驾驶过程中多种动态数据,为开展相关领域的研究提供数据来源。

2.3.3　驾驶行为模拟实验平台的有效性

北京工业大学驾驶行为模拟实验平台在相关研究中发挥着重要的支撑作用。使用此实验平台的一个重要前提,便是它仿真模拟驾驶环境的真实性、有效性。对此,该实验平台从驾驶人主观评价感受、基于驾驶人生心理特征的有效性方面得到验证。

1. 驾驶人主观感受评价

要求被试人员在完成驾驶任务之后,对驾驶过程中驾驶感受的仿真度进行主观评测,评价对象主要包括驾驶模拟平台中的总体感受、转向盘、加速踏板、制动踏板、离合踏板、挡位、虚拟场景7个方面，以[0,10]完成主观评价，其中10表示最为真实，0表示最不真实，评价均值如图2-16所示。从驾驶人评价分布可以看出，大部分驾驶人对驾驶模拟平台的仿真程度的评价为8分左右，这证明驾驶模拟平台具有一定程度的模拟仿真水平。

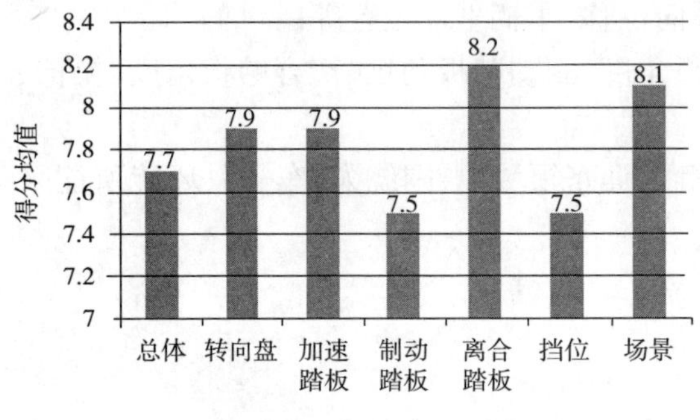

图2-16　驾驶人主观评价均值分布

2. 基于驾驶人生理、心理特征的有效性验证

模拟舱的有效性研究是通过对比模拟场景和真实场景中相关指标，对模拟器真实性的客观判断，主要分为绝对有效性和相对有效性。绝对有效性是指相关指标在模拟环境和真实环境下的数值相等，即驾驶人在模拟场景与真实场景下的驾驶行为没有差异。相对有效性是指两种环境中的评价指标数值具有相同的变化趋势和相似的数值。

根据实地场景的道路线形状况在模拟舱内搭建模拟场景，力求搭建的模拟场景和真实场景保持较高相似度，真实场景和模拟场景对比如图2-17所示，其中左侧为真实场景，右侧为模拟场景。设计场景中的路段包括：直线、曲线、直线上坡、直线下坡、曲线上坡、曲线下坡、急弯等几种典型道路特征，通过分析驾驶人生理指标脑电、心电在不同道路条件下的对比分析，确定真实与虚拟场景对驾驶人造成的反应特征是否具有有效性。

图2-17　真实场景(左)与模拟场景(右)

通过对驾驶人在实际场景中与驾驶模拟实验平台中的脑电、心电特征对比分析，主要结论如下：

(1)通过模拟场景和真实场景的实验，分析两种场景下的脑电和心电数据，从脑电β波和心率指标的趋势可以得出模拟场景和真实场景具有一定的相关性，相关系数分别为脑电β波0.875，心率0.885，说明模拟场景和真实场景具有相关性，即模拟场景具有相对有效性。

(2)模拟场景和真实场景在直线和平曲线等道路线形时具有绝对有效性。

(3)在模拟舱中进行相关交通安全方面的实验中，当实验场景中包括直线、平曲线等道路线形时，不需对实验结果进行标定。若道路场景中包括一些极限的道路线形，比如纵坡坡度较大的陡坡和半径较小的平曲线时，均需对指标进行标定，才能保证模拟舱的有效性。

(4)通过对模拟器的有效性验证分析表明，模拟器是具有相对有效性的，并且在某些道路线形时具有绝对有效性，对将来在模拟器中相关实验的可行性提供了依据。

总之，北京工业大学驾驶行为模拟实验平台虽然不能完美地模拟实际驾驶环境，但作为一种支持各项研究的实验平台，其所具有的模拟仿真程度以及有效性一定程度可以支持相关研究工作，特别是对于驾驶人的影响分析等方面，其研究结果具有一定的可信度。当然，如果相应的研究结果期望应用于工程实践，最好采用一定的外场试验，验证模拟实验平台所获得数据的有效性。

第3章　实验设计方法及数据分析

3.1　实验设计方法

1. 实验设计

合理科学的实验设计是开展科学研究并得到正确结论的基础。一个周密而完善的实验设计,需要合理地安排各种实验因素,严格地控制实验误差,从而消耗很少的人力、物力和时间,以便最大限度地获得丰富而可靠的数据。概括的讲,实验设计的主要功能就是对实验过程中多种变量的控制,在控制条件下有效地操纵或改变自变量,使因变量(即反应变量)的变化得以观察。科学的实验设计主要体现在实验过程的合理安排,并对无关变量的有效控制。最优实验方案的获得是获得好的分析结果的重要保证,必须兼顾实验设计和数据处理两个方面,两者相辅相成、互相依存,互相制约。驾驶行为模拟实验平台提供了良好的在动态驾驶过程中获得驾驶人特征数据的基础实验设施,以交通领域作为研究背景,以驾驶人为核心,基于该实验平台,通过科学的实验设计和数据处理方法,研究交通系统中各要素之间的互动关系和作用机制。

2. 设计原则

1)科学性原则

实验是人为控制条件下研究事物(对象)的一种科学方法;是依据假设,在人为条件下对实验变量的变化和结果进行捕获、解释的科学方法。

科学研究的过程本身就是科学,并不是说研究的结论才是科学方法。因此,在实验设计中最好有充分的科学依据,即使是没有的结论,也需要经过合理的推论。分析问题、设计实验的全面性和科学性体现了逻辑思维的严密性。

2)对照原则

实验中的无关变量很多,必须严格控制,要平衡和消除无关变量对实验结果的影响,对照实验的设计是消除无关变量影响的有效方法。由于同一种实验结果可能会被多种不同的实验因素所引起,因此如果没有严格的对照实验,即使出现了某种预想的实验结果,也很难保证该实验结果是由特定因素引起的,这样就使得所设计的实验缺乏应有的说服力。可见只有设置对照实验,才能有效地排除其他因素干扰结果的可能性,才能使设计显得比较严密。所以大多数实验,尤其是生理类实验往往都要有相应的对照实验。

有比较才有鉴别。设立对照的目的是衬托处理因素的效应。所设立的对照组必须与实验组达到均衡一致,均衡是指各对比组之间除处理因素不同外,其他重要的、可控制的非处理因素的分布尽量保持一致。例如,不同对比组实验对象在性别、年龄及健康状况上应保持一致。在临床试验中,还应考虑到病情、病程以及过去接受治疗的情况等对效应的影响。实验性研究中对照组的设置必须具备3个条件:

(1)对等除研究因素外,对照组(实验对象)具备与实验组(实验对象)对等的一切因素。

(2)同步设立的对照组与实验组在整个研究进展中始终处于同一空间和同一时间。

(3)任何一个对照组都是为相应的实验组专门设立的。不得借用文献中的记载或以往研究的、其他研究的资料作为本研究之对照组。

上述3个条件均是为了保证对照组与实验组间的均衡一致,以充分发挥对照组参照的作用。对照组设立后,应对各对比组的基线情况进行比较,以检验其均衡性。

对照组设计方法的关键就在于如何尽量去保证"其他条件的完全相等"。一般设置对照组有4种方法:

(1)空白对照,即不给对照组做任何处理。例如,在"分析饮酒对驾驶人造成的影响"的实验过程中,可以令其中一组驾驶人处于不饮酒状态,完成驾驶任务,这可作为空白对照组。

(2)条件对照,即虽给对照组施以部分实验因素,但不是所研究的实验处理因素。这种对照方法是指不论实验组还是对照组的对象都作不同条件的处理,目的是通过得出两种相对立的结论,以验证实验结论的正确性。

(3)自身对照,指对照组和实验组都在同一研究对象上进行,不再另外设置对照组。例如,分析饮酒对驾驶人影响特征,可以先让驾驶人不饮酒进行一遍驾驶过程,之后令驾驶人饮酒再进行驾驶,那么未饮酒状态进行的驾驶可认为对照组。

(4)相互对照,不单独设置对照组,而是几个实验相互为对照。这种方法常用于等组实验中。

根据实验目的要求,凡是涉及确定变化因素之间的因果关系的实验中,一般都需要设计对照组实验。

3)随机原则

随机是为了保证样本的代表性,保证各处理组间在大量不可控制的非处理因素的分布方面尽量保持均衡一致而采取的一种统计学措施。因此,在实验对象的抽样、分组以及实验实施过程中均应遵循随机化原则。随机应体现在两个方面。一方面要分组随机,即每个研究对象分配到不同处理组的机会相同,从而保证各处理组间研究对象尽可能均衡一致,以提高组间的可比性;另一方面实验顺序要随机,即每个研究对象先后接受处理的机会相同,其目的是平衡实验顺序对结果的可能影响。

4)可重复原则

任何实验都必须有足够的实验次数才能判断结果的可靠性，设计实验只能进行一次而无法重复就得出“正式结论”是草率的。重复是指在相同实验条件下进行多次研究或多次观察，以提高实验的可靠性。广义地讲，重复包括三个方面。

（1）首先，结论的重复确保实验的重现性，以提高实验的可靠性。一个不可重复的研究是没有科学性的。特别是在病因学研究中，研究因素作为病因的条件之一是结论可以在不同地区、不同人群、不同时间重复观察到。

（2）其次，用多个实验对象进行重复，避免把个别情况误认为普遍情况，把偶然或巧合的现象当作必然的规律，通过一定数量的重复，使结果具有稳定性，使假设检验达到预定的功效。这里所指的“一定数量”实际上就是样本量。

（3）最后，同一实验对象的重复观察是保证观察结果的精度。例如，在测量血压时，一般对同一实验对象测量 3 次，以 3 次测量结果的平均值作为最终观察值。

5）可行性原则

在实验设计时，从原理、实验实施到实验结果的产生，都实际可行。

6）简便性原则

实验设计时，要考虑实验充分利用实验资源，所用仪器充分发挥作用，高效利用实验时间，实验操作简捷合理，实验费用本着合理节约的原则进行安排使用。

7）单一变量原则

不论一个实验有几个实验变量，都应确定一个实验变量对应观测一个反应变量，这就是单一变量原则，它是处理实验中的复杂关系的准则之一。

（1）实验变量与反应变量。实验变量是实验中由实验者操纵的因素或条件，而反应变量是指由实验变量而引起的变化结果，二者之间是前因后果的关系。实验的目的就在于获得和解释前因与后果。

（2）无关变量与额外变量。无关变量是指实验中除实验变量外的影响实验结果与现象的因素或条件。由无关变量引起的变化结果就叫额外变量。它们之间也是前因后果的关系，但它们的存在对实验与反应变量的获得起干扰作用。

3. 实验设计的“三要素”

1）实验对象

实验所用的材料即为实验对象。如用驾驶人做实验，驾驶人便称为受试对象。实验对象选择的合适与否直接关系到实验实施的难度，以及他人对实验新颖性和创新性的评价。一个完整的实验设计中所需实验材料的总数称为样本含量。最好根据特定的设计类型估计出较合适的样本含量。样本过大或过小都有弊端。

2）实验因素

所有影响实验结果的条件都称为影响因素，实验研究的目的不同，对实验的要求也不同。影响因素有客观与主观，主要与次要因素之分。研究者希望通过研究设计进行有计划的安排,从而能够科学地考察其作用大小的因素称为实验因素(如驾驶人的状态、道路中的标志、道路设施的设计等);对评价实验因素作用大小有一定干扰性且研究者并不想考察的因素称为区组因素或称重要的非实验因素(如驾驶人的个体差异性等);其他未加控制的许多因素的综合作用统称为实验误差。最好通过一些预实验,初步筛选实验因素并确定取哪些水平较合适,以免实验设计过于复杂,实验难以完成。

3)实验效应

实验因素取不同水平时在实验单位上所产生的反应称为实验效应。实验效应是反映实验因素作用强弱的标志,它必须通过具体的指标来体现。要结合专业知识,尽可能多地选用客观性强的指标,在仪器和试剂允许的条件下,应尽可能多选用特异性强、灵敏度高、准确可靠的客观指标。对一些半客观(如对驾驶人能力的测试)或主观指标(如驾驶人的调查问卷结果),一定要事先规定读取数值的严格标准,只有这样才能准确地分析自己的实验结果,从而也大大提高了自己实验结果的可信度。

3.1.1 驾驶模拟实验常用实验设计方法

1.完全随机设计

完全随机设计是最常见的一种考察单因素两水平或多水平间的效应有无差别的实验设计方法。完全随机设计(Completely Randomized Design)是根据试验处理数据将全部被试对象随机地分成若干组,然后再按组实施不同处理的设计。这种设计保证每一被试对象都有相同机会接受任何一种处理,而不受试验人员主观倾向的影响。在驾驶人作为被试试验中,当驾驶人之间的特征比较一致时,可采用完全随机设计。这种设计应用了重复和随机化两个原则,因此能使试验结果受非处理因素的影响基本一致,真实反映出试验的处理效应。

完全随机设计的实质是将供试动物随机分组。随机分组的方法有抽签法和用随机数字表法,以用随机数字表法为好,因为随机数字表上所有的数字都是按随机抽样原理编制的,表中任何一个数字出现在任何一个位置都是完全随机的。目前,一般的计算机中均有随机函数可以应用,也使得随机分组时更加便捷。

该方法是最常用的一种设计方法,非实验性因素对效应指标影响不大,通过随机分组能够均衡非研究因素造成的影响。该方法的优点在于实验设计和统计分析比较简单,但其缺点在于一次只能研究一个因素,而且需要的样本量较大,设计效率不高。

以弯道处标志设置位置对车辆入弯速度影响分析为例,将30名驾驶人随机分为3组,分别给予3种不同处理(即标志设置位置至弯道起点距离分别为0m、50m、100m),测得数据如图3-1所示,探究各组速度水平是否相同。

2.配对设计

配对的概念指的是两个样本的各样本值之间存在对应关系。配对样本的两个样本值之间的配对是一一对应的,并且两个样本的容量相同。

	组1驾驶员编号	位置0m	组2驾驶员编号	位置50m	组3驾驶员编号	位置100m	变量
1	21	63.18	29	64.33	19	63.40	
2	25	63.40	18	54.72	2	49.21	
3	24	52.99	30	55.37	27	72.47	
4	9	45.14	26	54.43	6	57.24	
5	23	68.40	13	61.42	14	65.99	
6	28	50.87	3	50.54	11	61.02	
7	8	59.15	22	68.76	7	51.73	
8	15	48.02	16	54.29	10	53.78	
9	1	55.51	4	53.32	20	56.74	
10	17	48.42	5	53.89	12	54.50	
11							

图 3-1 3 组驾驶人入弯车速水平(km/h)

配对设计是将受试对象按配对条件配成对子,每对中的个体接受不同的处理。配对设计一般以主要的非实验因素作为配比条件,而不以实验因素作为配比条件。其基本思想是使实验组和对照组间非实验因素的条件均衡,使得实验因素的效应更容易显示出来,以提高实验设计效率,减少样本数的需求量。配对设计主要有两种情况:一是对同一受试对象处理后前的比较,或者处理前后的特征分析,例如同一驾驶人在不同的驾驶条件控制情况下的两次驾驶任务,其中该驾驶人两次驾驶前的初始条件相同;二是将受试对象按情况相近者配对(或自身进行配对),分别给出两种处理,以观察两种处理效果有无差别,在以驾驶人为主要被试对象时,一般将性别、年龄、驾龄、性格、驾驶习惯等基本特征相似的两人配成一对,再按随机化原则把每对中的被试对象分配到实验组和对照组,或不同处理组。

该方法的优点是能够有效的控制个体间的差异性,使得抽样误差控制在最小的程度。缺点在于被试对象在实验过程中可能会发生某些条件的改变,会导致实验前后的条件不一致,产生对实验结果的偏差。

以线形诱导标对驾驶人的影响分析实验为例,需要分析诱导标是否对车速产生影响,对 10 名驾驶人进行测试,分别统计了 10 名驾驶人在“有”和“无”诱导标情况下的行车速度,形成 10 组配对数据。数据统计如图 3-2 所示。

	驾驶员编号	有标志速度	无标志速度	变量
1	1.00	48.80	46.49	
2	2.00	61.95	70.66	
3	3.00	47.04	45.14	
4	4.00	61.48	50.02	
5	5.00	52.13	57.08	
6	6.00	40.51	51.61	
7	7.00	55.14	56.70	
8	8.00	83.58	86.51	
9	9.00	44.65	52.96	
10	10.00	73.47	67.35	
11				

图 3-2 “有/无”诱导标情况下的速度值

3. 重复测量设计

重复测量设计指将一组或多组被试者先后重复地施加不同的实验处理,或在不同场合和时间点被测量至少两次的情况。重复测量设计大体有两类,一类是对每个人在同一时间不同因子组合间测量;另外一类是对每个人在不同时间点上重复测量。前者常见于裂区设计,而后者常见于经典试验设计即包括前测处理,一次或几次后测的情况。后者比前者要多见。

不论沿裂区方向还是沿时间点重复,个体内因子无一例外的都是重复测量因子。重复测量设计的特点是一定有个体内因子但不一定有个体间因子。后者是不同处理组合或不同个体组,而且即使有不同组群(例如男性和女性),但人人都经历重复测量而不是一组接受重复测量另一组不接受。一般来讲,研究设计汇总考虑以下问题时应采用重复测量研究设计。

(1)考察某指标在不同时间的变化情况。

(2)研究个体间变异很大,应用普通研究设计的方差分析时,方差分析表中的误差项值很大。

(3)研究对象很难征募到足够多,考虑对所征募的对象在不同条件下的反应进行测量。

重复测量设计优点:每一个体作为自身的对照,克服了个体间的变异。分析时可更好地集中于处理效应,同时被试者间自身差异的问题不再存在,也就是减少了一个差异来源。同时,重复测量设计的每一个体作为自身的对照,研究所需的个体相对较少,因此更加经济。

重复测量设计缺点:首先是滞留效应,即前面的处理效应有可能滞留到下一次的处理;其次是潜隐效应,即前面的处理效应有可能激活原本以前不活跃的效应;再次是学习效应,即由于逐步熟悉实验,研究对象的反应能力有可能逐步得到了提升。

每个被试者须作多少次测试取决于试验需要和课题性质。一旦决定下来则会决定组内变量水平数。如果实验中没有组内变量,则每个被试者只需作一次测试;如果实验中有一个组内变量,则测试的次数就是该组内变量的水平数;如果实验中的组内变量不止一个,则测试次数就是实验中几个组内变量水平数的乘积.

重复测量设计方差分析的统计前提:(1)每个处理条件内的观察都是独立的;(2)每个处理条件内的总体分布是正态分布或多元正态分布;(3)每个处理条件内方差同质;(4)每个被试者的多元观测值之间有相关。

应用过程中,为了考察不同左侧路肩宽度对驾驶人行驶过程的侧位移是否存在显著性影响,实验安排所有被试者在5种具有不同左侧路肩宽度的环境下完成驾驶任务,实验设计中,从第1个场景至第5个场景依次固定次序完成驾驶任务,这种实验设计便是重复测量过程,所获得的侧位移数据如图3-3所示。

4. 正交实验设计

正交试验设计是研究多因素多水平的又一种设计方法,它是根据正交性从全面试验中挑选出部分有代表性的点进行试验,这些有代表性的点具备了“均匀分散,齐整可比”的特点,正交试验设计是分析因式设计的主要方法,是一种高效率、快速、经济的实验设计方法。例如作一个三因素三水平的实验,按全面实验要求,须进行 $3^3=27$ 种组合的实验,且尚未考虑每一组合的重复数。若应用正交实验设计方法,按照 $L_9(3^3)$ 正交表安排实验只需作 9 次,按 $L_{18}(3^3)$ 正交表安排实验只需进行 18 次实验,显然大大减少了工作量。因而正交实验设计在很多领域的研究中已经得到广泛应用。

	驾驶员编号	场景1	场景2	场景3	场景4	场景5
1	1.00	0.15	0.21	0.31	0.16	0.12
2	2.00	0.36	0.09	0.22	0.09	0.00
3	3.00	1.30	0.85	0.82	0.61	0.07
4	4.00	0.59	0.36	0.05	0.07	0.06
5	5.00	0.22	0.12	0.27	0.51	-0.25
6	6.00	-0.06	0.43	0.13	0.14	0.05
7	7.00	0.38	-0.46	0.31	0.03	0.07
8	8.00	0.56	0.09	-0.12	-0.32	-0.23
9	9.00	0.80	0.53	0.51	0.33	-0.16
10	10.00	0.59	0.61	0.55	-0.01	-0.02
11	11.00	-0.14	0.12	0.18	0.16	-0.19
12	12.00	0.73	0.45	0.44	0.56	0.18
13	13.00	0.65	0.38	-0.05	0.29	0.27
14	14.00	0.89	0.71	0.79	0.73	0.30
15	15.00	0.85	0.87	0.97	0.80	0.40
16	16.00	0.07	-0.33	-0.22	-0.41	-0.33
17	17.00	1.33	0.73	0.80	0.64	0.84
18	18.00	0.40	0.19	-0.40	-0.01	0.02
19	19.00	0.41	0.23	0.43	-0.24	-0.23
20	20.00	0.51	0.24	0.49	0.67	-0.02
21	21.00	0.07	-0.21	-0.15	-0.27	-0.26
22	22.00	0.62	-0.16	-0.12	-0.33	-0.22

图 3-3 不同场景下车辆侧位移

应用正交实验设计,主要是根据正交表安排实验,每次实验中的处理为不同因素在不同水平下的一种组合,达到通过较少的实验次数研究各因素影响特征的目的。正交表是由日本著名的统计学家田口玄一将正交试验选择的水平组合列成表格而成,是一整套规则的设计表格,表示为 $L_n(t^c)$,L 正交表的代号,n 为试验的次数,t 为水平数,c 为列数,即可能安排最多的因素个数。例如 $L_9(3^4)$ 它表示需作 9 次实验,最多可观察 4 个因素,每个因素均为 3 水平。一个正交表中也可以各列的水平数不相等,我们称它为混合型正交表,如 $L_8(4\times2^4)$,此表的 5 列中,有 1 列为 4 水平,4 列为 2 水平。

正交表具有以下 3 项性质:

(1)正交性。①在任何一列中各水平都出现,且出现的次数相等;②任意两列之间各种不同水平的所有可能组合都出现,且出现的次数相等。

(2)均衡分散性。①任一列的各水平都出现,使得部分实验中包含所有因素的所有水平;②任意两列的所有组合都出现,使得任意两因素间都是全面实验。

(3)综合可比性。正交性保证了每列因素各个水平的效果比较中,其他因素的干扰相对最小,从而能最大限度地反映该因素不同水平对实验指标的影响。

以上(2)、(3)点充分体现了正交表的两大优越性,即"均匀分散性,整齐可比"。

正交表的以上3个基本性质中,正交性是核心、基础,均衡分散性和综合可比性是正交性的必然结果,通俗地说,每个因素的每个水平与另一个因素各水平各碰一次,这就是正交性。正交表集其三个性质于一体,成为正交实验设计的有效工具,因而实际应用越来越广。

正交表本身有专门的算法,对于应用者来说不用深究。实际应用中,最重要的是根据自身分析需求,选择所使用的正交表作为依据安排实验。通常,在不考虑交互作用的情况下,可以自由的将各个因素安排在正交表的各列,只要不在同一列安排两个因素即可(否则会出现混杂)。但是当要考虑交互作用时,就会受到一定的限制,如果任意安排,将会导致交互效应与其他效应混杂的情况。因素所在列是随意的,但是一旦安排完成,试验方案即确定,之后的试验以及后续分析将根据这一安排进行,不能再改变。

在分析声音刺激作为驾驶人疲劳对策的有效性实验中,声音刺激具有4种因素:声强、频率、刺激时间、刺激间隔,每种因素具有3个水平,为了分析不同因素下对策效果,选用正交实验设计方法,构成4因素、3水平的正交实验。选用正交表$L_9(3^4)$作为实验安排的依据,驾驶人9次实验的处理因素安排设计见表3-1。按照此设计,通过检测每次实验中的驾驶人生理参数作为疲劳评价指标,进而通过数据分析确定声音刺激各因素的影响效果特征。

基于$L_9(3^4)$的正交实验设计表　　表3-1

实验号	处理因素			
	声强水平	频率水平	刺激时间水平	刺激间隔水平
1	1	1	1	1
2	1	2	2	2
3	1	3	3	3
4	2	1	2	3
5	2	2	3	1
6	2	3	1	2
7	3	1	3	2
8	3	2	1	3
9	3	3	2	1

3.1.2 其他实验设计方法

1. 随机区组设计(配伍设计)

随机区组设计又称配伍组设计,为配对设计的扩展,是将受试对象条件相同或相近者组成若干个区组，再将每个区组中的各受试对象随机分配到各处理组。每个区组中包含的受试对象数等于处理组数。随机区组设计可保证区组内的受试对象有较好的同质性，因此组间均衡性较好，与完全随机设计相比可以提高实验效率。随机区组设计属于两因素设计，不仅可以分析处理因素间的实验效应有无显著性，同时可以分析配伍组间的实验效应有无显著性。在样本的分配上，不仅各处理组的样本量相等，而且每个区组所含的被试对象数与处理组数相等或成倍数；由于配伍组内各实验对象条件相同或基本一致，所以组间的均衡性较好，抽样误差较小，实验效率高。

2. 拉丁方设计

拉丁方实验设计是一种用于安排三因素多水平研究对象作用的一种设计方案，由于这种设计方案是按 r 个拉丁字母排成 $r*r$ 的方阵，因此称为 r 方拉丁设计。它要求各因素的水平数必须相等，且各因素间不能有交互作用。该方法是一种设计效率高，节约样本量的设计方案。凡三因素实验，若每个因素水平数相等均可采用拉丁方设计。

3. 析因设计

析因设计方法是一种多因素的交叉分组设计，是对各因素各水平的所有组合都进行实验的设计方法，它既可分析各因素的主效应，又可分析各因素的交互作用，是一种高效的实验设计。其主要优点在于：它的实验结果可以运用方差分析，把总变异分解为多个因素变异、因素间交互作用的变异以及误差变异。因此不仅可以做每个因素各水平的比较，而且还可以进行各因素间交互作用的分析。所以，析因设计是一种高效率的实验方法，对各种组合的交互作用具有独特的分析功能，同时又具有直观表达分析结果的优点；另外析因设计还可以节约样本含量。主要缺点在于：统计分析计算较复杂，因素水平数均不宜过多，否则实验量太大，而且对比分析过于繁琐。

3.2 数据分析方法

数据分析是研究过程中重要的组成部分，是对从实验中获得数据的进一步挖掘，是与实验设计紧密联系的。数据分析方法众多，每一种分析方法都具有自己的特征和要求。使用过程中，需要根据实验设计及数据特征，依据各种分析方法的适用条件，合理优选数据分析方法，进而通过对实验数据的分析得到正确且有价值的结论。基于驾驶行为模拟实验平台开展的相关研究中，常用的数据分析主要包含 3 个方面：影响分析、回归分析、判别分析。

3.2.1 影响分析方法

1. 独立样本 t 检验

独立样本 t 检验是用 t 分布理论来推论差异发生的概率，从而比较两组样本所代表的总体平均数的差异是否显著。它与 Z 检验、卡方检验并列,属于假设检验的一种。

在使用该检验方法时,需要注意以下几个方面:

(1)选用的检验方法必须符合其适用条件(注意:t 检验的前提是资料服从正态分布)。理论上,即使样本量很小时,也可以进行 t 检验,如样本量为 10,甚至一些学者声称甚至更小的样本也行,只要每组中变量呈正态分布,两组方差不会明显不同。判断数据是否符合正态分布,可以通过观察数据的分布特征或进行正态性检验估计。方差齐性的假设可进行 F 检验,或进行更有效的 Levene's 检验。如果不满足上述这些条件,则需要使用非参数检验代替 t 检验进行两组间均值的比较。

(2)区分单侧检验和双侧检验。单侧检验的界值小于双侧检验的界值,因此更容易拒绝,犯第Ⅰ类错误的可能性大。t 检验中的 p 值是接受两均值存在差异这个假设可能犯错的概率。在统计学上,当两组观察对象总体中的确不存在差别时,这个概率与我们拒绝了该假设有关。

(3)假设检验的结论不能绝对化。当一个统计量的值落在临界域内,这个统计量是统计上显著的,这时拒绝虚拟假设。当一个统计量的值落在接受域中,这个检验是统计上不显著的,这是不拒绝虚拟假设 H_0。因为,其不显著结果的原因有可能是样本数量不够拒绝 H_0,有可能犯第Ⅰ类错误。

(4)正确理解 p 值与差别有无统计学意义。p 越小,不是说明实际差别越大,而是说越有理由拒绝 H_0,越有理由说明两者有差异,差别有无统计学意义和有无专业上的实际意义并不完全相同。

(5)假设检验和可信区间的关系结论具有一致性差异:提供的信息不同区间估计给出总体均值可能取值范围,但不给出确切的概率值,假设检验可以给出 H_0 成立与否的概率。

对于 t 检验的基本原理可以参考相关统计学书籍,独立样本 t 检验在驾驶人影响因素研究中发挥着重要的作用。在之前提到的实验设计方法中,典型的应用独立样本 t 检验方法进行数据分析的为完全随机设计实验。当实验中涉及的影响因素只有两个水平时,即实验共有两个随机分配的被试组,得到一组控制组数据和一组处理组数据,由于随机分配且两组样本无关,一般两组数据各自独立不相关,则可以运用独立样本 t 检验进行分析两组数据的均值是否存在显著性差异,进而解释因素对于驾驶人是否有显著影响。

2. *单因素方差分析*

方差分析就是将总变异剖分为各个变异来源的相应部分,从而发现各变异原因在总变异中相对重要程度的一种统计分析方法。其中,扣除了各种试验原因所引起的变异后的剩余变异提供了试验误差的无偏估计,作为假设测验的依据。因而,方差分析是通过将试验处理的表面效应与其误差的比较来进行统计推断的,采用均方来度量试验处理产生的变异和误差引起的变异。方差分析是科学的试验设计和分析中一个十分重要的工具。其中单因素方差分析是最基本的应用方面。

对于单因素方差分析，是用来研究一个控制变量的不同水平是否对观测变量产生了显著影响。这里，由于仅研究单个因素对观测变量的影响，因此称为单因素方差分析。分析不同施肥量是否给农作物产量带来显著影响。单因素方差分析的第一步是明确观测变量和控制变量。第二步是剖析观测变量的方差。方差分析认为：观测变量值的变动会受控制变量和随机变量两方面的影响。据此，单因素方差分析将观测变量总的离差平方和分解为组间离差平方和及组内离差平方和两部分，用数学形式表述为：SST = SSA + SSE。第三步是通过比较观测变量总离差平方和各部分所占的比例，推断控制变量是否给观测变量带来了显著影响。

容易理解：在观测变量总离差平方和中，如果组间离差平方和所占比例较大，则说明观测变量的变动主要是由控制变量引起的，可以主要由控制变量来解释，控制变量给观测变量带来了显著影响；反之，如果组间离差平方和所占比例小，则说明观测变量的变动不是主要由控制变量引起的，不可以主要由控制变量来解释，控制变量的不同水平没有给观测变量带来显著影响，观测变量值的变动是由随机变量因素引起的。

关于方差分析具体统计学原理，一般统计教科书均具有详细解释，在此不做介绍。方差分析是统计学数据分析方法中最为常用的一种方法，其也分为了众多的分支。与上节中介绍的完全随机设计实验方法相对应，对于单因素多水平实验设计的数据分析方法，单因素方差分析是最为典型的分析方法。完全随机设计实验方法得到的实验数据的基本特征是每组实验数据均应符合正态分布，且由于被试者的分布随机性，每组数据方差齐次，那么可以运用单因素方差分析进行因素影响显著性分析。

以完全随机设计中标志位置对车辆过弯速度的影响分析实验数据为例，用单因素方差分析判断标志位置对车速是否具有显著影响，利用 SPSS 软件按照 95% 的置信区间进行处理，检验结果见表 3-2。

单因素方差分析表（ANOVA） 表 3-2

	平方和	df	均方	F	显著性
组间	405.364	2	202.682	3.983	0.047
组内	610.631	12	50.886		
总数	1015.995	14			

表 3-2 为单因素方差分析表，可以看出，F 统计量为 3.983，对应的概率 p 值为 0.047。由于显著性水平为 0.05，所以 p 值小于显著性水平，因此有理由拒绝原假设，认为不同的标志设置位置对车辆的过弯速度产生了显著影响，不同标志设置位置对车辆过弯车速的影响效应不全为 0。

表 3-3 为数据描述性统计结果，可以看到样本个数、平均值、标准差、标准误差、95% 置信区间、最小值和最大值。

描述性统计量表　　表3-3

	N	均值	标准差	标准误	均值的95%置信区间		极小值	极大值
					下限	上限		
0	5	72.8420	10.92368	4.88522	59.2785	86.4055	59.09	85.43
50	5	68.0020	4.22748	1.89059	62.7529	73.2511	60.94	71.90
100	5	60.2220	3.93185	1.75838	55.3400	65.1040	55.47	66.26
总数	15	67.0220	8.51887	2.19956	62.3044	71.7396	55.47	85.43

表3-4为标志位置的两两比较结果,可以看出,在3种不同标志设置位置中,只有0m和100m之间的差异是显著的,即标志位置为0m和100m对车辆过弯速度产生显著影响。

两两比较分析表(Multiple Comparisons)　　表3-4

	标志位置I	标志位置J	均值差(I-J)	标准误	显著性	95%置信区间	
						下限	上限
LSD	0	50	4.84000	4.51158	0.304	-4.9899	14.6699
	—	100	12.62000*	4.51128	0.016	2.7901	22.4499
	50	0	-4.84000	4.51158	0.304	-14.6699	4.9899
	—	100	7.78000	4.51158	0.110	-2.0499	17.6099
	100	0	-12.62000*	4.51158	0.016	-22.4499	-2.7901
	—	50	-7.78000	4.51158	0.110	-17.6099	2.0499

注:* 均值差的显著性水平为0.05。

3. 配对样本t检验

配对样本t检验是t检验的一种,用于检验两个相关样本是否来自具有相同均值的总体,即用于进行配对设计的差值平均数与母体平均数0比较的t检验。

在配对设计得到的数据中,每对数据之间都有一定的关系,如果采用成组的t检验就无法利用这种关系,造成大量数据的浪费。而且在很多情况下,待检验的成对总体的均值不再满足独立性条件,因此不能使用独立样本t检验的办法。

配对样本t检验是通过求出每对观测量值之差、所有样本值的观测值之差形成一个新的单样本。显然,如果两个样本的均值没有显著差异,则样本值之差的均值应接近零,这实际上转换成了一个单样本的t检验。所以,配对样本t检验就是检验差值的来自总体均值是否为零,这就要求差值的来自总体服从正态分布。配对样本t检验仍然是以t分布为理论基础,步骤和一般参数检验步骤完全一致。

以配对设计中的数据为例,用配对样本t检验分析线形诱导标对车速是否具有显著影响,利用SPSS软件按照95%的置信区间进行处理,检验结果见表3-5。

成对样本统计量　　表 3-5

		均值	N	标准差	均值的标准误
对 1	有标志	56.8750	10	13.49994	4.26905
	无标志	58.4550	10	12.86114	4.06705

表 3-5 给出了一些基本的描述性统计量,可以看出有标志时的速度均值和标准差分别为 56.8750 和 13.49994,无标志时的速度均值和标准差分别为 58.4550 和 12.86114。从直观上可以看出在“有”和“无”诱导标的情况下,驾驶人车速并无明显差异。

表 3-6 说明本例共有 10 对观察值,相关系数为 0.855,相关系数的显著性检验表明显著性水平为 0.002,说明两个变量之间高度相关。

成对样本相关系数　　表 3-6

		N	相关系数	Sig.
对 1	有标志 & 无标志	10	0.855	0.002

表 3-7 给出有标志和无标志条件下车速两两相减的差值的平均数、标注差、均值均数的标准误差分别为 -1.58000、7.12206、2.25219,95% 置信区间的上下限分别为 -6.67482、3.51482。配对检验结果表明 t 为 -7.02,自由度为 9,双尾显著性水平为 0.501,因此可以接受原假设,认为两变量之间的差别不具有显著性差异,即认为诱导标对车速不具有显著性影响。

成对样本检验　　表 3-7

		成对差分					t	df	Sig.(双侧)
		均值	标准差	均值的标准误	差分的 95% 置信区间				
					下限	上限			
对 1	有标志 - 无标志	-1.58000	7.12206	2.25219	-6.67482	3.51482	-7.02	9	0.501

4. *重复测量方差分析*

针对重复测量实验设计,重复测量方差分析是较为合适的用来分析因素影响关系的数据分析方法。

任何方差分析都一样,重复测量的方差分析也是用来检验平均值差别的。当在许多不同条件下测量随机取样的所有成员时,使用重复测量的方差分析。由于样本是依次曝光于各个条件的,所以对因变量的测量是重复的。对此使用标准的 ANOVA 分析是不合适的,因为它不符合标准方差分析的前提假定:数据之间的独立性。需要注意的是,有些 ANOVA 设计综合了重复测量因子和非重复测量因子。只要有一个重复测量因子存在,就应该考虑使用重复测量的方差分析。

使用该方法有以下几个原因:

(1)一些研究的假说要求重复测量。比如,经度研究测量几个年龄的样本成员。在这个例子中,年龄应该是重复的因子。

(2)当取样成员之间存在很大的变异时,按标准方法得到的误差变异很大。对每个取样成员的重复测量可以减小该误差变异。

(3)当取样成员不易获取时,重复测量的设计显得经济实惠,因为每个成员都可以用来曝光于所有的条件。

(4)应注意的是重复测量的方差分析不能检验随机效应。

(5)当取样成员根据一些重要的特征配对后,也可使用重复测量方差分析。这里,每个配对的组具有相同的成员,组内每个成员都曝光于某个因子的不同的随机水平。当取样成员配对了,不同条件下的测量可以当作重复测量来看待。

(6)研究主要目的之一是考察某指标在不同时间的变化情况。

重复测量仍然应用方差分析的基本思想,其分析效应和作用主要包括:对象内因子的主效应、对象间因子的主效应、对象间因子的交互效应、对象内与对象间因子的交互作用。在重复测量的方差分析模型中,对同一个体相同变量的不同次观测结果被视为一组,用于区分重复测量次数的变量被称为受试者内因素(Within-Subject Factor,又称组间因素),例如希望加以研究的分组因素。重复测量模型的另一个重要的分析目的就是考察随着测量次数的增加(时间的增加),测量指标是如何发生变化的,以及分组因素的作用是否会随时间发生变化,即是否和时间存在交互作用。

重复测量方差分析的假设原理是,假设对同一组观测对象在 k 个不同的条件下进行了重复测量,获得 k 个样本。零假设 H_0 为:k 个样本分别来自具有相同均值(记为 μ)和方差(记为 σ^2)的相互独立的总体。将 k 次重复测量的样本看作 k 个因变量,做多元检验,如果 F 统计量的值大于临界值,就否定零假设,反之亦然。如果还定义了组建因素变量,那么组间偏差平方和就反映了该分组变量个水平间的差异。此时的零假设 H_0 为:该分组变量各取值水平下的样本来自均值相同的总体。若组间均方和的取值远大于误差均方和,即 F 统计量的值大于临界值,就否定零假设,反之亦然。

在分析过程中,需要对分析结果进行理解和认识。

1)输出类型

当对象内影子超过两个水平时,PROC GLM 输出两个不同的结果:一个是使用多变量分析的结果;另一个是用单变量方法分析的结果。通常,这两种方法产生相似的结论。单变量分析用来检验对象内因子的效应时要求球形假定。当至少有一个对象间因子有2个以上水平时,必须满足球形检验的条件。当对象内因子不满足球形假定时,要么用多变量分析方法,要么校正单变量分析的结果(校正系数 GG 或 HF)。

2)转换变量

球形假定是通过转换因变量来实现的。代表每次实验的原始变量根据正交比较进行转换。转换的形式通常不影响检验的结果,只要转换矩阵是正交的。

3) Mauchly 球形检验和 Epsilon 校正系数

球形检验的结果只是决定将要用哪种输出结果(单变量的还是多变量的)。这里特别要注意:球形检验的结果不是决定是否使用重复测量的方差分析(这是在实验设计时考虑的事情),而是决定在重复测量方差分析之后选择哪种输出结果。如果选择单变量的,要么它满足球形检验,要么就必须对结果进行校正。通常,如果不满足球形检验,最好还是选择多变量的结果。

上面已经提到,另一种方法就是校正单变量检验的自由度。通常有2种不同的校正因子,即 Greenhouse-Geisser Epsilon (G-G) 和 Huynh-Feldt Epsilon (H-F)。一般使用 HF 校正系数,因为 GG 校正系数被证实太保守,不能够观察到组间的差别。默认状况下,系统会自动对每个单变量 F 检验(涉及到对象内因子的效应)输出经 GG 和 HF 校正后的 P 值。

正如上面提到的,即便球形假定不成立,多变量方法检验仍然是有效的。这就是说,当球形假定成立时,单、多变量的结果都可以用,差别不大;当球形假定成立时,要么用多变量的结果,要么就用校正后的单变量的结果。在重复测量分析中,通常有4种多变量分析的方法,分别是:Wilks' Lambda, Pillai's Trace, Hotelling-Lawley Trace 和 Roy's Greatest Root。通常用第一种方法(Wilks' Lambda)。

通过 SPSS 软件对图 3-3 的数据进行重复测量方差分析,输出主要结果见表 3-8 至表 3-10。

多 变 量 检 验 表 3-8

效应		值	F	假设 df	误差 df	Sig.
场景	Pillai 的跟踪	0.662	12.742a	4.000	26.000	0.000
	Wilks 的 Lambda	0.338	12.742a	4.000	26.000	0.000
	Hotelling 的跟踪	1.960	12.742a	4.000	26.000	0.000
	Roy 的最大根	1.960	12.742a	4.000	26.000	0.000

Mauchly 的球形度检验(度量:长度) 表 3-9

主体内效应	Mauchly 的 W	近似卡方	df	Sig.	Epsilona		
					Greenhouse-Geisser	Huynh-Feldt	下限
场景	0.687	10.309	9	0.327	0.820	0.938	0.250

主体内效应的检验(度量:长度) 表 3-10

源		Ⅲ型平方和	df	均方	F	Sig.
场景	采用的球形度	3.703	4	0.926	16.565	0.000
	Greenhouse-Geisser	3.703	3.282	1.128	16.565	0.000
	Huynh-Feldt	3.703	3.751	0.987	16.565	0.000
	下限	3.703	1.000	3.703	16.565	0.000
误差(场景)	采用的球形度	6.483	116	0.056	—	—
	Greenhouse-Geisser	6.483	95.177	0.068	—	—
	Huynh-Feldt	6.483	108.769	0.060	—	—
	下限	6.483	29.000	0.224	—	—

1)多变量检验结果,见表 3-8。"多变量检验"表格给出了对组内因素的检验。此处分别采用了4种不同的算法,但其显著性检验的 Sig 值均小于 0.05,由此可得出结论,组内效应(场景)对侧位移的差异有显著意义。

2)球形检验的输出,见表3-9。"Mauchly的球形度检验"表格中,对Mauchly W统计量的近似卡方检验的显著性Sig值0.327>0.10,故不能否定球形假设。

3)组内效应的检验,见表3-10。"在主体内效应的检验"表格里,对于每个效应的检验,第1行是在满足球形假设的条件下,不对F统计量的分子、分母做调整时的检验结果;随后3行是在不满足球形假设时,对F统计量的分子、分母做了不同调整后的检验结果。由于本例已满足球形假设,故参考第1行的显著性检验结果,在0.05的显著性水平上,能够否定组内因素(场景)对侧位移无影响的假设。

3.2.2 回归分析

1.简介

在科学实验中,总会遇到多个变量,同一过程中的这些变量往往是相互依赖、相互制约的,也就是说他们之间存在相互关系。这种相互关系可以分为2种类型:确定性关系和相关关系。当一个或几个变量取一定值时,另一个变量有确定值与之相对应,也就是说变量之间存在着严格的函数关系,这种关系就成为确定性关系。当一个或几个相互关系的变量取一定数值时,与之对应的另一变量的值虽然不确定,但它仍按照某种规律在一定的范围内变化,变量之间的这种关系成为相关关系。

变量之间的确定性关系和相关关系,在一定的条件下是可以相互转换的。本来具有函数关系的变量,当存在实验误差时,其函数关系往往以相关的形式表现出来。相关关系虽然是不确定的,却是一种统计关系,在大量的观察下,往往会呈现出一定的规律性,这种规律可以从大量的实验值的散点图反映出来,也可以借助相应的函数式表达出来,这种函数被称为回归函数或回归方程。

回归分析是一种处理变量之间相关关系最常用的统计方法,用它可以寻找隐藏在随机性后面的统计规律。确定回归方程、检验回归方程的可信性等是回归分析的主要内容。运用回归模型来解释所关心的因素所带来的影响特征是回归分析的目的。

回归分析中,当研究的因果关系只涉及因变量和一个自变量时,叫做一元回归分析;当研究的因果关系涉及因变量和两个或两个以上自变量时,叫做多元回归分析。此外,回归分析中,又依据描述自变量与因变量之间因果关系的函数表达式是线性的还是非线性的,分为线性回归分析和非线性回归分析。通常线性回归分析法是最基本的分析方法,遇到非线性回归问题可以借助数学手段化为线性回归问题处理。

在实际应用中,线性回归是最为常用的回归分析方法,一般的连续型变量之间均存在线性的关系。另外一方面,有时会遇到反应变量为分类变量,那么可以用类似于线形回归的模型来对这种资料进行分析,logistic回归模型便是典型的应用。线性回归模型以及二分类(即因变量仅有两种分类变量)的logistic回归模型在驾驶人特征研究中发挥着重要的作用。本章中,重点对这2种方法做介绍。

2. 线性回归

线性回归是利用数理统计中的回归分析,来确定两种或两种以上变量间相互依赖的定量关系的一种统计分析方法之一,运用十分广泛。分析按照自变量和因变量之间的关系类型,可分为线性回归分析和非线性回归分析。在统计学中,线性回归是利用称为线性回归方程的最小平方函数对一个或多个自变量和因变量之间关系进行建模的一种回归分析。这种函数是一个或多个称为回归系数的模型参数的线性组合。只有一个自变量的情况称为简单回归,大于一个自变量情况的叫做多元回归。

回归分析中,只包括一个自变量和一个因变量,且二者的关系可用一条直线近似表示,这种回归分析称为一元线性回归分析。如果回归分析中包括两个或两个以上的自变量,且因变量和自变量之间是线性关系,则称为多元线性回归分析。

在线性回归中,数据使用线性预测函数来建模,并且未知的模型参数也是通过数据来估计的。这些模型被叫做线性模型。最常用的线性回归建模是给定 X 值的 y 的条件均值是 X 的仿射函数。特殊情况,线性回归模型可以是一个中位数或一些其他给定 X 的条件下 y 的条件分布的分位数作为 X 的线性函数表示。像所有形式的回归分析一样,线性回归也把焦点放在给定 X 值的 y 的条件概率分布,而不是 X 和 y 的联合概率分布(多元分析领域)。

线性回归是回归分析中第一种经过严格研究并在实际应用中广泛使用的类型。这是因为线性依赖于其未知参数的模型比非线性依赖于其位置参数的模型更容易拟合,而且产生的估计的统计特性也更容易确定。

线性回归有很多实际用途,分为以下两大类。

(1)如果目标是预测或者映射,线性回归可以用来对观测数据集的和 X 的值拟合出一个预测模型。当完成这样一个模型以后,对于一个新增的 X 值,在没有给定与它相配对的 y 的情况下,可以用这个拟合过的模型预测出一个 y 值。

(2)给定一个变量 y 和一些变量 $X_1,\cdots,X_p$,这些变量有可能与 y 相关,线性回归分析可以用来量化 y 与 X_j 之间相关性的强度,评估出与 y 不相关的 X_j,并识别出哪些 X_j 的子集包含了关于 y 的冗余信息。

线性回归模型经常用最小二乘逼近来拟合,但他们也可能用别的方法来拟合,比如用最小化“拟合缺陷”在一些其他规范里(比如最小绝对误差回归),或者在桥回归中最小化最小二乘损失函数的惩罚。相反,最小二乘逼近可以用来拟合那些非线性的模型。因此,尽管“最小二乘法”和“线性模型”是紧密相连的,但他们是不能划等号的

在基于驾驶行为模拟实验平台进行的研究中,诸多研究内容都可以应用线性回归方法去寻求指标与因素之间的关系。其中大部分的指标与因素之间均存在一次关系,我们可以通过线性模型的回归分析探索因素与指标的影响关系,不仅是影响分析的进一步深入研究,建立的关系更能够服务与实际应用。

3. logistic 回归

logistic 回归又称 logistic 回归分析,最早主要在流行病学中应用较多,比较常用的情形

是探索某疾病的危险因素,根据危险因素预测某疾病发生的概率等。在驾驶人特征分析中,可以根据驾驶人的一些表现、性格等特征分析驾驶人类型或驾驶人状态等。例如,想探讨驾驶人的冒险倾向特征,可以选择两组人,一组为具有典型冒险倾向的驾驶人,另一组为谨慎驾驶的驾驶人,两组驾驶人群肯定有不同的特征,如性格、职业、履历等。这里的因变量就是是否倾向冒险,即“是”或“否”,为两分类变量,自变量可以包括很多,包括驾驶人的各种特征,例如年龄、性别、学历、态度、性格等。自变量既可以是连续的,也可以是分类的。通过 logistic 回归分析,就可以大致了解到底哪些因素与驾驶人具有冒险倾向相关。

logistic 回归与多重线性回归实际上有很多相同之处,最大的区别就在于他们的因变量不同,其他的基本相差不多,正是因为如此,这两种回归可以归于同一个家族,即广义线性模型(Generalized Linear Model)。这一家族中的模型形式基本上都差不多,不同的就是因变量不同,如果是连续的,就是多重线性回归,如果是二项分布,就是 logistic 回归,如果是 poisson 分布,就是 poisson 回归,如果是负二项分布,就是负二项回归,等等。只要注意区分它们的因变量就可以了。

logistic 回归的因变量可以是二分类的,也可以是多分类的,但是二分类的更为常用,也更加容易解释。所以实际中最为常用的就是二分类的 logistic 回归。

logistic 回归的主要用途包括:

(1)寻找因素:例如上面提到寻找与驾驶人冒险倾向的相关因素。

(2)预测:如果已经建立了 logistic 回归模型,则可以根据模型,预测在不同的自变量情况下,发生某种情况的概率有多大。

(3)判别:实际上跟预测有些类似,也是根据 logistic 模型,如上述问题中,可以根据一个驾驶人的基本特征判断其属于哪类驾驶人。

这是 logistic 回归最常用的 3 个用途,实际中的 logistic 回归用途是极为广泛的,logistic 回归几乎已经成了流行病学和医学中最常用的分析方法,因为它与多重线性回归相比有很多的优势,在驾驶人特性研究中,对于驾驶人类型分析、状态分析、决策分析等这类具有分类特征的反应变量相关研究中发挥着重要作用。本章主要使大家对 logistic 回归有一个初步的了解,当遇到类似问题的分析中,可以参考 logistic 回归的具体应用方法解决问题。

3.2.3　判别分析方法

1. 基本概念和基本思想

在一些数据分析应用中,有时会需要根据某些变量特征分析主体属于何种群体类别,这就需要选择一种合适的分析方法实现特征与类别之间的关系特征。比如,在驾驶人状态分析中,为了交通安全的考虑,需要对驾驶人是否处于危险驾驶状态进行分类,可以考虑的因素可以包括驾驶操作行为特征、车辆运行特征、驾驶人表现特征,实现通过这些特征判别出驾驶人是否处于危险驾驶状态。这种分析方法便成为判别分析方法,其主要特征是被解释变量为属性变量,如危险驾驶状态的"是"与"否",而解释变量为度量变量,如行车速度、方向盘转角等。

判别分析的假设条件包括:

(1)基本要求是分组类型在两组以上,解释变量必须是可测量的。

(2)各组变量的协方差矩阵相等。

(3)各判别变量之间具有多元正态分布,即每个变量对于所有其他变量的固定值有正态分布。

判别分析又称"分辨法",是在分类确定的条件下,根据某一研究对象的各种特征值判别其类型归属问题的一种多变量统计分析方法。其基本原理是按照一定的判别准则,建立一个或多个判别函数,用研究对象的大量资料确定判别函数中的待定系数,并计算判别指标,据此即可确定某一样本属于何类。根据得到的判别模型,当得到一个新的样品数据,要确定该样品属于已知类型中的哪一类,这类问题属于判别分析问题。

2. 几种判别方法简介

(1)距离判别:距离判别思想是根据各样品与各母体之间的距离远近作出判别。即根据资料建立关于各母体的距离判别函数式,将各样品数据逐一代入计算,得出各样品与各母体之间的距离值,判断样品属于距离值最小的那个母体。

(2)Bayes 判别:Bayes 判别思想是假定对研究的对象已有一定的认识,常用先验概率分布来描述这种认识,然后我们抽取的一个样本,用样本来修正已有的认识(先验概率分布),得到后验概率分布,各种统计推断都通过后验概率分布来进行。将 Bayes 思想用于判别分析,即为 Bayes 判别。

(3)Fisher 判别:Fisher 判别思想是投影,使多维问题简化为一维问题来处理。选择一个适当的投影轴,使所有的样品点都投影到这个轴上得到一个投影值。对这个投影轴方向的要求是:使每一类内的投影值所形成的类内离差尽可能小,而不同类型间的投影值所形成的类间离差尽可能大。

当然,用于判别的方法不仅仅限于这几种,可以实现判别的方法还包括 logistic 方法、决策树分类、神经元网络等多种途径。logistic 方法应用于判别如上节中关于 logistic 回归分析介绍,根据指标特征分析主体属于哪一类。决策树则是根据主体一定的选择判断特征实现对主体归类的判断。神经元网络判别则是通过自学习的方法,基于已有大量数据特征和主体类型进行学习,建立类型与自变量特征之间的某种关系,这种关系可以是一次的,也可以是高次的,属于一种黑箱计算过程。

每一种判别方法都是通过某种算法,寻求自变量检测指标与主体的某种对应性联系,进而实现根据指标的一些新特征判断出指标主体属于已知类别中的哪一类。在实际应用中,应该根据具体的数据特征和类别特征,选择合适的方法进行分析。

第 2 篇　驾驶行为实验研究

第 4 章　驾驶人个体特征

4.1　驾驶人交通特性

4.1.1　驾驶人特性差异

驾驶人交通特性是指驾驶人在交通环境中的心理、生理和行为特征,包括驾驶人在车辆运行过程中的驾驶倾向性和反应特性等。驾驶人通过感觉器官获取交通信息,然后做出判断决策,再进行动作,驾驶车辆按驾驶人的意志在道路上运行。驾驶行为的发生与驾驶人的交通特性有着直接的关系。

交通工程心理学研究表明,驾驶人在气质方面的差异产生了其行为方式上的显著差异,外向型驾驶人感知觉灵敏、临危反应及应变能力强,驾驶动作敏捷协调,但内在体验薄弱,自控能力较差,喜欢刺激和冒风险,其驾驶行为特征以快车型为代表;内向型驾驶人则思维速度与动作速度反差较大,性格沉静,行为谨慎,善于自控情绪,但反应缓慢,应变能力差,尤其是临危缺乏自信和果断,其驾驶行为特征以慢车型为代表。根据这些差异我们习惯将驾驶人的驾驶倾向性分为保守型、普通型和冲动型3类。

驾驶人的反应特性通常用反应时间来表述。反应时间是指驾驶人从感知信息、经过辨认、判断、采取动作并使动作发生效果这一过程所需的时间。反应时间的长短一般取决于刺激的种类和强度、驾驶人自身的个体特性(包括素质、个性、年龄、性别、情绪等)、驾驶人的注意程度、客观环境的复杂程度等多种因素。不同类型驾驶人特性的主要特征见表4-1。

不同类型驾驶人主要特征 表4-1

项　目	分　类	特 性 描 述
性别差异	男	反应时间短、对高速行车不在乎、紧急状态下多想办法摆脱等
	女	反应时间较长、对高速行车较谨慎、紧急状态下比较紧张,表现有依赖性
年龄差异	青年	身体素质好、精力旺盛、反应时间短、易高速行车
	老年	由于身体素质、精力等均有衰退,所以反应时间较长,多采用低速行驶
	中年	介于青年和老年之间
驾驶倾向性差异	冲动型	好动、敏感、反应迅速、注意力易转移、易于高速行车和超车
	保守型	沉稳、慎重、注意力稳定且不易转移、善于忍耐、易低速行车且少超车
	普通型	机敏、精力旺盛、易中速行车

4.1.2 驾驶行为习惯的个体差异性

驾驶人群体是由一个个驾驶人个体所组成,由于年龄、性别、个性的特征的影响,驾驶人之间必然存在驾驶特性的差异。另外,驾驶人在长期的驾驶过程中也必然会养成自己的驾驶习惯,这种驾驶习惯包括车辆的启动特征、加速特征、转弯特征、减速特征、换车道特征、超车特征、停车特征等。我们称这些由于驾驶人自身经过长时间驾驶所养成的车辆驾驶习惯、驾驶行为操作习惯称为驾驶行为习惯特征。这种特征是每个驾驶人都具有的,且与驾驶人的基本特性具有一定联系。

由于驾驶人之间的驾驶习惯不尽相同,甚至是大相径庭,这就导致了不同驾驶人之间驾驶行为习惯特征的差异。这种驾驶人驾驶行为习惯特征的差异是普遍存在的,几乎很难找到两个完全一样的习惯特征。这种差异在交通中的直接影响结果便是交通流运行的不稳定性。试想,假如所有驾驶人驾驶行为习惯完全相同,那么交通流运行的情况势必是十分顺畅的。可以说这种驾驶行为习惯的个体差异性是导致交通运行紊乱的最重要的原因。

驾驶人驾驶行为个体习惯特征及驾驶行为习惯个体差异性的研究,必然会推进驾驶行为及驾驶人差异性研究的进程,同时对于分析交通流特征及智能交通的发展均具有重要的意义。尽管如此,我们尚未发现有研究者从分析驾驶人个体习惯特征的角度来研究驾驶行为特征。一方面,每个驾驶人均具有自己的驾驶行为习惯,很难实现针对每个驾驶人的个体特性分析;另一方面,目前尚未发现切实有效的方法来模拟驾驶行为习惯特征。因此,驾驶人驾驶行为习惯特征及习惯个体差异性的研究虽然值得关注,但也面临着一定困难。

4.2　驾驶人特性与交通特性关系

4.2.1　驾驶人特性与交通特性的关系

现代化道路交通把人、车、路、环境等因素融合为一体,成为动态与静态相结合的错综复杂的耦合系统。在驾驶人驾车的过程中,这几个主要因素也在不断地影响着驾驶人的意图、决策和动作的整个过程。驾驶人特性与道路交通特性的影响是相互的,一方面,不论何种等级的道路,其他交通流的存在与否对驾驶人的特性都是有很大影响的,从自由流到阻塞流,其驾驶特性明显不同。比如,随着机动车流量的增加,跟驰间距缩小,烦躁程度增强,导致换车道行为发生的频率明显增加,但增加到一定程度,随着流量增加转而递减。另一方面,由于不同类型驾驶人特性所组成的驾驶人群体所表现出来的交通特性必然不同,驾驶人个体差异特征对交通运行特征也具有最直接的影响。

当然,影响交通特性的因素中同样还包括不可忽视的一方面:车辆特性。与交通安全有关的车辆特性主要包括车辆的动力特性、制动特性和操纵稳定性。动力特性主要包括车辆的最高行驶速度、加速能力和爬坡能力。制动特性主要表现为车辆在紧急制动时的制动时间和制动距离,同时还表现在制动时车辆在方向上的稳定性即制动时车辆保持按给定轨迹行驶的能力。稳定性是指机动车辆根据驾驶人的意愿按照规定的方向行驶,且不产生侧滑或倾翻的能力。

在我国城市道路上行驶的机动车辆,种类繁多、性能各异,为了研究方便,我们习惯将车辆按照轴距分成 3 种类型:小型车、中型车和大型车。一般来说,小型车车型较小,其动力特性、制动特性及稳定性等性能相对比较好,对驾驶人进行冒险操纵有积极的作用,见表 4-2。

不同车型的运行速度特征　　表 4-2

车 型 分 类	最大加速度(m/s^2)	最大减速度(m/s^2)	自由流条件下平均车速(km/h)
小型车	2.48	2.14	62
中型车	2.01	1.85	50
大型车	1.76	1.69	36.5

这些特性的差异与交通运行特性息息相关,不同类型驾驶人或不同类型驾驶人组成

方式对交通运行的影响特性也具有差异性。因此,需要对他们之间的关系特征进行剖析,揭示出不同类型驾驶人的驾驶特征及对交通的影响特征。

4.2.2 驾驶人个体特性的研究意义

深入分析驾驶人特性,对于交通安全、通行效率、服务仿真方面具有重要作用。

首先,研究结果有利于提升交通安全。由人、车、路和环境所组成的道路交通系统中,人是最重要的组成部分,而驾驶人的驾驶特性对交通运行效率和交通安全有着至关重要的影响。据不完全统计,约80%以上的交通事故是由于驾驶人的原因造成的,而以往关于交通事故的分析多采用事后统计事故率的方法,较多地关注了道路设计、车辆等原因,但对人的原因没有给予足够的重视。我国目前道路,特别是城市道路的交通运行效率不高、服务水平低、道路拥挤严重、交通事故较多,这与我国驾驶人的驾驶特性有着非常密切的关系。

虽然不同的驾驶人具有非常离散的个体特征,但是不同群体的驾驶人也具有一定的同质性,比如女性驾驶人通常比男性驾驶人冷静、年龄较大的驾驶人通常比年轻驾驶人谨慎和小心。因此系统的了解和研究驾驶人的驾驶行为特征对于道路交通安全是及其重要的,如果能在整体上把握驾驶人的行为特征,建立交通行为特征数据库和模型库,就能够分析交通事故的特征,研究交通事故的机理,同时可以根据驾驶人的特征与事故的关联性制定“以人为本”、合理的交通安全改进措施,为相关政策的制订提供理论依据和基础支持,从而减少交通事故,降低交通事故的严重程度,减少交通事故的经济损失。

其次,研究结论有利于提高道路通行能力。城市快速路是城市交通的大动脉,如何提高快速路的交通运营效率是一个亟待解决的任务。在研究中,选择城市快速路交通流作为研究对象,通过微观分析驾驶人在自由行驶、车辆跟驰、换车道过程中,驾驶人的个体行为特性,如速度选择、反应时间、速度判断等驾驶特性对交通流宏观特性的影响,探求交通流的微观特征以何种方式影响宏观特征,从而探索出驾驶特性对交通流的影响和作用规律。通过研究,可以提高交通管理的水平、改善交通运营质量、提高道路交通安全水平,为科学制订管理对策、法律法规提供依据。研究的成果既可以用于科学研究,如揭示交通事故与驾驶人特性之间的内在关系、交通拥堵与驾驶特性之间的潜在联系,也可以用于指导实践,如编写驾驶人培训教材、设计安全设施等,具有较明显的经济意义和社会意义。

最后,研究为微观仿真提供依据。据统计,目前已有的微观交通仿真软件已达五十多种,这些仿真软件主要集中在美国、英国、德国、日本、澳大利亚等发达国家。而我国的交通仿真研究仍较为零散,往往只限于解决单一问题,对交通路网的仿真模型和仿真系统的开发研究仍处于起步阶段。而且由于驾驶行为的不同,国外的微观仿真并不十分适于中国直接使用,研究与开发新一代具有中国特色的微观交通仿真模型是国民经济和社会发展中急需解决的重要科技问题。以往的模型虽然能在一定程度上考虑驾驶人的特征,但缺乏系统性,有些仿真的结果还和实际有一定的差异。因此,深入研究中国的驾驶行为特性并融入到微观模型中,对于微观交通流的仿真具有重要的意义。

4.2.3　驾驶人个体特性与交通特性研究的方法及内容

1. 基于驾驶模拟实验平台的数据采集

驾驶人特性研究属于微观个体性质的研究,而驾驶行为模拟实验平台的产生为该内容的研究提供了强有力的支持。在进行人为因素的相关研究中,需要实时采集的数据有车辆行驶速度、加速度、驾驶人操纵的车辆数据(如离合踏板、挡位、转向盘及加速踏板等)以及驾驶人的生理、心理数据(如心率、呼吸、血压等)。考虑到所需采集的数据不仅数量多而且需要同时采集临近车辆的微观信息,这对于实际道路实验来说,既危险又不易实现。所以采用驾驶模拟系统进行相关研究对于驾驶人特性的研究具有独特的优势。

2. 驾驶人分类

众所周知人与人之间的差异受多种因素的影响,人的经历、成长环境、性格、性别甚至一时心情的变化均是可能的影响因素,而这种差异性最终会在驾驶中体现。因此,在对驾驶人特性进行研究前,首先需要对驾驶人进行分类。分类可以选取2类指标:驾驶适应性指标和驾驶行为指标。不同类型的驾驶人在这些指标中会呈现出不同的特征,这样就可以从这些指标中提取主要因子成分,然后应用聚类的方法确定驾驶人的分类特征。

3. 基于不同类别驾驶行为的微观模型特征

不同类别驾驶人具有不同的驾驶特征,这种特征需要在微观模型中反映出来,以便分析不同类型驾驶人对交通流的影响。对于换车道模型研究,从期望车速和效用选择2个方面描述驾驶人换车道动机,并探索不同驾驶人选择临界间隙的差异特征。对于跟驰模型,分别从加速、减速2个方面进行不同类型驾驶人的模型建立。

不同类型驾驶人的差异是现象,是外在表现,这种表现的根本原因是驾驶人内在认知方面的差异,为分析驾驶人认知特征,可以结合驾驶人的眼动特征数据,分别从定性和定量的角度,描述驾驶人在换车道过程中的注视特征差异,并从场依存性和场独立性的角度,推断不同类型驾驶人的认知差异。

4. 驾驶行为对宏观交通流的影响

不同驾驶人具有不同的特性,这种不同的微观行为必将对宏观交通流产生影响,尤其是在对道路通行能力的影响上。可以通过比较不同类型驾驶人的速度流量曲线,完成从微观行为到宏观交通流影响的定量分析并确定影响的程度和大小。

总结以上研究方法和内容,基于驾驶人特性与交通特性之间的相关研究框架如图4-1所示。

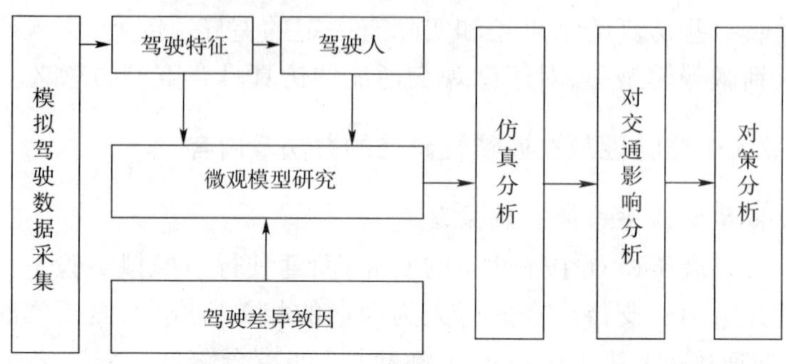

图 4-1 驾驶人特性差异与交通特性研究

4.3 驾驶人特征分类

4.3.1 特征分类指标

要研究驾驶人的差异性需要从人的差异性着手,驾驶人本身的注意力特征、知识水平、安全态度甚至当时的情绪都有可能影响到驾驶人在实际驾驶中的行为。因此要想把他们分类,必须选择能反映驾驶人的生理、心理及个性特征参量。检测数据主要包括驾驶人适应性指标和驾驶行为参数2部分,共获得32名合格驾驶人的指标数据作为实验样本。其中驾驶适应性指标包括:年龄、驾龄、视力、注意力判断、复杂反应等指标,驾驶行为指标包括:速度、加速度、侧位移数据等,即驾驶人在驾驶模拟实验中进行驾驶时的车辆运行情况,基于这些指标实现综合描述驾驶行为特征。

首先考虑驾驶人适应性指标,多方研究证实不同机动车驾驶人的某些生理、心理素质存在着显著意义的差异,这些差异是可以通过驾驶适应性设备进行检测的,而这种驾驶人在事故倾向性方面的差别最终会反映到包括跟驰行为、换车道行为、驾驶风格等驾驶过程中的方方面面。影响驾驶人的因素很多,在驾驶适性检测中的十多个指标中,具体采用指标包括:听力、速度估计、夜视力、复杂反应判断、操作机能、深视力、血压、动视力。

其次是驾驶人驾驶车辆的动态驾驶指标,由于驾驶适性检测均是由静态仪器测出的驾驶人特征参量,但真正的驾驶过程是在道路上完成的,很多驾驶行为只有在道路上才能表现出来。因此选择驾驶人驾驶操作的车辆运行参数作为指标,这些参数主要反映实际驾驶过程中的驾驶行为,包括路段平均行驶速度、最大速度、最大减速度、单位长度上的换车道频率(实际换车道次数/所驾驶路线的长度)以及最小可接受间隙。

4.3.2　特征分类方法

基于两类驾驶人指标，对被试驾驶人进行分类，运用因子分析及聚类分析，将驾驶人分为三类：

(1)第一类特征：该组驾驶人年纪轻、驾龄短，自我评价多为一般或偏冒险，而且问卷分数最低，说明其安全态度最差。实验中观测该类驾驶人行车速度较快，换车道时较易选择较小的间隙，在判断速度等心理指标方面较快，反应差错也较少。

(2)第二类特征：该组驾驶人年龄大、驾龄长，自我评价多为一般或偏保守，问卷得分较高，说明安全态度较好。实验中该类驾驶人行车速度适中，换车道时倾向于选择较大间隙，表明本组驾驶人在操作中具有一定的稳定特征，判断速度等方面较慢，反应差错也较高。

(3)第三类特征：该组驾驶人年龄段处于中等，但驾龄较短，且该组女性驾驶人较多，自我评价多为一般，问卷得分情况、行车指标、心理机能及判断能力，总体处于第一类和第二类之间。

在以往研究人员对驾驶人的分类过程中，一般采用简单易行的一两个指标对群体进行分类，比如以年龄或者性别进行区分。这样做的好处在于这些指标都是较为外在的大众化指标，因此数据获取容易，实施简单易行。但同时面临着诸多问题，比如以男女性别进行分类的话，通常认为男性驾驶人的冒险程度要高于女性驾驶人，那么在男性驾驶人的速度通常高于女性驾驶人。但以上的实验发现，存在保守的男性驾驶人，也存在激进的女性驾驶人。因此，从这一点上讲，以往的分类结果一般较为混乱，其结果不能真实反映实际人员群体的集聚特征。从因子分析和聚类分析的结果来看，三类驾驶人具有较为明显的差异，这种差异是驾驶人在诸多方面共同表现出来的共性特征，从驾驶人角度较好的描述了其特点，也就是说通过特定的数学方法将驾驶人的驾驶倾向性具体细化，抽取出其中的特征进行归类。该结果为后续的研究奠定了基础，比以往的研究更有深度和实际意义。

4.4　不同类型驾驶人微观模型特征

4.4.1 驾驶人特性对换车道模型的影响

1. 换车道动机

换车道动机可以从内部因素和外部刺激2个方面来考虑。内部因素主要是驾驶人的特性，包括驾驶人的冒险程度、对慢速车的忍耐力程度，这些因素会影响到驾驶人的期望速度、最大加速度。外部刺激主要来自于本车和目标车道车辆的车速差，与目标车道后车、目标车道前车的纵向距离,目标车道前后车的车辆类型等,具体情况如图 4-2 所示。

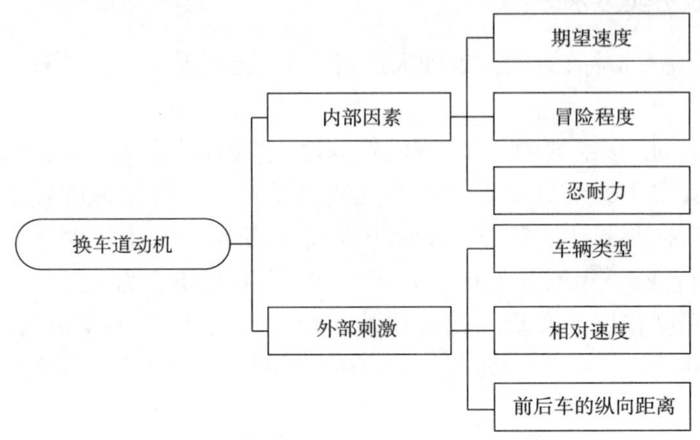

图 4-2　影响驾驶人换车道动机的因素

1)期望车速

期望车速是指车辆行驶过程中在不受或基本不受其他车辆约束的条件下,驾驶人心目中希望达到的最高"安全"行驶车速。"安全"行驶车速的含义只是指特定的驾驶人个体心理上自认为的安全行驶车速,而并非道路交通意义上的真正安全行驶车速。显然不同类型的驾驶人,对车辆行驶过程中最高"安全"行驶车速的把握标准不同,因此其心目中确定的期望车速的数值大小亦不同。就期望车速存在的形式看,该车速是驾驶人驾车过程中依据道路条件、车流状况、所驾驶车辆性能、气候条件及所承担运输任务的缓急等因素经综合考虑后存在于自身心目中并认为是可以实现的一种"目标车速",它要对汽车的实际行车速度高低产生影响。就期望车速的相关影响因素而言,该车速大小首先决定于道路等级,在道路等级一定后,随交通流状况、车辆的性能优劣、气候条件、驾驶人性别、气质、年龄、驾驶技术熟练程度及驾车风格的不同在一定的范围内变化。就期望车速的实际意义而言,该车速实际上是驾驶人在行车过程中心理上的一个速度参照坐标。就群体性而言,不同驾驶人个体存在于其心目中的期望车速数值大小是存在差异的。

(1)汽车驾驶人个体的性格特征按驾驶人在驾车过程中对行车间距的把握尺度不同,可分为一般型、保守型和冒险型 3 类。在同样的道路条件、交通环境下,冒险型驾驶人在驾车过程中,习惯于将期望车速数值确定得相对较高;保守型驾驶人倾向于将期望车速数值确定得相对较低;适应型驾驶人确定的期望车速数值居于冒险型与保守型之间。

(2)驾驶人气质分为胆汁质型、多血质型、忧郁质型、黏液质型 4 种类型。据调查,胆汁质型驾驶人因性格外向、喜欢冒险尝试的特点,容易将心目中的期望车速定位较高;多血质型驾驶人因情绪变化波动较频繁的特点,容易使其心目中的期望车速数值随情绪的变化而波动;忧郁质型驾驶人因性格内向,能严格按章行事的特点,容易将心目中的期望车速定位在一个相对合适的位置；黏液质型驾驶人因性格内向，操作稳健的特点，容易将心目中的期望车速定位在一个相对较低的位置。

(3)驾驶人驾驶技术熟练程度的不同也会影响到期望车速的选择。从性别差异来讲，同样条件下男性驾驶人驾车过程中确定的期望车速数值比女性驾驶人驾车过程中确定的期望车速数值总体上要高 10% 左右。

(4)就年龄差异来讲，青年驾驶人驾车过程中确定的期望车速数值是所有驾驶人中确定的期望车速数值最高的一类群体，特别是年龄在 25 岁以下的驾驶人更是突出；中、老年驾驶人驾车过程中确定的期望车速数值较青年驾驶人确定的期望车速数值相比，则依次降低。

综上所述，期望车速也主要受外部因素(道路等级、交通流状况、气候条件等)和驾驶人自身因素(冒险度、气质类型、驾驶经验、性别等)的影响。但是由于在模拟舱中进行实验时，外部因素对于所有驾驶人来说都是一致的，故可以不做考虑。因此所提到的期望速度是仅仅受驾驶人本身特性影响的变量，驾驶人本身特性也是主要影响因素。

如何判断驾驶人驾驶是属于跟驰状态还是自由行使状态。由于三类驾驶人分别具有不同的特性，其在跟驰过程中所表现出来的与前方车辆的距离就会有差别。比如冒险性较强的驾驶人驾车时距离前车的距离较近，经验丰富的驾驶人则倾向于与前车保持较大的距离，因此将针对三类不同的驾驶人群体，分别对跟驰状态进行判定。在确定期望车速时，可以通过车头时距的大小来判定驾驶人是否处于跟驰状态。

分析跟驰数据中相对速度与后车车头时距之间的关系，图 4-3 为三类驾驶人行车时两车相对速度与车头时距的分布示意图。一方面三类驾驶人的相同点在于，两车车头间距较小时，相对速度在零轴附近密集；随着车头间隔的增加，相对速度的离散程度增大。因此，相对速度能够在一定程度上反映两车之间的运行状况。另一方面，三类驾驶人又存在一定的区别。第一类驾驶人的“冒险性”成分较多，主要表现为前后两车相对速度倾向于集中在零轴及以下，这表明后车驾驶人的实际速度总是大于前车，而由于前方车辆速度的限制，又不得不刹车减速，从而形成较大的振荡过程；同时，车头时距在 2 ~ 5s 之间最为集中，同样证明该类驾驶人倾向于与前车保持较小的间距；第二类驾驶人驾驶经验比较丰富，驾驶稳定，安全态度好，其相对速度在 -10 ~ 10m/s 范围内基本对称分布，说明该类驾驶人在处于跟驰状态时，能够随着前车速度的变化不断调整自身车速，同时该

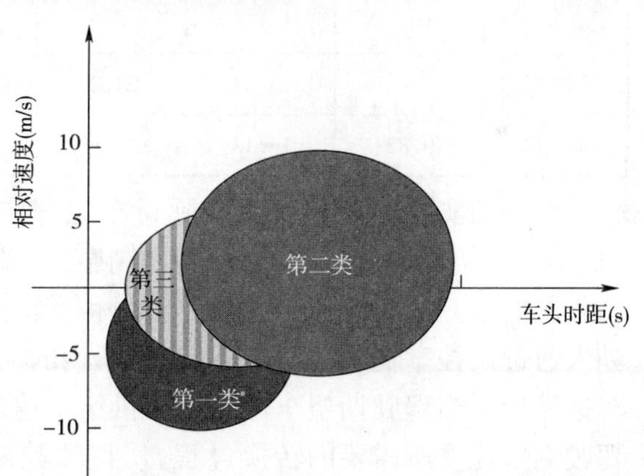

图 4-3　三类驾驶人行车时两车相对速度与车头时距的分布示意图

类驾驶人的车头时距选择较大；第三类驾驶人的相对速度在 -5 ~ 5m/s 范围内基本对称分布，说明第三类驾驶人也能较好的随前车速度的变化不断调整自身车速，但与第二类驾驶人相比，相对速度变化小，说明第三类驾驶人的反应速度较第二类更快，能更快地尾随前车车辆的速度调整自身；而且第三类驾驶人的车头时距选择集中于较小的范围内。

根据以往研究结论，当车头时距大于8s 时，车辆处于自由行驶状态；当车头时距小于5s 时，车辆则处于跟驰行驶状态；5 ~ 8s 之间，车辆处于过渡状态，此处根据三类驾驶人的实际驾驶数据，确定的车头时距分界标准分别为：第一类驾驶人 7s，第二类驾驶人 9s，第三类驾驶人 8s。

以此作为跟驰状态的判定标准，将数据分为跟驰状态和非跟驰状态（不受或基本不受其他车辆约束）两类，并将非跟驰状态的数据与自由行驶状态的数据融合，形成用于进行期望速度计算的原始数据。

由于期望车速是车辆在不受或基本不受其他车辆约束条件下的车速，因此可以将自由流的车速近似认定为驾驶人的期望车速。通过对三类驾驶人速度分布情况的统计得到不同类型驾驶人速度分布对比情况，见表 4-3。根据实际情况，选择以 85% 车速作为期望速度是最为合理的。

不同类型驾驶人速度统计分布 表 4-3

分类	15%	均值	85%	标准差	峰度	偏度	检验（$\alpha=0.1$）
第一类	10.5	16.96	23.45	5.35	-0.57	-0.065	1.08
第二类	9	15.01	21.2	5.02	-0.97	0.08	1.76
第三类	9.82	16.14	22.04	5.71	-0.71	0.23	1.88

车辆的实际行车速度在实际行车过程中是一个随机变量，主要由道路及交通条件“供给”，不同的驾驶人在行驶过程中随行车路段及沿线交通状态的不同，其行车速度是不相同的。一般来说，期望车速与实际行车速度并不一致，两种车速间存在着差异。驾驶人通过调控车辆的动力状态，利用车辆的加速度方案来调整行车速度以更好地向期望车速靠近。当驾驶期望车速与道路供给车速之间的偏差较小时，驾驶人可以及时地完成驾驶期望速度所需要的转换过程，使得驾驶期望车速与道路供给速度基本同步。此时，驾驶人操控的车辆行驶状态与道路的客观条件所适应的运动状态基本一致，车辆能够保持动力状态的平稳。当驾驶期望车速与道路供给速度之间的偏差过大时，驾驶人转换期望车速以趋向道路供给车速的难度较大而不能及时、适度的完成时，驾驶人便会采取相应措施改变当前行车速度直至达到期望车速，比如通过换车道进入其他车速较快的车道从而提高自身的行驶速度。

2）加速度

首先进行模型假设，如果本车道的行驶速度虽然没有达到驾驶人的期望速度，但是由于相邻两车道的速度或加速度并不能提供比本车道更好的“效用”，驾驶人也不太可能进行换车道行为。“效用”一词源于经济学，是描述顾客消费商品时获得的满足程度。随机效用理论的研究始于 20 世纪 60 年代，后在交通规划领域广泛应用于交通需求预测。

首先是个体方面，随机效用理论本身是针对个人决策行为而研究的，其个人决策即是指决定何时进行换车道行为。

其次是效用最大化方面，驾驶人在不同车道行驶的满意程度用效用来表示，并服从效用最大化假设，即车辆所在车道一定是满意度最高的，一旦在相邻车道行驶的满意度更高，则产生相应的换车道需求。

根据上述理论，如果假设某驾驶人 n 的决策方案的集合为 A_n，选择其中的方案 j 的效用为 U_{jn}，则该驾驶人 n 从 A_n 中选择方案 i 的条件为：

$$U_{in} > U_{jn}, i \neq j, j \in A_n \tag{4-1}$$

随机效用理论同时认为效用是一个随机变量，并将效用函数 U 分为非随机变化的部分和随机变化的部分。如果假设驾驶人 n 选择方案 i 的效用为 U_{in}，则 U_{in} 可以表示为：

$$U_{in} = V_{in} + \varepsilon_{in} \tag{4-2}$$

式中：V_{in} ——驾驶人 n 选择方案 i 的效用函数中的固定项；

ε_{in} ——驾驶人 n 选择方案 i 的效用函数中的概率项。

则这时根据效用最大化理论，驾驶人 n 选择方案 i 的概率 P_{in} 可以写成如下形式：

$$\begin{aligned} P_{in} &= \text{Prob}(U_{in} > U_{jn}; i \neq j, j \in A_n \\ &= \text{Prob}(V_{in} + \varepsilon_{in} > V_{in} + \varepsilon_{jn}; i \neq j, j \in A_n) \end{aligned} \tag{4-3}$$

式中：$0 \leqslant P_{in} \leqslant 1, \sum_{i \in A_n} P_{in} = 1$。

最后在二项选择方面，在换车道行为中，驾驶人可以选择不换车道、左侧换车道和右侧换车道 3 种方式。驾驶人选择左侧换车道的概率要比右侧高，但是通过对本实验驾驶人的数据进行分析，可以发现不论何种类型的驾驶人，其选择左侧和右侧的概率几乎相同（表 4-4），因此可以把驾驶人的选择归并为换车道和不换车道 2 种，这样就可以使用二项 Logit 模型（BL）进行建模。

实验中驾驶人的左右侧换车道概率　　表 4-4

性　别	倾　向	车道选择（左侧）%	性　别	倾　向	车道选择（左侧）%
男	激进	49.7	女	激进	50.3
男	保守	50.1	女	保守	50

二项 Logit 选择模型就是选择方案中仅有 2 个选择方案，并从这 2 个选择方案（$i = 1, 2$）中选择其一的 logit 模型。其二选一的概率分别为：

$$P_{1n} = \frac{e^{V_{1n}}}{e^{V_{1n}} + e^{V_{2n}}} = \frac{1}{1 + e^{-(V_{1n} - V_{2n})}} \tag{4-4}$$

$$P_{2n} = 1 - P_{1n} = \frac{e^{V_{2n}}}{e^{V_{1n}} + e^{V_{2n}}} = \frac{1}{1 + e^{V_{1n}-V_{2n}}} \tag{4-5}$$

式中：P_{in}——决策者 n 选择方案 i 的概率；

V_{in}——决策者 n 选择 i 的效用的固定项。

效用函数 V_{in} 可以包含多种同种性质的变量，也可以包含多种不同性质的变量，其目的是选择的变量可以描述个人的选择因素。在效用函数特性变量的选择方面，由于每类驾驶人的群体是通过多因素聚类分析的方式得到，因此具有相似的行为特性，因此对于特性变量的选择则着重从选择方案的特性方面着手。车辆在不同的车道行驶，既不是相邻车道的车速比自身车速高出越多效用就越大，也不是车头间距越大效用就越大。这主要取决于车辆自身的状态。如果仅仅用表征车辆行驶状态的参量如车速、位置来表述，当车辆分别处于紧急状态、跟驰状态和自由状态时，对上述相同要素评价的满意程度则不一样。因此，在此处选择加速度作为车辆在该车道行驶效用的指标。以加速度作为效用函数的特性变量，也就是说，假使车辆分别在不同的车道上行驶，在哪个车道可获得的加速度越大，对该驾驶人而言，哪个车道的效用也越大。当相邻车道的效用大于本车道时，车辆会选择相邻车道而产生换车道需求。对于其他的未知和不可测的导致车辆选择非本车道的因素，用常数项表示。当左侧右侧均有换车道的机会时，选取加速度较大的一个作为效用最大者。

效用函数 V_{in} 是向量 θ 和 X_{in} 的函数 $f(\theta, X_{in})$，在本书中，选择最常用的形式，即假设效用函数特性变量 X_{in} 与效用函数 V_{in} 呈线性关系。最终确定效用函数为：

$$V_{in} = \theta_0 + \theta_1 \cdot a_{in} \tag{4-6}$$

式中：a_{in}——车辆在 i 车道行驶时具有的加速度；

$i=1$——本车道行驶；

$i=2$——相邻车道行驶。

运用似然函数对模型参数进行估计，对模型参数进行估计，得到三类驾驶人模型参数见表 4-5。

参数估计表 表 4-5

	第一类	第二类	第三类
θ_0	-0.183(-7.26)	-0.241(-7.87)	-0.214(-5.69)
θ_1	0.179(6.24)	0.212(9.15)	0.091(6.37)

2. 接受间隙

驾驶人在换车道过程中对目标车道两车之间的间隙估计是一个模糊、定性的判断，具有一定的区间范围。同时，由于驾驶人特性的不同，每个驾驶人对相同间距的估计也是不一样的。因此，驾驶人的间隙选择是一个随机分布量，有一定的取值范围。然而，临界间隙值不能够通过实验直接进行测量，只能通过相应的数学方法来间接得到。驾驶人在换车道时，其接受间隙一般受到本车道前方车辆以及要换向的目标车道的前车及后车的影响，驾驶人在换车道时的接受间隙示意图如图 4-4 所示，图中所示的车辆间距一般会影响驾驶人换车道的行为。

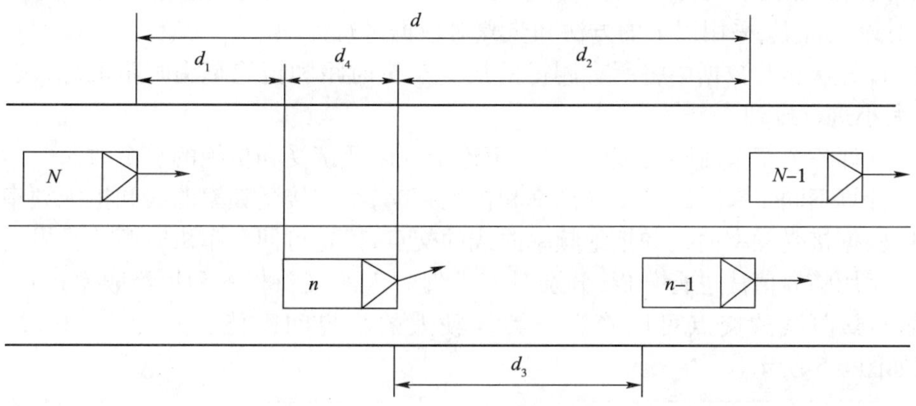

图 4-4　换车道时可接受间隙示意图

n—本车；$n-1$—本车道前方车辆；N，$N-1$—要换车道目标车道的后车及前车：d—目标车道前导车和后随车之间的总距离；d_1—目标车与目标车道后随车之间的临界距离；d_2—目标车与目标车道前导车之间的临界距离；d_4—目标车 n 的长度；d_3—目标车与当前车道前导车之间的临界距离。

临界间隙是微观仿真中换车道算法的重要参数，代表驾驶人换车道操作的临界可接受程度。在换车道模型中，驾驶人首先检查是否有合适的间隙，这一间隙必须大于临界间隙并保证可以安全地进行换车道操作。然而，临界间隙并不能直接通过实地观测得到，因为临界间隙是在接受间隙和拒绝间隙的基础上估计出来的。而且最小可接受间隙并不等于临界间隙，因为最小可接受间隙的值可能只代表某冒险驾驶人的单一行为特征，而不具有群体性。

不同驾驶人的可接受间隙也可能不同，主要受驾驶倾向性、年龄、性别等因素的影响；同一驾驶人的间隙也可能因不同因素的影响而变化，比如情绪、驾驶目的等，还可能受当时交通流状况、地点等因素的影响。不同文献对临界间隙的定义是不同的。在《通行能力手册》中，临界间隙被定义为在无信号交叉口，次要道路上的车辆通过穿插主路车辆之间的间隙通过交叉口的最短时间。然而这一定义并不能概括所有可接受间隙的情况，比如超车、分合流等换车道操作中的可接受间隙。因此可以把临界间隙定义为在连续车流中，其他车辆可以穿插其中并进行特定操作的时间间隔。

换车道行为会影响城市快速路的通行能力。在拥挤道路条件下，过多换车道行为会降低道路的通行能力。要想准确地描述换车道驾驶行为对通行能力的影响，必须对临界间隙有一个较为准确的估计。

采用 2 种方法获得不同类型驾驶人的可接受间隙，一种是临界间隙值，另一种是

Logit 法。在获取驾驶人换车道数据中,包括驾驶人接受和拒绝的车头时距、车头间距、本车道车速等。驾驶人的换车道行为均是经过驾驶人自己的观察、判断并最终实施操作的,是驾驶人自然而然的行为,能够很好的反映驾驶人行为自身的意愿和特性。

针对以上特点,采用以下的方法和步骤对数据进行处理。

(1)首先从实验数据中将所有测得的接受车头时距和拒绝车头时距汇总,按照车头时距的大小进行排列。

(2)统计各个车头时距的接受个数、拒绝个数以及接受和拒绝的总个数。

(3)计算不同车头时距的接受频率和拒绝频率,绘制接受频率曲线和拒绝频率曲线。

(4)根据接受频率曲线和拒绝频率曲线的交点,确定可回车车头时距的临界间隙值。

(5)运用临界值法进行分析,分别对三类驾驶人的接受频率和拒绝频率进行线性回归,根据回归曲线的交点可以确定三类驾驶人的临界间隙值分别为 2. 13s,2. 82s 和 2. 75s,如图 4-5 所示。

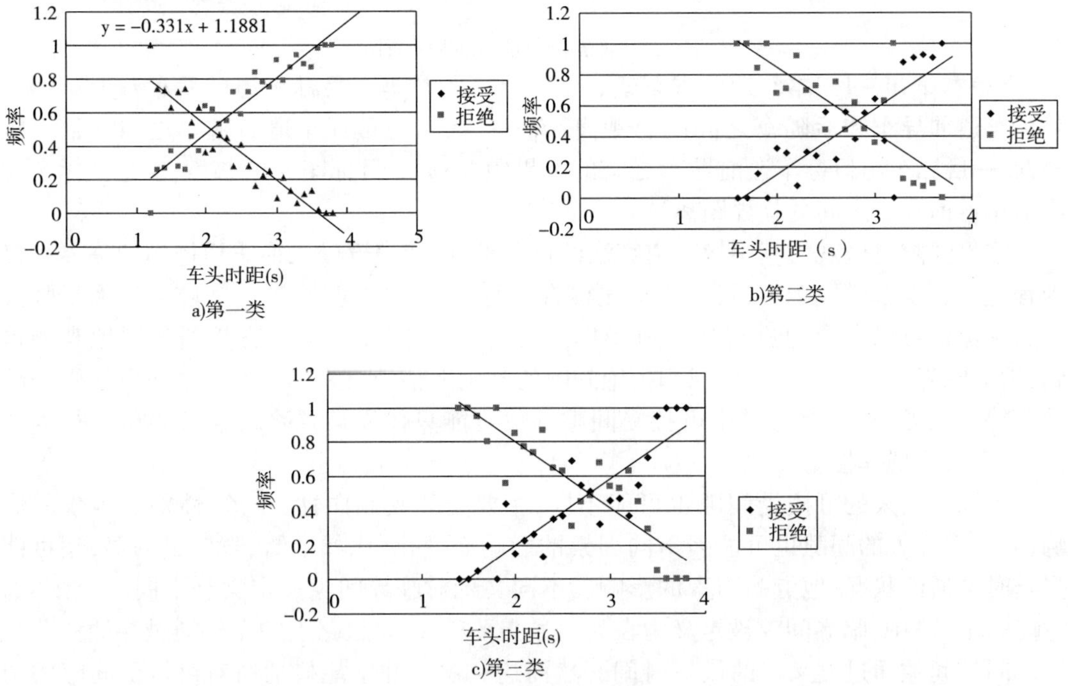

图 4-5　三类驾驶人的临界间隙

Logit 模型是二项选择模型。当个人选择方案集中只包含两个选择方案时,则称离散选择模型为二项选择模型。驾驶人在每次换车道时只可能有以下 2 个结果:要么成功,要么失败,因此可接受间隙可用 Logit 模型来描述:

$$P_a = \frac{1}{1 + \exp[-(\beta_0 + \beta_1 t)]} \tag{4-7}$$

式中：P_a ——可接受间隙的概率；

β——模型系数；

t——间隙时间。

将式(4-7)进行变换，然后两边各取自然对数，可得：

$$\ln(\frac{1-P_a}{P_a}) = -(\beta_0 + \beta_1 t) \tag{4-8}$$

经过处理后，上式可以用线性回归的方法进行参数估计，结果见表 4-6。

Logit 模型参数估计结果　　表 4-6

	第一类	第二类	第三类
β_0	3.33(9.87)	4.22(5.48)	6.39(6.77)
β_1	−1.745(−12.69)	−1.47(−4.99)	−2.37(−6.94)
R^2	0.88	0.68	0.77

注：R^2 为拟合程度。

将表 4-6 中的参数重新代回原式，可以得到不同车头时距时的接受概率和拒绝概率。根据临界间隙的计算方法，当接受概率和拒绝概率相等，即 $P_a = P_r = 0.5$ 时的车头时距值即为临界间隙值。所以根据 Logit 模型得到的三类驾驶人的临界间隙值分别为 2.15s、2.87s 和 2.69s。

通过临界间隙法与 Logit 模型方法确定了三类驾驶人临界间隙的大小，这两类方法的结果比较接近。从中可以看出，第一类驾驶人的临界间隙值与第二类和第三类差别较大，而第二类和第三类的临界间隙值差别较少。原因在于，一方面，在第 3 章中对各类驾驶人基本特征的描述中，第一类驾驶人的组成男多女少，且大部分年龄较小，胆大心细，行为较为冒险，故该类驾驶人倾向于选择的临界间隙较小。而第二类是以年龄驾龄较长的经验丰富的驾驶人为代表的，第三类是以女性驾驶人为主的类别，故此两类的选择不及第一类驾驶人激进。另一方面，还与驾驶模拟环境定制的情况有关，因为驾驶人所能选择的速度有时候不可能差别过大的。第二类和第三类驾驶人的临界间隙较为接近可能还与受实验数据本身的影响有关。

驾驶人在换车道的时候其影响因素可以分为两类，一类是驾驶人周围的车辆对驾驶人的影响，一类是驾驶人本身特性比如年龄、性别、驾驶目的对换车道的影响。在目前已有的研究中都是考虑第一类物理量对可接受间隙的影响。选取了影响主车可接受间隙选择的本车道前方车辆、目标车道前方和后方车辆的速度、加速度、相对速度、相对加速度等参数。

通过相关性分析可以发现，可接受间隙与相对加速度的相关关系普遍较低，可以理解为驾驶人在进行换车道的可行性判断时，主要还是通过一些能自身感受的参量来进行决策的，比如驾驶人对速度的感知明显高于加速度，对物理参量本身的感知又高于相对值。分析也表明，速度变量在相关性分析中普遍的相关程度较高，相关变量的个数也较多；同时可以反映出，驾驶人比较关注目标车道后车速度与本车速度的关系，这可能是由于对目标车道后车的观察需要通过反光镜来实现，不如直接人眼观察来的方便，为了在换车道过程中不与后车车辆发生事故，后车的行驶状态会直接影响到驾驶人最初的换车道行为。本车加速度或者目标车道前车的加速度大于目标车道后车加速度的情况下，驾驶人更容易接受较小的间隙。最终选取本车车速、目标车道后车车速、本车与目标车道后车相对速度和目标车道前车的加速度作为进行建模的指标。

通过回归分析，可以得出一个可接受间隙影响因素模型，为了在临界间隙（GAP）的计算中不出现负值，采用指数形式，具体模型如下：

第一类驾驶人：

$$GAP = \exp(28.9 + 2.92V\_cabin - 1.29V\_LR\_behind + 1.01VnN + 8.1a\_LR\_front)$$
$$R^2 = 0.444 \tag{4-9}$$

第二类驾驶人：

$$GAP = \exp(6.31 + 4.44V\_cabin + 3.05V\_LR\_behind - 0.13VnN + 3.65a\_LR\_front)$$
$$R^2 = 0.424 \tag{4-10}$$

第三类驾驶人：

$$GAP = \exp(23.5 + 4.97V\_cabin - 0.53V\_LR\_behind - 6.593VnN - 7.39a\_LR\_front)$$
$$R^2 = 0.511 \tag{4-11}$$

式中：V_cabin——本车速度；

V_LR_behind——目标车道后车的速度；

VnN——目标车道后车与本车的相对速度；

a_LR_front——目标车道前车的加速度。

3. 换车道模型

即便是以上所有的条件都符合，驾驶人是否能成功换车道还取决于驾驶人的操纵情况，一般来说，驾驶人必须保证以下 3 个基本原则才能安全的实施换车道行为。

(1)本车不追尾目标车道前车。

(2)目标车道后车不追尾本车。

(3)本车不与前车刮擦。

那么就必须满足的综合条件为：

$$d_1 + d_2 + d_4 > d_{GAP} \tag{4-12}$$

式中：d_{GAP}——临界可接受车辆间距。

当驾驶人开始实施换车道的时候，一般来说，首先需要从本车道加速进入目标车道，以防止与目标车道后车发生刮擦，同时在本车道加速行驶的过程中，必须保证不和本车道前车发生追尾事故；当本车进入目标车道之后，由于刚才的速度较大，为防止和目标车道前方车辆发生事故，驾驶人需要减速。

对于 d_1 需要满足：

$$S_N = V_N T + V_N t - a_N t^2 \tag{4-13}$$

$$S_n = V_n(T + t) + \alpha a_n t^2 \tag{4-14}$$

$$S_N + L_1 - S_n \geqslant d_{1GAP} \tag{4-15}$$

对于 d_2 需要满足：

$$S_{N-1} = V_{N-1} t \tag{4-16}$$

$$S_n = V_n t + \beta a_n t^2 \tag{4-17}$$

$$S_n - S_{N-1} + L_2 \geqslant d_{2GAP} \tag{4-18}$$

式中：S_N——目标车道后车前进的距离；

S_n——本车前进的距离；

S_{N-1}——目标车道前车前进的距离；

L_1，L_2——刚进入目标车道时与前后车的距离。

4.4.2 驾驶人特性对跟驰模型的影响

跟驰理论是研究在无法超车的单一车道上车辆列队行驶时，后车跟随前车的行驶状态的一种理论。它用数学模型表达跟驰过程中发生的各种状态。跟驰模型是交通仿真中的一个重要模型，是交通仿真中车辆纵向运行的算法。跟驰模型中跟驰车不考虑相邻车道的车辆信息，只考虑与前车的相互作用。

跟驰模型作为交通流理论的一个重要组成部分，对它研究有助于深入了解交通流特性。这种了解对于进行交通安全、交通管理、通行能力、服务水平等方面的分析都有着重要的意义。

(1)从倾向性角度对驾驶人进行分类，能够了解不同类驾驶人的驾驶特性。

(2)通过分类标定跟驰模型，得到的模型更接近于实际情况，可以了解车辆相互影响时的运行特性，确定道路通行能力。

(3)将分类标定的跟驰模型应用于交通模拟，能够更真实地反映运行的交通流特性，从而进行道路通行能力研究、服务水平划分、交通政策评价、管理策略检验、安全性分析等方面的工作研究，进一步改善交通环境、提高交通设施服务水平与效率。

反应时间是驾驶人感知信号，经过辨认、判断、采取动作并使动作发生效果所需要的时间。

复杂反应是对几种信号中的某一种信号做出反应。根据选择的信号，做出回答动作。操纵汽车时，驾驶人要同时观察某些目标：车辆和行人的交通状况、道路状况、各种标志、停车位置等。驾驶人应当对外界刺激产生正确反应,并协调自己对诸多因素的动作,可见操纵转向盘的动作属于复杂反应。复杂反应的复杂程度取决于交通量的大小、汽车和车流中其他车辆的速度等多方面因素。反应时间的长短取决于反应复杂程度、驾驶人的训练情况、心理生理状态、疲劳影响、疾病或酒精作用等。

驾驶人从感觉器官接受刺激到作出反应的时距,即为驾驶人的反应时间。驾驶人在行车中,交通环境相当复杂,如交通标志、交通信号、行驶的其他车辆及行人等,驾驶人要从众多的情报信息中选择与行车有关的信息进行反应,这种复杂反应要比简单反应的时间长。

反应时间的长短取决于驾驶人的性别、年龄、个性、对反应的准备程度以及工作经验。年龄或性别不同的驾驶人,即使其他情况相同,肯定会有不同的反应时间;年龄、性别、工作经验相同的驾驶人,反应时间也可能因个性、心理状态等因素的影响而不一样。

驾驶人的反应时间是驾驶人对刺激反应敏感度的主要衡量指标,驾驶人反应时间的确定对于行车安全、建立车辆跟驰模型、确定道路通行能力等有着重要的作用,是交通流理论研究的重点之一。

加速跟车状态后车驾驶人的反应时间 $T+$ 是指处于跟车状态的车辆,前车加速后,后车的驾驶人察觉到前车开始加速远离自己,通过分析和判断,做出增加自身车速的决定,经过对车辆进行操作,直至后车开始产生加速为止,整个过程所耗费的时间。

减速跟车状态后车驾驶人的反应时间 $T-$ 是指处于跟车状态的车辆,后车的驾驶人察觉到前车开始制动减速,通过分析和判断,做出降低自身车速的决定,经过对车辆进行操作,直至后车开始产生减速为止,整个过程所耗费的时间。根据减速停车跟车状态前后车辆速度变化的时间序列数据可以准确地获得后车驾驶人的反应时间。

对三类驾驶人加速过程与减速过程的反应时间的统计数据分别为30和35个。对其进行统计,分别得到的特征见表4-7至表4-12。

第一类驾驶人加速状态驾驶人反应时间的统计 表4-7

项　目	值	项　目	值
平均	1.45	偏斜度	0.516
标准误差	0.07	区域	1.6
中值	1.4	最小值	0.8
模式	1.5	最大值	2.4
标准偏差	0.38	求和	43.5
样本方差	0.15	计数	30
峰值	0.197	置信度(95%)	0.143

第一类驾驶人减速状态驾驶人反应时间的统计　　表 4-8

项　目	值	项　目	值
平均	1.33	偏斜度	0.92
标准误差	0.05	区域	1.6
中值	1.3	最小值	0.7
模式	1.2	最大值	2.3
标准偏差	0.32	求和	46.7
样本方差	0.11	计数	35
峰值	1.899	置信度(95%)	0.111

第二类驾驶人加速状态驾驶人反应时间的统计　　表 4-9

项　目	值	项　目	值
平均	1.52	偏斜度	0.08
标准误差	0.05	区域	1.3
中值	1.5	最小值	0.9
模式	1.5	最大值	2.2
标准偏差	0.29	求和	45.8
样本方差	0.08	计数	30
峰值	0.461	置信度(95%)	0.107

第二类驾驶人减速状态驾驶人反应时间的统计　　表 4-10

项　目	值	项　目	值
平均	1.38	偏斜度	0.59
标准误差	0.06	区域	1.3
中值	1.3	最小值	0.8
模式	1.3	最大值	2.1
标准偏差	0.33	求和	48.4
样本方差	0.11	计数	35
峰值	0.06	置信度(95%)	0.113

第三类驾驶人加速状态驾驶人反应时间的统计　　表 4-11

项　目	值	项　目	值
平均	1.54	偏斜度	0.39
标准误差	0.06	区域	1.4
中值	1.5	最小值	0.9
模式	1.5	最大值	2.3
标准偏差	0.32	求和	46.2
样本方差	0.10	计数	30
峰值	0.06	置信度(95%)	0.120

第三类驾驶人减速状态驾驶人反应时间的统计　　表 4-12

项　目	值	项　目	值
平均	1.34	偏斜度	0.18
标准误差	0.05	区域	1.2
中值	1.3	最小值	0.8
模式	1.3	最大值	2.0
标准偏差	0.27	求和	47
样本方差	0.07	计数	35
峰值	-0.098	置信度(95%)	0.092

通过对三类驾驶人反应时间的分析,第一类驾驶人的加速反应时间和减速反应时间的平均值最小,分别为 1.45s 和 1.33s,而第二类的分别为 1.52s 和 1.38s,第三类的分别为 1.54s 和 1.34s,而且各类驾驶人的加速反应时间的平均值均大于减速反应时间的平均值,反映了驾驶人之间的差异和跟驰行驶加、减速阶段的差异。

跟驰模型依然采用经典的 GM 模型,其一般形式如下:

$$\ddot{x}_{n+1}(t+\Delta t) = \frac{\alpha_{l,m}\left[\dot{x}_{n+1}(t+\Delta t)\right]^{m}}{\left[x_{n}(t)-x_{n+1}(t)\right]^{l}} \cdot \left[\dot{x}_{n}(t)-\dot{x}_{n+1}(t)\right] \tag{4-19}$$

式中:l ——对距离 $x_n(t) - x_{n+1}(t)$ 的敏感性参数;

m ——对速度 $\dot{x}_{n+1}(t+\Delta t)$ 的敏感性参数;

$\alpha_{l,m}$ ——常量。

对三类驾驶人的跟驰模型参数进行分析,最终得到的模型参数见表 4-13。

跟驰模型参数表　　表 4-13

驾驶人类别	状　态	α	m	l
第一类	加速	0.88	-0.70	-0.23
	减速	6.16	-1.41	-0.32
第二类	加速	1	-0.55	0.45
	减速	1	-0.35	0.57
第三类	加速	0.01	-0.51	-1.73
	减速	3.31	0.95	1.23

4.4.3 驾驶人特性与认知特性关系

1. 换车道时人眼注视特征

可以说,90% 以上的道路交通信息都是驾驶人通过眼睛获得的,因此驾驶人的眼动特征十分重要。驾驶人的视觉输入通过大脑的处理之后就可以指挥手脚来操纵车辆了,这其中视觉的输入主要都是通过注视点来实现的,注视点可以反映驾驶人的注意力分配情况，驾驶人在驾车时把注意力放在何处，哪些是驾驶人所关注的，关注的程度如何，这些问题都可以通过注视点的分布来找到答案。通过研究注视点分布的情况继而可以推知驾驶人的驾驶风格和认知心理。表4-14为三类驾驶人在换车道时的注视点分布比例对照表。

三类驾驶人在换车道时的注视点分布比例　　表4-14

AOI (Area of Interest)	第一类(%)	第二类(%)	第三类(%)
前方车辆及交通流	25.89	30.54	23.39
反光镜	26.54	15.70	7.15
后视镜及车内仪表	7.63	1.51	5.11
周边建筑物、天空	0.65	1.94	1.53
目标车道车辆及交通流	39.29	50.32	62.82

从表4-14中可以看出，驾驶人注视点分布的共同特征是注视点主要集中于前方车辆、目标车道车辆和反光镜上，但是具体的分布数值还是有差别的。从前面已知，第一类驾驶人对速度期望较高，在实际行车时的速度也较快，也能够选择一些较小的间隙实施换车道，因此该类驾驶人在进行换车道时不如其他两类驾驶人那么“轻松”，因此他们需要用眼睛不断来回检测目标车道前后车的情况以决定是否可以实施换车道，因此在前车车辆及交通流、目标车道车辆和反光镜上的视点分布都较多。而第二类驾驶人多有20年以上的驾驶经验，他们对周边车辆的“感知度”较好，同时多年的经验使得他们的冒险度较低，通常的换车道都是比较容易实施的操作，因此他们不需要花费大量的精力使用反光镜来观察目标车道后车的情况，多数情况下只需“一瞥”就能从丰富的经验中找到合适的操作方式。第三类的女性驾驶人十分注重目标车道车辆的行驶状况，其他的差异与第二类较小。与在真实道路上相比，三类驾驶人的注视点在后视镜、周边建筑物的比较少，这可能是由于在真实道路上，景观、其他非机动车行人都会在一定程度上吸引驾驶人的注意，而驾驶舱中的环境还是比较单调的缘故造成的。

2. 跟驰中的人眼注视特征

表4-15为三类驾驶人跟驰过程中的注视点分布特征。

三类驾驶人跟驰过程中的注视点分布特征　　表4-15

	前方车辆	前方道路	相邻车道	前方场景	反光镜
第一类(%)	39.1	47.7	10.5	2.7	0
第二类(%)	33.0	50.5	8.4	8.1	0
第三类(%)	37.2	40.0	14.7	7.8	0.3

从表4-15中可以看出，各类驾驶人注视点的分布规律基本一致，在前方车辆、前方道路等目标位置投入的精力较为集中，各类驾驶人之间没有明显差异，由于跟驰行为具有刺激—反应特征，跟驰行为主要受前方车辆的影响，前车状态的变化会直接影响驾驶人的操纵情况，该眼动注视特征很好的证明了这一点。从录像的情况来看，各位驾驶人的情况略有不同，但是一般跟驰距离较远时，注视前方道路的时间大于前方车辆，跟驰距离较近时，注视前方车辆的比例会大些；如果相邻道路出现大车，驾驶人也会多注视一些，但总体来说，跟驰时驾驶人的注视点分布特征没有明显差别。

3. 驾驶人的场独立性和场依存性

换车道注视点的不同说明三类驾驶人具有不同的认知特性，行为的差异来自认知差异。在心理学上，认知差异可以从场独立性和场依存性、自我中心和环境中心、言语序列优势和视空间优势3个方面来描述。

根据认知这一基本侧重点进行认知风格划分中，场独立性和场依存性可谓是影响最为广泛的一种了。场依存性是指人们在加工信息过程中，倾向于依赖外在参照物或以外部环境线索为指导；场独立性则是指人们倾向于凭借内部感知线索来加工信息。场独立性高的个体比较容易从视野中离析出知觉单元，在信息加工时较少受外部环境的影响；而场依存性的个体易受影响，很难从视野中离析出知觉单元。大多数人处于场依存性和场独立性之间。场依存性的人，倾向于利用外在参照作为信息加工的依据；场独立性的人，倾向于更多地利用内在参照作为信息加工的依据，其优势主要表现在其具有成熟的元认知技能，包括较强的注意监控技能以及信息的提取和组织能力。

根据以上的定义和驾驶人在实验中的表现，以第二类为代表的驾驶人，由于经验丰富，他们多年的驾驶经验使其具有成熟的认知技能，可以提取道路中的有效信息，信息加工能力较强；第一类驾驶人通常可以较为迅速地做出判断决策并迅速实施换车道行为，这也可以认为场独立性驾驶人的信息提取能力较强，因此第一类和第二类驾驶人的场独立性较强。而第三类驾驶人在换车道的过程中，视点转换次数较多，多次不断地在反光镜、前方车辆和目标车道之间变化，显示出其信息加工能力较弱，从外部环境析出有效信息的能力较弱，因此可以将第三类驾驶人认定为场依存较强的人。在换车道条件相同、时间跨度相同的情况下，场独立性的第二类驾驶人将较多的时间用于实际信息取样操作，因而在相同条件下获取的信息量大于场依存性驾驶人，三类驾驶人的场独立性与场认知性可以用图4-6来定性表示。

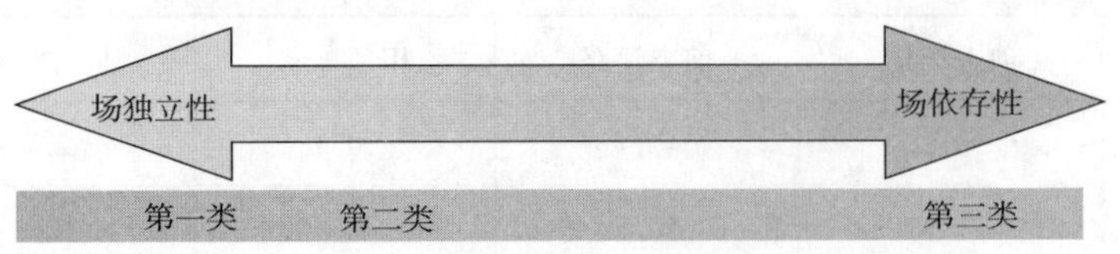

图4-6　驾驶人的场独立性与场依存性

依据信息加工速度的元认知观点，我们也可认为在换车道行为中，在完成选择有效策略、合理分配能量、监控任务操作等一系列加工过程中，场独立性驾驶人明显优于场依存性。

从三类驾驶人对可接受间隙的数据来看，说明现实条件变得恶劣时（间隙较小或者换车道行为较难实施时）对场依存性驾驶人的影响显著大于场独立性，场独立性驾驶人受环境的影响小于场依存性驾驶人。

4.5　驾驶人特性对交通流的影响

在完成了针对不同驾驶人特性而进行的微观仿真中的换车道模型和跟驰模型的改进之后，接下来的目的就是要定量的找出不同特性驾驶人对交通流的影响程度，因此首先需要将驾驶模拟平台中所用到的道路、交通、路线等环境完全转移到仿真软件中来，然后通过多次仿真的方法定量衡量不同驾驶行为对通行能力的影响，并根据速度流量曲线挖掘出交通流微观特性与交通流宏观特性之间的互动关系，有针对性的进行相应的对策分析。首先基于上节中所得到的各类驾驶人的微观模型特征，结合其他基本模型包括发车模型、自由流模型、车速影响模型等，设计开发仿真平台，为分析不同类型驾驶人对交通流的影响提供平台。通过仿真研究，可以得到以下几种情况下，交通流受影响的特征。

4.5.1　驾驶人特性对通行能力影响

1. 同类驾驶人，不同车道

以第二类驾驶人为例，三个不同车道的最大交通量有明显的差别，其中第一条车道（最内侧）和第二条车道（中间车道）的最大交通量较为接近，而第三条车道由于受到的干扰较大，速度波动范围较大，在不拥挤状态下的数据分布较为分散，而且最大交通量明显小于第一条车道和第二条车道。图 4-7 至图 4-9 为第二类驾驶人在三个不同车道内的速度流量分布图，图 4-10 为第二类驾驶人在不同车道的通行能力分析图。

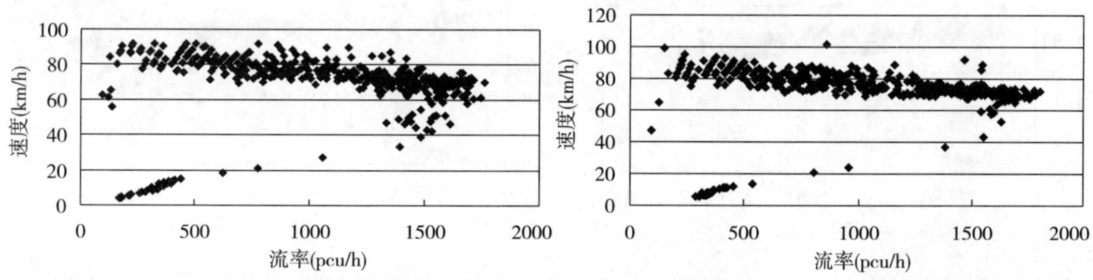

图 4-7　第二类驾驶人在第一条车道内的速度流量分布　图 4-8　第二类驾驶人在第二条车道内的速度流量分布

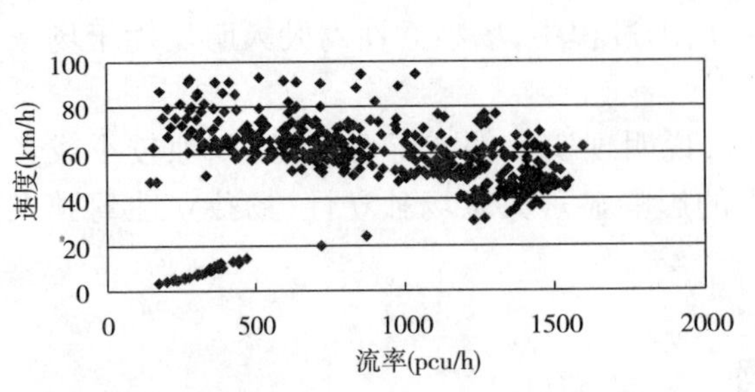

图 4-9 第二类驾驶人在第三条车道内的速度流量分布

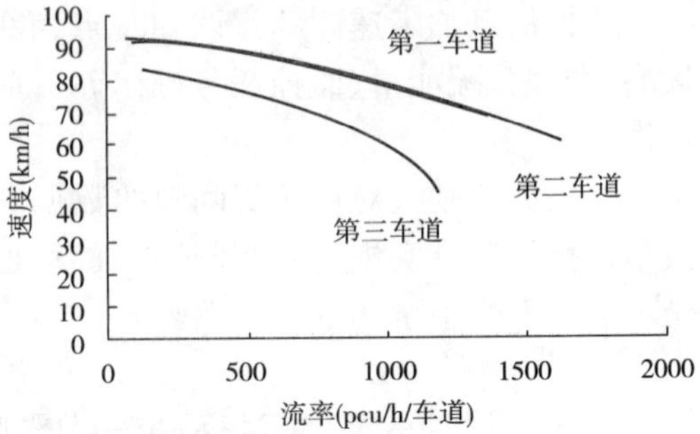

图 4-10 第二类驾驶人在不同车道的通行能力分析

2. 不同类驾驶人,最外侧车道

对于在上面出现的最外侧车道通行能力较小的情况,分析不同类型驾驶人在最外侧车道的通行能力,从图 4-11 中可以看出,三类驾驶人有较大的差异,其中第一类的最大交通量最小,这很可能由于第一类驾驶人个体较为冲动,相互干扰较大,因此反而造成通行能力下降的现象。第二类经验丰富的一组反而最大交通量最高。

3. 不同类驾驶人,最内侧车道速度流量关系

图 4-12 至图 4-14 为三类驾驶人在最内侧车道的速度流量分布。

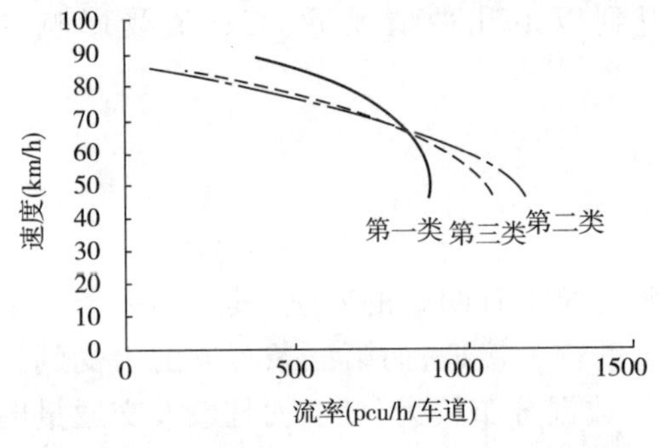

图 4-11 不同类型驾驶人最外侧车道的通行能力

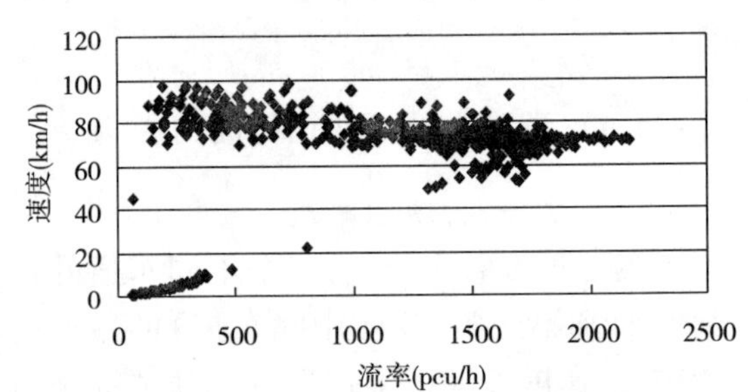

图 4-12 第一类被试第一条车道内的速度流量分布

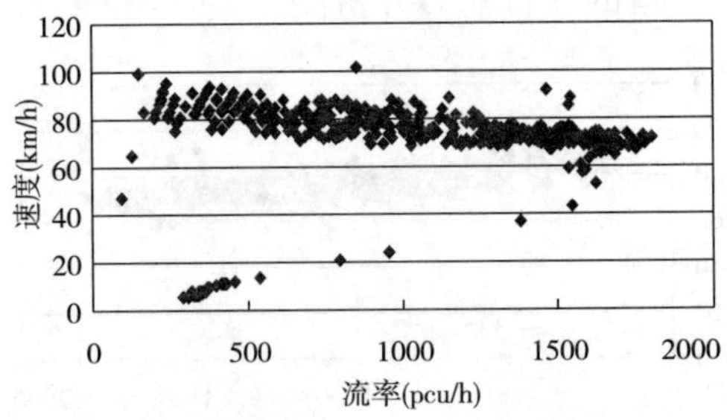

图 4-13 第二类被试第一条车道内的速度流量分布

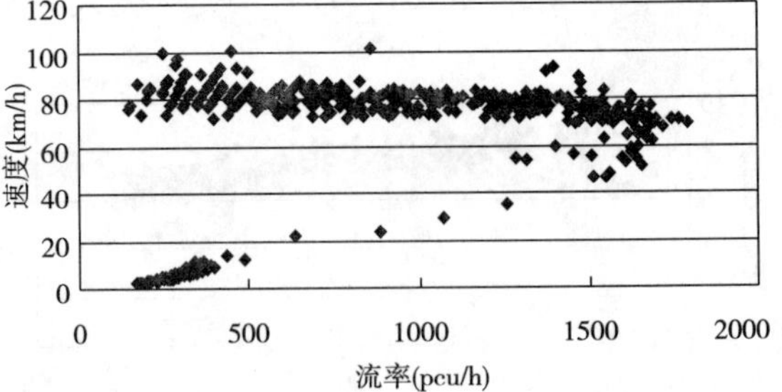

图 4-14 第三类被试第一条车道内的速度流量分布

从图 4-12 至图 4-14 中可以看出,不同类型驾驶人在最内侧车道的最大交通量存在

明显差异。第一类驾驶人的最大交通量达到2200pcu/h，而第二类和第三类在1700～1800pcu/h之间，其中第二类略大于第三类。

4. 不同类驾驶人，最内侧车道流量密度关系

图4-15至图4-17为不同类驾驶人最内侧车道流量密度关系图。

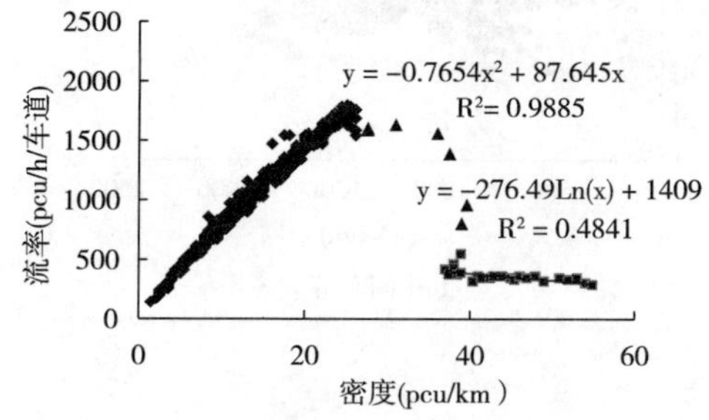

图4-15　第一类驾驶人最内侧车道流量密度关系

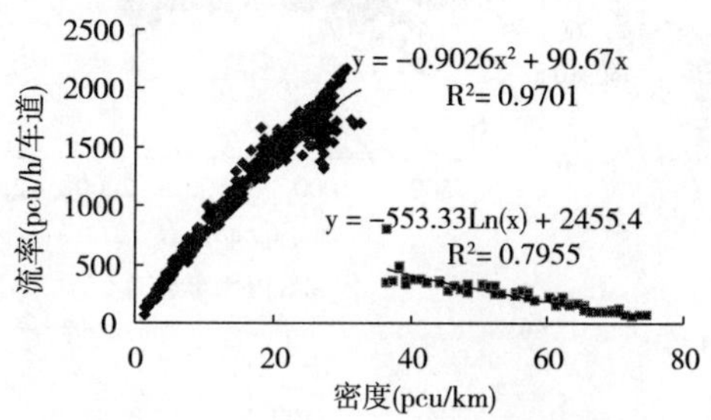

图4-16　第二类驾驶人最内侧车道流量密度关系

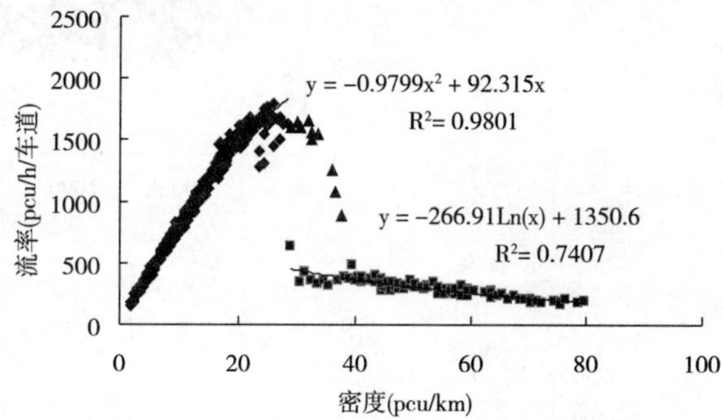

图4-17　第三类驾驶人最内侧车道流量密度关系

从图4-15至图4-17中可以看出，三类驾驶人在最内侧车道的流量密度关系都可以分为典型的拥挤状态和非拥挤状态，其中左侧部分为非拥挤状态。在拥挤状态与非拥挤状态之间，有一小段过渡段，在此阶段，流量迅速降低。可以说不同类别驾驶人引起交通流“脆弱”的情况是不同的。交通流率突变分界处，可能因某一原因造成突然拥堵，而导致流量大幅下降。由于所有道路、交通、车辆的因素都是控制的，因此可认为此原因是由于驾驶人的人为原因所致。在交通流理论一书中引用的美国芝加哥城市道路通行能力的观测值，其临界密度大约为46pcu/km。在本仿真实验中，不论何种类型的驾驶人，一旦达到临界密度，交通量均大幅下降，每个车道大多达到降低1000puc/h以上，而美国交通量的降低区间较小，每个车道仅降低400pcu/h。

4.5.2　不同驾驶人组成对交通流的影响

1. 第一类与第三类驾驶人混合

图4-18和图4-19为第一类与第三类驾驶人混合的在三个不同车道的速度流量曲线及流量密度曲线。从图4-18和图4-19的两组图可以看出，混合驾驶人的交通流的基本特性与各类驾驶人的交通流有一致的地方：最内侧车道通常比较稳定，中间车道次之；最外侧车道由于受到的干扰较大，通常较为离散。不一致的地方在于：在加载同样交通量的情况下，混合驾驶人的交通流通常很难达到拥堵状态，故在图中较难出现拐点。由于

中间车道与最内侧车道的交通流特性较为接近，为了其他类别混合交通流特性分析的方便，在以后的分析中，主要以最内侧和最外侧车道为分析对象。

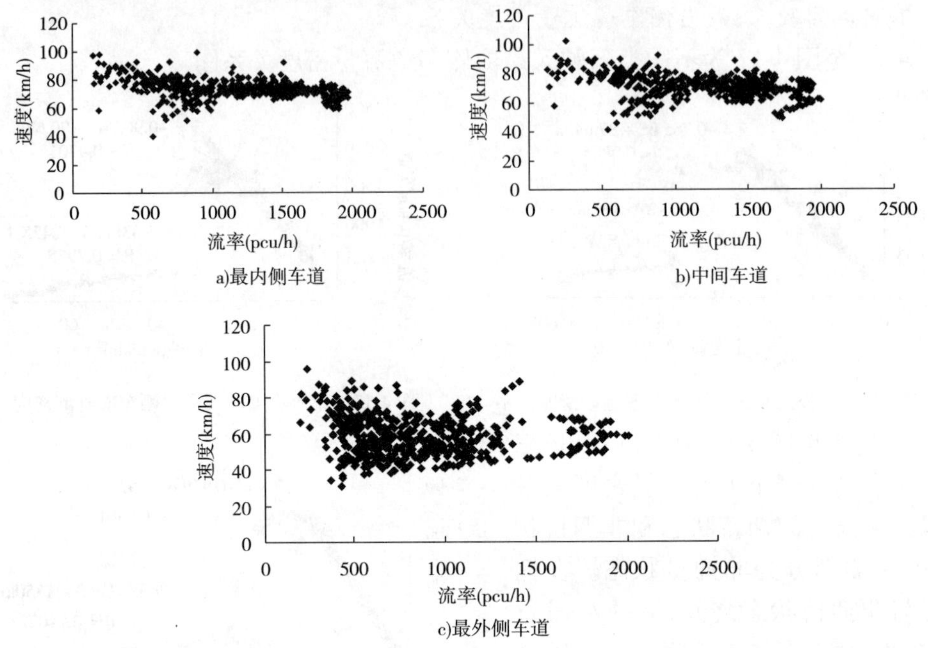

图 4-18　第一类与第三类驾驶人混合的速度流量曲线

流率(pcu/h)
密度(pcu/km)
a)最内侧车道

流率(pcu/h)
密度(pcu/km)
b)中间车道

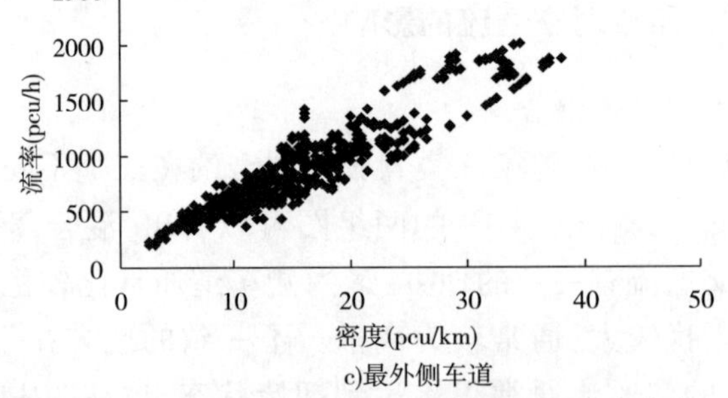

图 4-19　第一类与第三类驾驶人混合的流量密度曲线

2. 第一类与第二类驾驶人均匀混合

图 4-20 和图 4-21 为第一类与第二类驾驶人混合的在最内、最外侧车道的速度流量曲线及流量密度曲线。

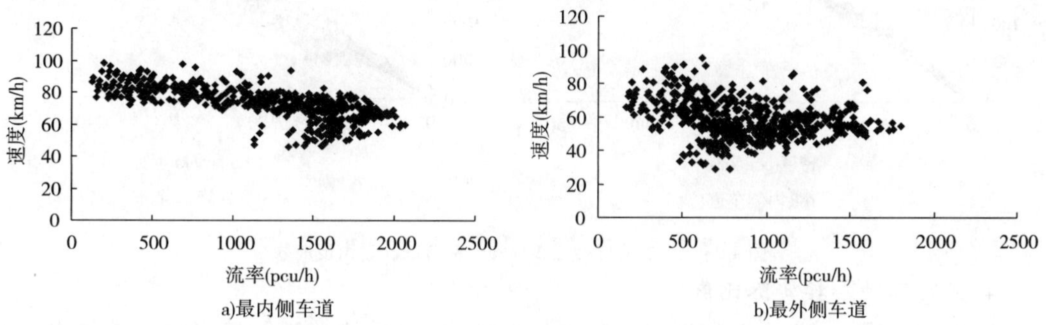

图 4-20 第一类与第二类驾驶人混合的速度流量曲线

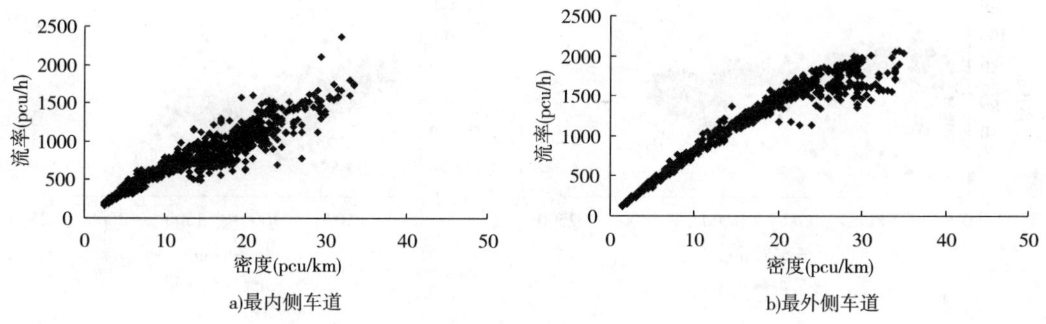

图 4-21 第一类与第二类驾驶人混合的流量密度曲线

3. 第二类与第三类驾驶人均匀混合

图 4-22 和图 4-23 为第二类与第三类驾驶人混合的在最内、最外侧车道的速度流量曲线及流量密度曲线。

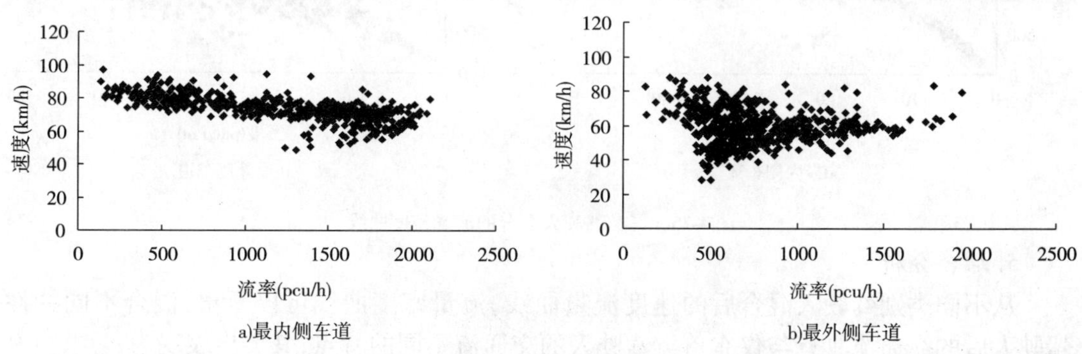

图 4-22 第二类与第三类驾驶人混合的速度流量曲线

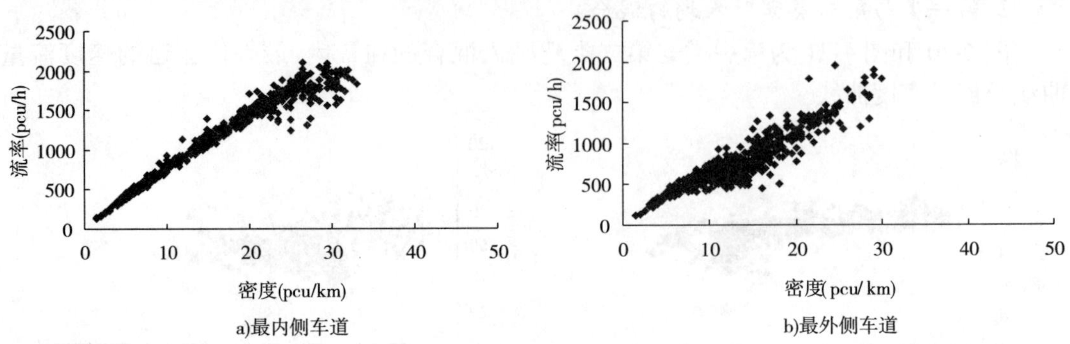

图 4-23 第二类与第三类驾驶人混合的流量密度曲线

4. 三类驾驶人按实际比例混合

图 4-24 和图 4-25 为三类驾驶人混合的在最内、最外侧车道的速度流量曲线及流量密度曲线。

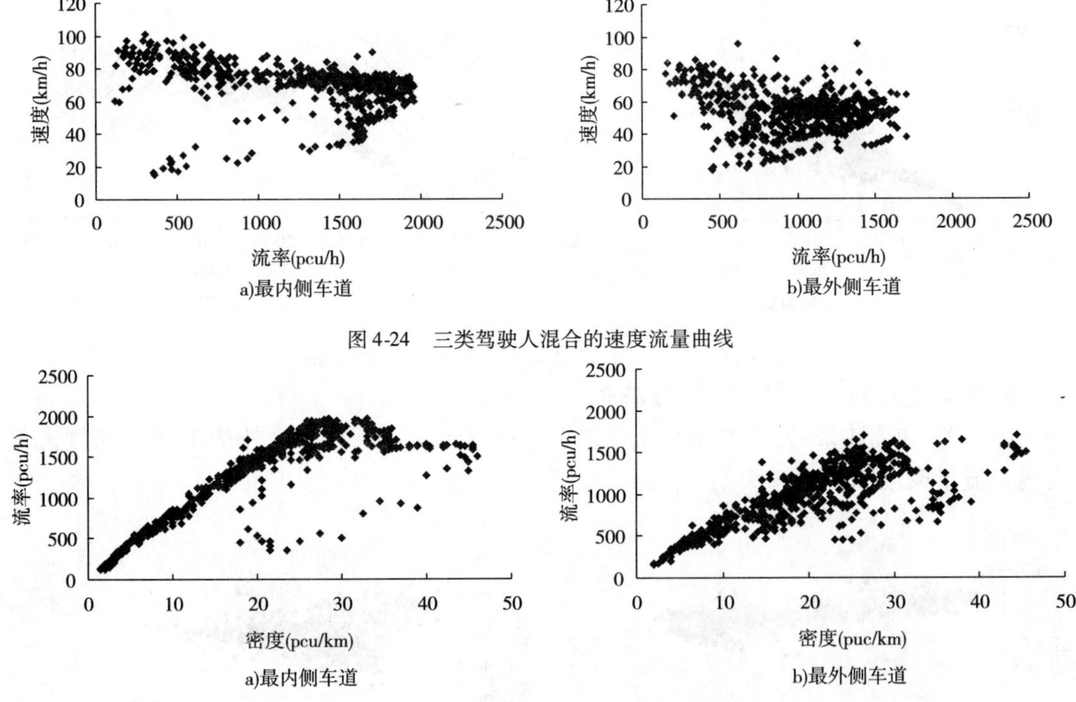

图 4-24 三类驾驶人混合的速度流量曲线

图 4-25 三类驾驶人混合的流量密度曲线

5. 综合分析

从不同类别驾驶人混合后的速度流量曲线、流量密度曲线可以看出，混合不同特性驾驶人后的交通流具有与仅有单类驾驶人的交通流不同的特点，其突出表现为：

(1)各种类型混合后的最大交通量趋于接近，不再出现单类驾驶人之间的明显差异。

(2)从流量密度曲线可以看出,混合后的密度达到30~35时仍然较为稳定,不像单类驾驶人密度达到此区段时造成交通流紊乱,交通量迅速降低。

(3)混合后交通流各车道的平均速度较单类交通流的速度低。

应该说三类驾驶人按实际比例混合可以代表最实际交通流的特点,实际交通流与不同类别驾驶人交通流在不同车道的速度流量曲线图如图4-26所示。

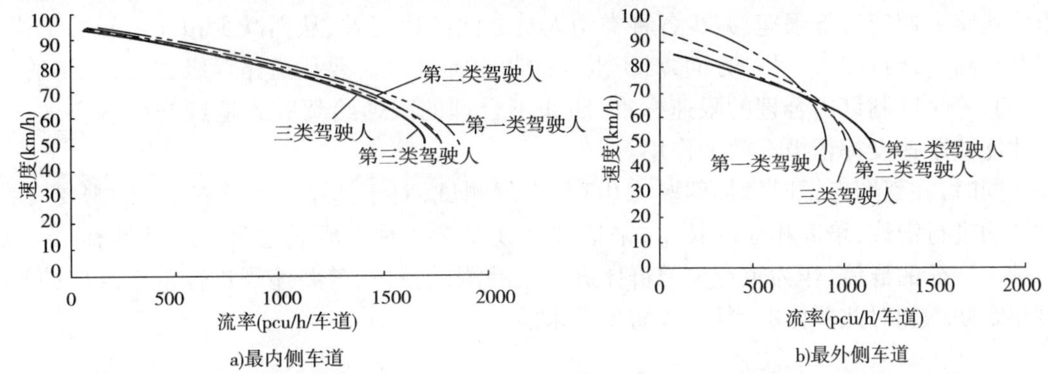

图4-26 混合交通流与单类交通流的速度流量对比分析

可以看出,在交通流较为稳定的内侧车道,混合后的通行能力介于单类驾驶人之间,与第二类驾驶人的通行能力较为接近但略低于第二类驾驶人的通行能力。之所以出现这种现象,与混合后的交通流受到不同类别驾驶人之间的相互干扰有关,由于不同类别驾驶人的不同特性,混合后可能由于驾驶特性的不同导致车辆相互干扰。而在受其他因素影响较大的外侧车道,情况较为复杂,但总的来说通行能力也是介于单类驾驶人之间,而且通行能力下降很快的趋势一致。

4.5.3 对策制定

既然不同类别的驾驶人表现出不同的行为特征,而这种微观行为又对宏观的交通流的流量速度产生了影响,那么就应该从工程、政策、心理等角度,尤其是对交通流影响较大的因素方面提出一定的建议和政策,使得驾驶人之间的差异性尽可能少的相互干扰,提高道路的通行能力和道路交通安全水平。

从前文的驾驶适应实验和动态驾驶实验可以看出,第一类驾驶人相对第二类和第三类来说,从驾驶人的角度,男性驾驶人在反应速度上比第二类和第三类快、反应差错相对较少、同时他们的年龄较小,因此他们在速度选择上较快,尤其在内侧车道上这种没有太多干扰的地方,通行能力相对较高;他们驾龄短,安全态度上也较弱,但是他们具有较高的个人行为意识,因此一旦受到其他因素的干扰,就使得个人因素受到“激发”,反而造成相互干扰过大的现象,故在外侧车道这种外界因素干扰较大的地方,其最大交通量反而小于第二类和第三类驾驶人,可以说,第一类驾驶人的稳定性不够好。按实际比例混合后的交通流可以看作是实际交通流，仿真结果表明，混合驾驶人的交通流通行能力低于单类驾驶人，第一类高于第三类，略低于第二类驾驶人，出现这种情况可能与不同类驾驶人之间的相互干扰有关。

因此，从提高通行能力和道路交通安全水平的角度来说，应当着重从第一类驾驶人的角度来进行。一方面需要交管部门加强对速度的监控，不仅制定最高限速，而且在城市快速路上制定最低限速，减少各种类型人员之间的速度差，从而减少相互之间的干扰，提高道路的通行能力；另一方面，对于限速的制定标准也需要从道路等级、过去几年的安全经验等角度制订出合理的限速标准，防止不合理的限速给驾驶人造成的抵触心理，这样才能使限速发挥积极有效的作用。

同时，在驾照考试时增加驾驶人生理、心理测试，对于达不到要求的人员，需要有针对性的进行锻炼，培养相应的技术，来达到驾驶要求。对于能通过测试但是具有第一类驾驶人特征的群体，作为重点关照群体进行跟踪测试，对其道路违规进行重点监控；同时每年定期增加对此群体的测试，以防患于未然。

第5章　酒后驾驶

5.1　酒后驾驶简介

5.1.1　酒后驾驶的危险性

1.酒后驾驶的危害

2008年世界卫生组织的事故调查显示,大约50% ~60%的交通事故与酒后驾驶有关,酒后驾驶已经被列为车祸致死的主要原因。在中国,每年由于酒后驾车引发的交通事故达数万起,而造成死亡的事故中50%以上都与酒后驾车有关,酒后驾车的危害触目惊心,已经成为交通事故的第一大“杀手”。在欧洲,每年因为酒后驾驶导致的死亡人数约为1万人。在美国,大约31%的致死交通事故是由酒后驾驶造成的。

虽然目前各地均严令禁止酒后驾驶,但是酒后驾驶者往往存在“侥幸心理”,认为自己之前酒后驾驶从未出过交通事故,也没有被处罚,而且经常看到其他人酒后驾驶,便心存侥幸酒后驾驶,最后酿成惨剧。在这种心理的驱使下,驾驶者往往对酒后驾驶不够重视,使得酒后驾驶屡禁不止。事实上,酒后驾驶使驾驶人对于外界的反应能力、应对能力、操控能力急剧下降,但是很多驾驶人对于酒后驾驶的危害不是十分了解,缺乏感性认识,因而在侥幸心理的驱使下,酒后驾驶时有发生。

2.酒后驾驶状态下驾驶人特征

酒精对驾驶人的影响会持续较长时间,驾驶人饮酒后,体内酒精会经过吸收、消散的过程。随着时间的推移,其血液酒精含量(BAC)会随之变化。一般一名体重约70kg的驾驶人在短时间内喝下2瓶啤酒,BAC的变化趋势如图5-1所示。酒精对驾驶人的影响时间至少会长达10余小时,即使自己已经感觉不到受酒精的影响,其实体内仍然存在着酒精。

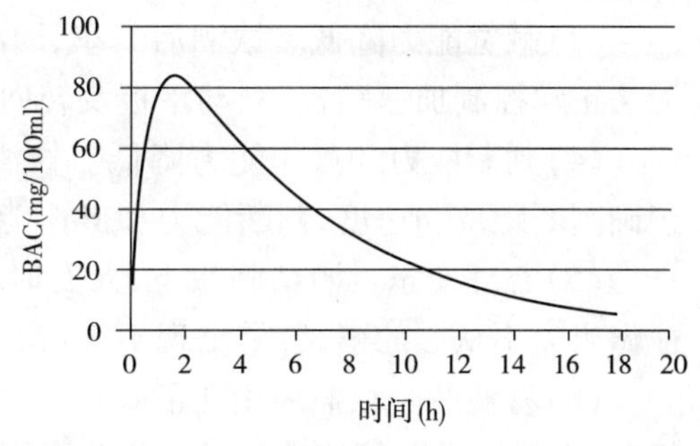

图5-1　酒精含量(BAC)消散图

酒后驾驶对驾驶人的影响可以分为心理影响和生理影响。常见的对心理特征的影响包括以下几个方面。

(1)自以为酒量高。酒驾者都有超乎寻常的“自信”,觉得自己就是喝了酒,也能把车开到目的地；就是喝了酒，在遇上突发的事情时，也能从容应对和处理。他们显然已经忘记了酒精会使人神经麻痹、迟钝的亘古不变的真理，等到出了车祸，才悔之晚矣。

(2)自以为经验老到。某项数据表明：1年以下驾龄的驾驶人很少酒后驾车，大量的酒驾行为出现在驾龄在5~20年的驾驶人身上。岂不知，酒精入体之后，它并不认得你有几年驾龄。而酒后驾驶人却恰好会因为驾龄高、资质高，从而重视度低、防范心理差而导致事故多发。

(3)侥幸心理。有些驾驶人酒驾，总以为"不会那么巧被交警撞上"，或者在节日之前，觉得"交警也要过节"，认为过节相关检查就会少，于是借着酒劲儿开车上路。这种心理其实忽略了一个最起码的前提：检查酒驾、罚款甚至追究刑事责任并不是目的，禁止酒驾的目的是保护他人和驾驶人自身的生命安全，维护交通秩序、社会秩序。有交警检查，驾驶人要做到不酒驾，就算没有交警查，不酒驾也应该是驾驶人最起码的职业道德和尊重生命的主动意识。

(4)追求刺激，冒险特征明显。对很多驾驶人，酒后驾车时往往出现寻求刺激的特征，追求高速行驶、频繁超车、玩弄花样、敢于冒险，而这些本身便是酒精对人造成的基本情绪影响，而这种情绪作用到驾驶人驾车过程中，便显得更加危险重重。

由于以上几种驾驶人的基本心理，再加上酒后驾驶时驾驶人的驾驶能力明显受到影响，也必然导致了酒后驾驶容易造成重大交通事故的可能性。酒精对驾驶人在驾驶过程中的影响主要表现在以下6个方面：

(1)视觉障碍。一般人在平常状态下的外围视界可达180°，如果酒精含量超过0.8%，驾驶人的视野就会缩小。在这种情况下，驾驶人已经不具备驾驶能力。至于醉酒的驾驶人，甚至只能感觉到周围环境的局部。

(2)运动反射神经迟钝。相比正常驾驶情况下，驾驶人酒后驾驶时其运动反射神经的正常要慢1~2s。如果车速为60km/h，1s时间车辆就已经跑了16.67m，这必然会产生严重后果。

(3)触觉能力降低。饮酒后驾车，因酒精麻醉作用，人的手、脚触觉较平时降低，往往无法正常控制加速踏板、制动踏板及转向盘。

(4)判断能力和操作能力降低。饮酒后，人对光、声刺激的反应时间延长，从而无法正确判断距离和速度，判断能力和操作能力降低。

(5)心理变态。酒精刺激下，人有时会过高估计自己，对周围人劝告常不予理睬，往往做出力不从心的事，容易出现不正常心理。

(6)易疲劳。饮酒后由于酒精的作用，80%的人易出现困倦、打瞌睡，表现为行驶不规范、空间视觉差等疲劳驾驶的行为而引发交通事故。

喝酒时酒精的刺激使人兴奋，在不知不觉中就会喝多，当酒精在人体血液内达到一定浓度时，人对外界的反应能力及控制能力就会下降，处理紧急情况的能力也随之下降。

对于酒后驾车者而言,其血液中酒精含量越高,发生撞车的几率越大。

当驾驶者血液中酒精含量达80mg/100mL时,发生交通事故的几率是血液中不含酒精时的2.5倍;达到100mg/100mL时,发生交通事故的几率是血液中不含酒精时的4.7倍。即使在少量饮酒的状态下,交通事故的危险度也可达到未饮酒状态的2倍左右。

5.1.2 酒后驾驶对策

1. 法律规定

酒后驾驶对交通安全具有严重威胁,世界众多国家均从法律的角度对酒后驾驶进行相关规定,并确定处罚措施。表5-1列出了一些国家对于驾驶人血液酒精含量(BAC)的规定标准及一般处罚措施。相比之下,某些国家尤其是欧洲一些国家的法定标准和处罚显得较轻。不过随着时代的发展,对于交通安全重视程度的提高,各国对于酒后驾驶的规定也在不断修订。

世界部分国家的酒后驾驶法定标准及处罚情况 表5-1

国别	法定标准	处罚情况
美国	0.08%~0.10%	各州处罚不同,多数州对初犯者处以监禁
日本	0.05%	罚款,罚记点数,最重监禁2年
新加坡	0.08%	罚款、吊销驾照,监禁6个月
德国	0.05%	0.05%~0.11%:罚款、罚记点数、暂时吊扣驾照;0.11%以上:罚款、吊销驾照,并依据肇事轻重程度判刑
奥地利	0.08%	罚款,吊扣驾照
瑞士	0.08%	罚款、吊扣驾照,最高监禁3年
法国	0.08%	罚款,最高监禁1个月
英国	0.08%	罚款,吊扣驾照,最高监禁6个月
西班牙	0.08%	罚款,吊扣驾照,监禁3个月至5年
比利时	0.08%	罚款,吊扣驾照,最高监禁3个月
挪威	0.05%	监禁1个月
瑞典	0.05%	0.05%~0.08%:监禁;0.08%以上:监禁1个月并吊扣驾照1年
中国	0.02%	0.02%~0.08%:普通机动车,罚款1000~2000元,记12分并暂扣驾照6个月;营运机动车,罚款5000元,记12分,15日以下拘留,5年内不得重新获得驾照。0.08%以上:普通机动车,吊销驾照,5年内不得重新获得驾照,经过判决后处以拘役,并处罚金;营运车辆,吊销驾照,10年内不得重新获得驾照,终生不得驾驶营运车辆,经判决后处以拘役,并处罚金

在我国,根据国家质量监督检验检疫局发布的《车辆驾驶人员血液、呼气酒精含量阈值与检验》(GB19522—醉酒驾车的测试 2004)中规定,饮酒驾车是指车辆驾驶人员血液中的酒精含量(BAC)大于或者等于 20mg/100mL,小于 80mg/100mL 的驾驶行为。醉酒驾车是指车辆驾驶人员血液中的酒精含量大于或者等于 80mg/100mL 的驾驶行为。

2011 年 2 月 25 日,十一届全国人大常委会第十九次会议表决通过了刑法修正案(八),对刑法相关条款进行了修改、增加,首次将醉酒驾车这种严重危害群众利益的行为规定为犯罪,并于 2011 年 5 月 1 日正式实施。具体规定为:"在道路上驾驶机动车追逐竞驶,情节恶劣的,或者在道路上醉酒驾驶机动车的,处拘役,并处罚金。"醉酒驾驶的界定标准为:BAC > = 80mg/100mL。

2. *判别方法*

对于酒后驾驶的检测方法根据取样的不同可以分为血液检测、呼气检测、唾液检测、尿液检测和汗液检测。酒精经人体血液循环被输送到大脑并对其产生抑制作用,降低了驾驶能力,因此,血液检测是客观测试酒精影响驾驶能力的方法,也是判断酒后驾驶与醉酒驾驶的有效指标。但是血液检测没有对血源作统一规定,从动脉、毛细血管或静脉取样,检测结果有一定差异。通常检测的血液酒精浓度与大脑中的血液酒精浓度值不同,但两者是正相关的,因此知道检测部位血液中酒精浓度也能推测大脑中血液酒精浓度。其他 4 种方式都是在找到其中的酒精浓度与血液酒精浓度相关关系基础上,制定检测方法与研发测试仪器。目前使用的是呼气检测与唾液检测,尿液与汗液检测由于取样困难,基本没有使用。

基于以上基本检测方法,人们正在开发一种酒后驾驶智能防控系统,该系统是检测驾驶人呼气、体液(手掌上)酒精浓度,结合驾驶过程中的行为特征进行智能判断与控制,达到酒后驾驶标准的,锁止车辆、发出报警提示的智能控制系统。安装酒后驾驶智能防控系统,能够减少 40% ~95% 的经常性酒后驾驶交通违法行为。根据检测酒精浓度的基本原理,智能防控系统分为 3 类。

1)吹气式检测智能控制系统

由机动车驾驶人向智能检测装置吹气,酒精传感器检测吹气中酒精浓度,并将检测结果传给控制器,检测值超过预设值时,汽车无法起动。接受吹气测试的设备主要有吹气筒、无线手持设备、手机内置呼气测试装置和发动机钥匙等。该类系统主要在瑞典、加拿大、澳大利亚、韩国、日本等国家使用。

2)手掌汗液检测智能防控系统

将传感器置于驾驶人的手经常接触的地方(如点火起动开关、转向盘、变速器操作手柄),起动车辆时,检测装置检测汗液中酒精浓度并将结果传给控制装置,汗液酒精浓度超标的,智能控制装置就发出酒后驾车的警报音、控制车辆自动减速停车或锁止车辆。该类系统在日本、美国等国家研究与使用。

3)综合检测智能防控系统

利用电子摄像头监测驾驶人的视角方向,瞳孔大小、颜色,转向盘是否无序摇摆等现象,确定驾驶人的驾驶能力,并与预设状态进行比较,决定是否控制车辆减速停车。该类系统处于试验研究阶段。

5.1.3 酒后驾驶影响驾驶人的特征指标

1. 驾驶适应性指标

饮酒直接影响驾驶人自身身体特征,削弱驾驶能力,那么酒精到底影响驾驶人哪些方面的能力却一直并不明确。因此从驾驶人身体条件各个参数特征变化的角度分析则是最佳选择,这些参数即驾驶人驾驶适应性指标。指标内容可以涉及关乎驾驶人驾驶能力的每一个方面,包括驾驶人生理、视觉、听觉、感知觉、记忆、反应、操作等,每一个方面的驾驶适应性指标都对应着驾驶人的相关驾驶能力,分析酒后驾驶对驾驶人驾驶适应性指标的影响特征,也有助于解释和讨论酒后驾驶对驾驶能力影响的机理和角度。

2. 驾驶行为指标

酒后驾驶影响驾驶人的驾驶能力,在实际表现中,则主要为驾驶人的实际操作驾驶行为方面的不正常情况。酒后驾驶情况下,驾驶人的驾驶行为哪些特征发生了不良变化,是关乎交通安全最值得探讨和研究的问题。一般来讲,评价驾驶行为的指标包含了车辆状态数据如速度、加速度、侧位移,以及驾驶人操作数据如加速踏板、制动踏板、转向盘等操作输入特征。

5.2 数据获取方法

对于酒后驾驶的影响研究可以分为多个方面,值得研究的内容包括酒后驾驶情况下驾驶人情绪变化特征、驾驶人生理心理变化特征、车辆行驶变化特征、操作行为变化特征等。利用这些指标的变化特征,可实现驾驶人酒后驾驶状态的判别。

已有研究表明,酒后驾驶时驾驶人易出现疲劳现象,而为了实现酒后驾驶状态的准确判别,同时还必须将酒后驾驶与疲劳驾驶进行区分,分别确定酒后驾驶和疲劳驾驶对驾驶人的影响特征,这样不仅有利于酒后驾驶状态的识别,同时对疲劳驾驶这个危险驾驶状态的判别具有重要意义。

基于整个驾驶行为模拟实验平台,通过设计实验分别获得酒后驾驶状态和疲劳驾驶状态下各特征数据,包括驾驶适应性数据、车辆行驶状态数据、驾驶操作行为数据等。实验设计主要内容如下:

(1)被试者:选择被试以年轻男性驾驶人为主,这类驾驶人更易受酒精影响表现出激进和冒险的特征,在中国,年轻男性驾驶人是酒后驾驶的主要组成人员。实验中招募了

25 名 20 ~ 35 岁男性驾驶人,平均年龄 25 岁,获得驾照时间均在 3 年以上,同时要求驾驶人具有规则的驾驶习惯,正常的睡眠时间特征并且未使用药物,以免这些因素对驾驶人造成其他方面的影响,造成数据污染。

(2)设备:实验中充分利用了驾驶模拟综合实验平台,获得所需要的 2 方面实验数据:驾驶适应性数据和动态驾驶行为数据。其中驾驶适应性指标考虑了驾驶人的生理、视力、感知觉和反应特征 4 个方面,所用到的检测仪器包括:血压测试仪、心率测试仪、视力/动视力测试仪、音/光刺激反应时间测试仪、深度估计偏差测试仪、速度估计时间偏差测试仪,具体测得数据指标包括:血压(收缩压)、心率、视力、动视力、光刺激反应时间、声音刺激反应时间、深度估计偏差、速度估计时间偏差。驾驶过程中的动态驾驶行为数据通过驾驶模拟平台获得,基于模拟平台获得驾驶人操作车辆的运行状态数据以及驾驶人操作行为数据。

(3)模拟驾驶实验场景:实验中设计的实验场景包括通常驾驶过程中常见的道路条件及事件,道路环境以城市快速路和城市道路为主,设计了包括直线路段、不同半径的弯道路段以及快速路出入口匝道等多种道路条件。在测试过程中,要求驾驶人完成的驾驶事件包括跟驰车辆、超越车辆、换道、交叉口转弯、停车、起步等交通事件,道路环境及实验场景如图 5-2 及图 5-3 所示。

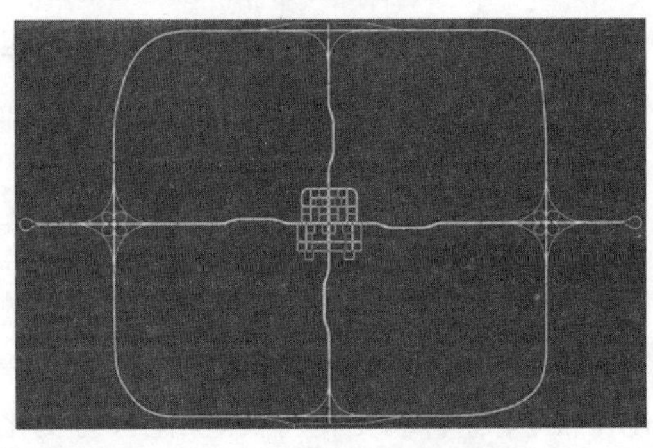

图 5-2 线形图

图 5-3 环境示意图

(4)数据获取:实验设计将驾驶人状态与驾驶任务相结合,分别在不同状态下,分别测试驾驶人驾驶适应性数据以及驾驶过程中动态驾驶操控行为数据和车辆运行状态数据。

对于驾驶适应性数据,采集的驾驶人驾驶适应性指标参数主要包括 5 种状态:正常,持续驾驶,困倦,困倦驾驶,酒后驾驶。其中把正常状态作为控制状态,表示驾驶人常态情况下,不承担任何驾驶任务时的状态,其他状态均作为处理状态。正如前面提及,疲劳驾驶包括持续驾驶和困倦 2 种情况下的驾驶状态,持续驾驶状态是为长时间驾驶导致疲劳所设计,困倦状态则为睡眠剥夺而设计,困倦驾驶状态是指睡眠剥夺情况下,长时间持续驾驶的一种状态。酒后驾驶状态的设计是指在驾驶人完成酒后驾驶任务之后,采集驾驶人适应性数据。

对于车辆运行状态数据和驾驶人操作行为数据,主要在正常状态、疲劳状态、酒后驾驶状态下采集驾驶人的行为和操控数据。其中正常状态作为控制组,其他状态作为处理组。实验流程见表5-2。

设计试验流程表 表5-2

	时间	步骤1	步骤2	步骤3	步骤4	步骤5
第一阶段	15:00	试驾及问卷	驾驶适应性指标测试	驾驶100min	驾驶适应性指标测试	问卷调查
第二阶段	2:00	问卷调查	驾驶适应性指标测试	驾驶100min	驾驶适应性指标测试	问卷调查
第三阶段	14:00	饮酒到 BAC > =80	问卷调查	驾驶35min	驾驶适应性指标测试	问卷调查

需要说明的是,实验分为3个阶段,分别在不同的3天完成。第一阶段用来测取正常和持续驾驶2种状态下驾驶前、后的驾驶适应性数据,同时获得正常驾驶状态下车辆运行数据和操作行为数据。第二阶段测试困倦及困倦驾驶2种状态下的驾驶适应性指标,此驾驶过程则认为是疲劳驾驶过程。酒后驾驶状态下的驾驶适应性数据则在第三阶段采集,驾驶人饮酒之后,完成驾驶任务,该驾驶过程为酒后驾驶过程。实验过程中,运用疲劳调查问卷以获得被试的自身疲劳状态的主观评价。问卷对疲劳程度分为7个水平,最低水平表示驾驶人完全清醒,十分警觉,而最高水平为睡着状态。疲劳的程度编制主要为:1—精神振奋,非常精神;2—精神,能够集中注意力;3—不严格清醒,不完全警觉;4—稍微模糊朦胧;5—意识模糊,失去兴趣;6—困倦,想躺下休息;7—十分困倦,如入梦境,睡着状态。

一般驾驶人在上午9:00－12:00,下午14:00－17:00不易出现困倦现象,第一次和第三次实验均在14:00以后完成,以保证正常驾驶和疲劳驾驶时不受睡眠因素的影响。第二次实验在凌晨2:00进行以使得被试更容易进入困倦状态。酒后驾驶测试中,要求驾驶人饮酒到血液酒精含量达到或超过80mg/100mL。

5.3 影响特征

5.3.1 适应性特征

1. 主观疲劳程度

实验中驾驶人在5种状态下疲劳平均水平为:正常状态1.8,持续驾驶3.1,困倦状态4.3,困倦驾驶5.8,酒后驾驶2.1。从驾驶人主观感受角度来讲,困倦驾驶状态时其疲劳程度最大,困倦时次之,即在困倦状态完成驾驶任务,疲劳程度明显提升。相对于正常状态,持续驾驶之后疲劳程度也具有一定程度的提高。酒后驾驶状态时驾驶人的疲劳程度没有明显变化。

2. 描述性特征

表5-3 列出了驾驶人的9 项驾驶适应性参数在5 种不同状态下的均值和标准差情况表,表中所列的适应性参数包括:舒张压、心率、视力、动视力、夜视力、声音刺激反应时间、光刺激反应时间、深度知觉、速度估计。结果表明驾驶人的部分适应性参数在5 种状态下具有明显的差异,如对于舒张压,酒后驾驶状态时明显低于正常情况,在困倦驾驶状态下的心率值明显偏低。

驾驶人驾驶适应性指标在不同状态下的基本特征 表5-3

参数		5 种状态				
		正常状态	持续驾驶	困倦状态	困倦驾驶	酒后驾驶
舒张压	均值	126.84	124.00	125.52	119.56	113.08
	标准差	9.29	7.98	11.26	11.34	10.55
心率(次/min)	均值	83.40	72.08	72.12	65.56	90.56
	标准差	16.80	11.66	12.91	11.05	17.18
视力	均值	1.044	1.028	0.884	0.944	0.840
	标准差	0.328	0.348	0.248	0.290	0.329
动视力	均值	0.472	0.456	0.448	0.448	0.440
	标准差	0.262	0.252	0.223	0.261	0.236
夜视力(s)	均值	14.13	13.67	14.71	10.83	19.71
	标准差	10.89	10.71	14.29	11.00	17.47
声音刺激反应时间(s)	均值	0.175	0.178	0.176	0.202	0.203
	标准差	0.043	0.036	0.035	0.046	0.049
光刺激反应时间(s)	均值	0.186	0.192	0.202	0.220	0.217
	标准差	0.036	0.033	0.030	0.037	0.034
深度知觉(mm)	均值	4.81	3.90	6.32	6.61	8.07
	标准差	3.64	2.00	2.60	3.20	5.31
速度估计(s)	均值	0.207	0.179	0.192	0.139	-0.065
	标准差	0.471	0.496	0.465	0.467	0.648

3. 统计特征

运用重复测量方差分析持续驾驶、困倦、困倦驾驶和酒后驾驶4 种状态对驾驶人驾驶适应性指标的影响特征,并运用post - hoc 方法得到两两对比分析结果,所得主要结果见表5-4。

驾驶人驾驶适应性指标的重复测量方差分析 表 5-4

参数	ANOVA		两两对比结果					
	F 值	P 值	持续驾驶 VS 正常	困倦 VS 正常	困倦驾驶 VS 正常	酒后驾驶 VS 正常	困倦驾驶 VS 困倦	酒后驾驶 VS 困倦驾驶
舒张压	17.011**	0.000	0.111	0.364	0.001**	0.000**	0.001**	0.007**
心率	26.415**	0.000	0.000**	0.000**	0.000**	0.059	0.000**	0.000**
视力	4.516*	0.010	0.754	0.056	0.174	0.002**	0.083	0.036*
动视力	0.140	0.967	—	—	—	—	—	—
夜视力	2.097	0.087	—	—	—	—	—	—
声音刺激反应时间	5.442**	0.002	0.462	0.841	0.001**	0.016*	0.001**	0.097
光刺激反应时间	7.519**	0.000	0.489	0.066	0.002**	0.003**	0.003**	0.648
深度知觉	6.098**	0.001	0.274	0.095	0.082	0.003**	0.645	0.196
速度估计	4.858**	0.008	0.599	0.792	0.216	0.004**	0.316	0.027*

注:1. F 为方差分析统计量计算结果。

2. P 为显著性水平。

3. ** 为显著性水平 $P<0.01$。

4. * 为显著性水平 $P<0.05$。

从表 5-4 中可知,9 项驾驶适应性指标中,舒张压、心率、视力、声音刺激反应时间、光刺激反应时间、深度知觉、速度估计 7 项参数均受到了状态的显著影响。各项指标受状态影响的具体倾向如下:

(1)舒张压。酒后驾驶和困倦驾驶时的舒张压显著低于其他状态并且酒后驾驶时最低。

(2)心率。持续驾驶、困倦状态和困倦驾驶状态时的心率均显著低于正常状态且困倦驾驶状态时最低;酒后驾驶对于心率无显著影响;

(3)视力。只有酒后驾驶状态对心率具有显著影响,此时相对于正常状态视力下降。

(4)声音刺激反应时间。困倦驾驶和酒后驾驶时声音刺激反应变慢,另外,困倦驾驶状态时的声音刺激反应时间显著高于困倦状态时。

(5)光刺激反应时间。酒后驾驶和困倦驾驶时的光刺激反应时间均显著增长,同样,困倦驾驶状态时要比困倦状态时显著变慢。

(6)深度知觉偏差。酒后驾驶使深度知觉偏差显著偏大,其他状态无显著影响。

(7)速度估计时间偏差。酒后驾驶时的速度估计时间偏差比其他状态均显著偏低,表 5-3 中显示酒后驾驶状态时速度估计时间偏差均值为 -0.065,即有些驾驶人酒后驾驶时驾驶人估计速度偏快。

总结疲劳和饮酒对驾驶适应性造成的影响特征，疲劳驾驶时主要表现在：心率是最敏感的指标，在疲劳程度达到一定程度时，驾驶人心率大幅下降，血压降低，音刺激与光刺激反应时间增长。酒后驾驶时主要表现在：血压明显下降，视力下降，音刺激与光刺激反应时间增长，深度知觉偏差增大，估计速度变快。

心率是表征驾驶疲劳的有效指标，随着疲劳程度的增加，心率在逐步下降。正常驾驶之后驾驶人的心率显著下降，说明驾驶过程本身能够导致驾驶人疲劳，连续驾驶的时间越长，驾驶人越疲劳，这是长时间驾驶对驾驶人造成劳累的结果。困倦驾驶状态时驾驶人心率是最低的，此时的疲劳程度最高，这是驾驶人困倦与驾驶劳累共同作用的结果。在两两对比中，困倦驾驶状态与困倦状态相比，有 4 项参数即舒张压、心率、光刺激反应时间和声音刺激反应时间呈现显著差异，而驾驶削弱状态与正常状态相比只有心率具有显著差异。可以确定，驾驶人在本已困倦的情况下，同样的驾驶过程对驾驶人的影响程度会更多。

酒后驾驶时驾驶人驾驶适应性指标受到的影响是多方面的，驾驶能力会明显受到削弱。由于驾驶人酒后驾驶又具有冲动和追求刺激的心理特征，这些因素的共同作用便是酒后驾驶更容易导致恶性交通事故的原因。

疲劳驾驶和酒后驾驶的分析研究需要提取显著受到影响的指标，根据表 5-4 中的困倦驾驶状态与正常状态相比较的结果，以及酒后驾驶与正常状态相比较的结果，选择 4 项参数作为疲劳驾驶研究指标：舒张压、心率、声音刺激反应时间和光刺激反应时间。对于酒后驾驶，选择 6 项参数：舒张压、视力、声音刺激反应时间、光刺激反应时间、深度知觉和速度估计。

运用 Logistic 回归分析方法判断哪些指标与驾驶人状态具有显著的关系。表征疲劳驾驶的 4 项指标，对困倦驾驶状态和正常状态进行了二值回归，所得回归参数见表 5-5。虽然对比分析表明 4 项指标均显著受疲劳影响，但是只有心率和光刺激反应时间在回归模型中呈显著性。这 2 项指标代表了这两个主要方面受疲劳驾驶人影响，而其他显著性影响的指标则是与这二者之一具有一定的相关性。

困倦驾驶与正常状态 Logistic 回归结果参数 表 5-5

指标变量	B	S. E.	Wald	OR	95% C. I. for OR
舒张压	-0.001	0.041	0.001	0.999	(0.922, 1.082)
心率	-0.118	0.039	9.260**	0.888	(0.823, 0.959)
声音刺激反应时间	-1.329	12.490	0.011	0.265	$(0.000, 1.132\times10^{10})$
光刺激反应时间	39.742	19.098	4.330*	1.818×10^{17}	$(10.075, 3.281\times10^{33})$

注：* —$p<0.05$，** —$p<0.01$。

同样，运用酒后驾驶的 6 项指标，对酒后驾驶和正常驾驶状态的回归分析结果见表 5-6 所示。同样只有 2 项指标舒张压和深度知觉在回归模型中具有显著性，这二者代表了驾驶人受酒精影响的两个主要方面,其他指标与这二者之一呈现相关性。十分明显,疲劳驾驶和酒后驾驶影响驾驶人适应性参数的明显不同,也说明影响驾驶人不同的生理、心理角度,说明它们对驾驶人的影响机理存在差异性。

酒后驾驶与正常状态 Logistic 回归结果参数 表5-6

指标变量	B	S. E.	Wald	OR	95% C. I. for OR
舒张压	-0.125	0.042	8.953^{**}	0.882	(0.812,0.958)
视力	-0.466	1.290	0.131	0.627	(0.050, 7.863)
声音刺激反应时间	4.322	10.283	0.177	75.360	$(0.000, 4.264\times10^{10})$
光刺激反应时间	17.155	15.705	1.193	2.822×10^{7}	$(0.000, 6.582\times10^{20})$
深度知觉	0.215	0.125	4.965^{*}	1.240	(0.971, 1.583)
速度估计	-0.435	0.684	0.404	0.647	(0.170, 2.472)

注:*—$p<0.05$, **—$p<0.01$。

Logistic 回归模型表示了指标与状态的关系,可以用于状态的判别。同时,回归过程中的得分检验表示当将每个指标单独导入回归模型时进行的检验结果,得分结果也代表了指标受影响的程度。两个回归分析中的得分检验结果见表5-7。在得分检验中,几乎所有指标均受到不同状态的显著影响。依据各指标得分高低,得到驾驶人状态对指标影响程度的排序。

(1)受困倦驾驶影响的排序为:心率、光刺激反应时间、血压和声音刺激反应时间。

(2)受酒后驾驶影响的排序为:舒张压、光刺激反应时间、深度知觉、视力、声音刺激反应时间和速度估计。

这两种排序分别体现了疲劳驾驶和酒后驾驶对驾驶人特征的影响过程。

Logistic 回归中指标得分检验 表5-7

困倦驾驶指标	得分	显著性	酒后驾驶指标	得分	显著性
舒张压	5.286	0.021	舒张压	15.095	0.000
心率	14.924	0.000	视力	4.661	0.031
声音刺激反应时间	4.373	0.037	声音刺激反应时间	4.097	0.043
光刺激反应时间	8.036	0.005	光刺激反应时间	7.679	0.006
			深度知觉	5.652	0.017
			速度估计	2.656	0.103

虽然酒精、疲劳都对驾驶人的驾驶能力具有明显的影响,但二者的影响机理和角度却有所不同。疲劳的影响是使身体机能由于疲倦而下降且降低注意力;而酒精作为药物的一种,则会对感知觉等驾驶人的身体系统造成麻痹,而且影响驾驶人的情绪。从上述指标排序可以看出,疲劳和酒精首先影响驾驶人的生理特征,然后影响驾驶人的外部表

现特征，是由内而外的影响过程，驾驶人机体本身机能的下降是驾驶能力下降的根源。

疲劳对驾驶人的主要影响机理在于疲劳时身体系统变得缓慢，这点在心率这一指标上表现最为突出。因此，心率是疲劳的最显著、敏感的指标，疲劳时心率的下降也会导致血压的下降。疲劳时驾驶人的感知觉并不会受到明显影响，反应时间的增长完全是由于身体机能的变慢而导致的。

酒后驾驶则不同，它的影响机理在于酒精麻痹身体神经系统，影响驾驶人的感知觉能力，并导致行动的准确性下降，同时也会在一定程度上减缓身体机能的运行速度。酒后驾驶时最显著的表现是血压的下降，但是心率是不会下降的。对驾驶人感知觉的影响则主要表现在光刺激反应时间、深度知觉、视力、速度估计和音刺激反应时间，其中光刺激反应时间的增长与驾驶人视力的下降也是息息相关的。

分析驾驶人驾驶适应性指标特征是研究危险驾驶状态的基础，从驾驶适应性指标变化特征的角度来看，疲劳驾驶和酒后驾驶对驾驶人的影响角度是不同的，这不仅对于酒后驾驶研究具有重要指导意义，对于危险驾驶状态的判别以及对策研究也提供重要支持。这种特征的分析，也有助于分析驾驶行为受影响的特征，使得驾驶行为指标的制订和获取变得容易。但是这些研究结论是有适用范围的，主要限于年轻男性驾驶人。

5.3.2 行为特征

驾驶人酒后驾驶时驾驶行为的变化特征是分析其导致交通事故最直接有效的方法。分析的驾驶行为包括：起步、加速、匀速、减速、停车、转弯等。饮酒对驾驶人驾驶行为的影响主要表现在车辆运行状态及操作行为 2 个方面。车辆运行状态主要包括车辆运行速度、加速度、运行轨迹等方面；操作行为方面主要包括各种踩踏及松弛操作、转向盘控制等。根据饮酒对驾驶人造成的影响机理，通过分析饮酒对驾驶人心理状态及感知判断能力的影响，选取行为特征指标。期望通过这些指标的进一步分析验证，挖掘能够对应表征驾驶人饮酒状态的驾驶行为指标参数，指标定义见表 5-8。

酒后驾驶影响下的驾驶行为特征指标选择及定义 表 5-8

	车辆运行及操作	备选指标选取	指标选取及计算方法
车辆运行状态	匀速行驶	行驶速度	匀速过程中的速度均值
	加速度	平均加速度	相同加速及减速过程中的平均加速度
	运行曲线	距离中线距离	转弯过程中车辆距离中线距离标准差
操作行为	离合器	起步松弛速度	起步(抬起后深度 - 抬起前深度)/踩踏时间
		换挡松弛速度	换挡(抬起后深度 - 抬起前深度)/踩踏时间
	制动踏板	踩踏次数	驾驶人完成相同要求任务的过程中踩踏制动的次数
		踩踏速度	(踩踏前深度 - 踩踏后深度)/踩踏时间
		踩踏深度	驾驶人完成要求任务的过程中踩踏制动的最大深度

续上表

	车辆运行及操作	备选指标选取	指标选取及计算方法
操作行为	加速踏板	起步踩踏速度	起步时(踩踏前深度－踩踏后深度)/踩踏时间
		加速踩踏速度	加速过程(踩踏前深度－踩踏后深度)/踩踏时间
		踩踏深度	驾驶人完成要求任务的过程中踩踏加速踏板的最大深度
	操作反应时	松加速踏板与踩制动踏板时间间隔	计算驾驶人判断减速标志区的加速踏板与制动踏板操作时间间隔
	转向盘	转动复杂度	转向盘转角标准差

1. 车辆运行状态影响特征

车辆的运行状态,即车辆行驶速度与行驶方向的结合,是驾驶人驾车控制的核心。对车辆运行状态的分析,主要针对车辆速度变化和车辆运行轨迹进行分析。

车辆速度反映驾驶人控制车辆的心态、控制感知能力及操作能力等。驾驶人受饮酒影响,在相同环境下对车辆速度的控制则会发生变化。图 5-4 和图 5-5 为实验中典型的驾驶人驾车从起步到平稳运行于限速 80km/h 的路段以及减速到停车过程速度变化的情况。不难发现,驾驶人酒后驾驶时,加速与减速均比较快,保持速度值较高,且在减速时判断滞后。这主要是由于酒精使驾驶人产生兴奋,过度自信,加速欲望增强,且感知判断能力下降所致。

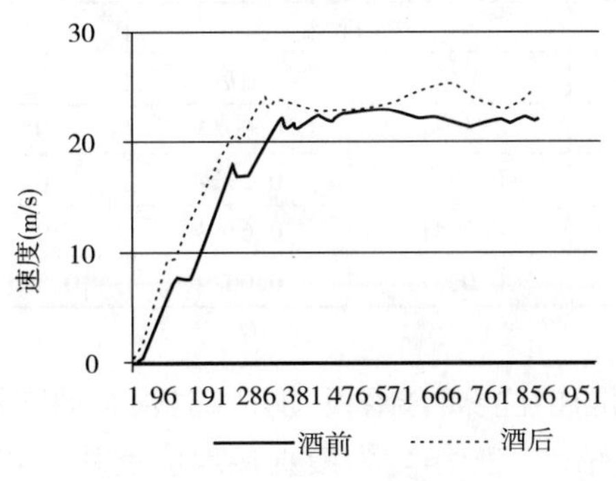

图 5-4　起步加速过程速度变化

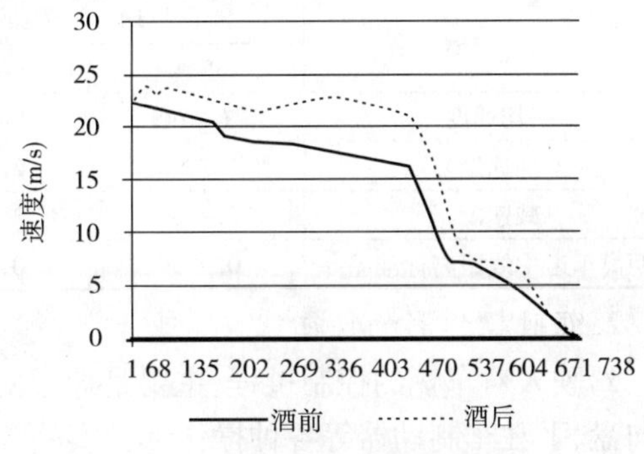

图 5-5　减速停车过程速度变化

对 17 位实验驾驶人的驾车速度数据进行具体分析,包括匀速路段速度控制,加速路段平均加速度及减速路段平均减速度等,图 5-6 至图 5-8 是对速度变化的对比图,对比结果也进一步表明饮酒影响驾驶人速度控制能力。

图 5-9 为被试驾驶人在转弯路段时行驶轨道距离中心线距离的标准差对比图,代表驾驶人控制车辆运行轨迹的复杂度情况,说明车辆运行轨迹并无不存在显著性变化。

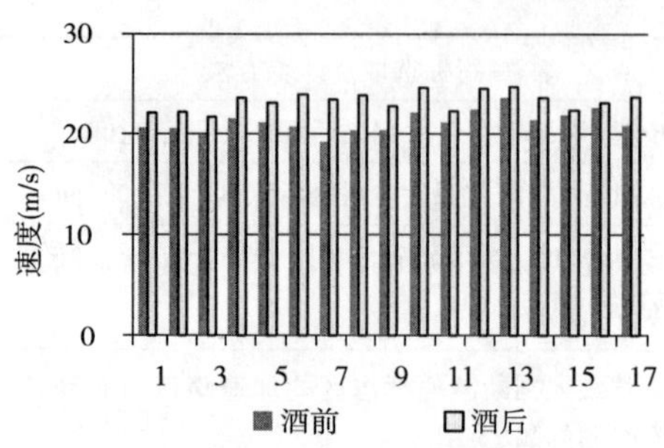

图 5-6 驾驶人直线路段平均速度对比

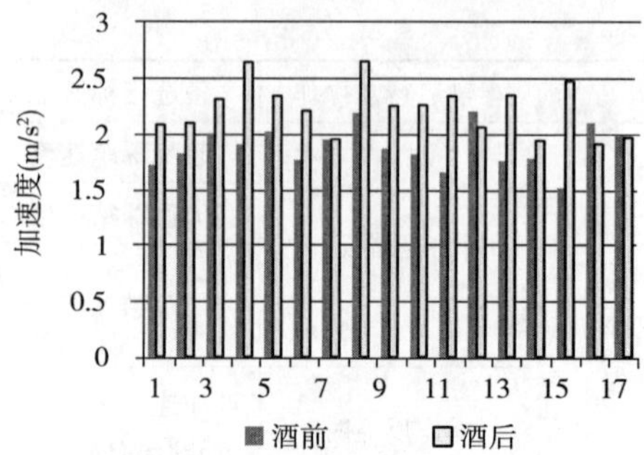

图 5-7 加速过程平均加速度对比

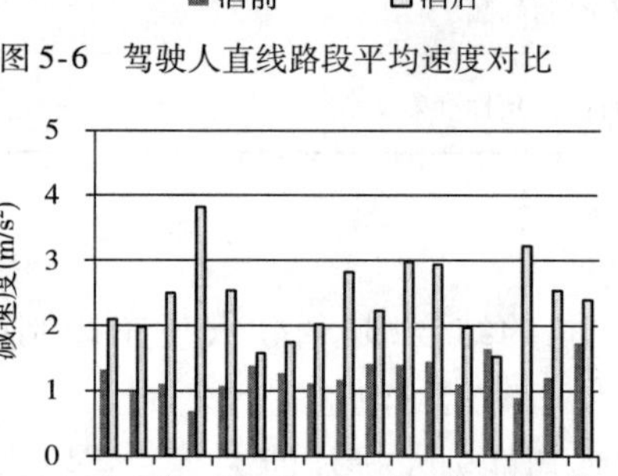

图 5-8 减速过程平均减速度

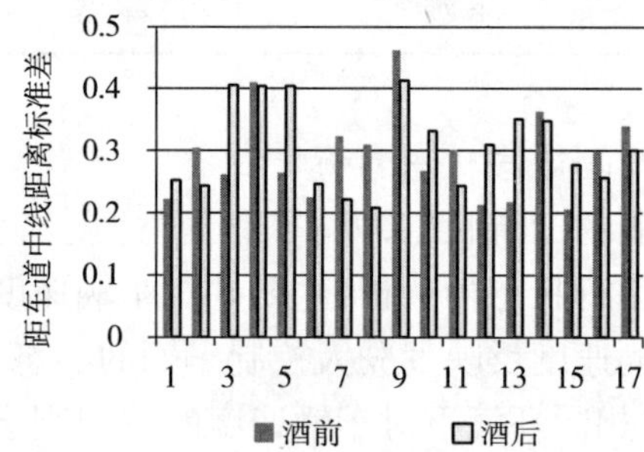

图 5-9 转弯过程距离车道中线距离标准差

对以上4项指标运用配对T检验方法进行分析,得到它们显著性差异特征,见表5-9。说明车辆运行状态方面,饮酒对驾驶人控制车辆的速度、加速度、减速度方面具有显著影响。

酒后驾驶影响车辆行驶状态指标特征分析 表5-9

指 标	均 值		标准差		p
	正常	酒后	正常	酒后	
平均速度	21.1749	23.2655	1.1041	0.9033	0
加速度	1.8946	2.2306	0.1866	0.2314	0
减速度	1.2289	2.4063	0.2641	0.6168	0
距离车道中线距离标准差	0.2939	0.3075	0.0697	0.0679	0.505

2. 驾驶操作影响特征

驾驶人对车辆的控制过程,主要是通过对车辆的挡位、离合踏板、加速踏板、制动踏板、转向盘、手驻车制动器等各种操作部分实施控制的结果。操作行为最直接地应反映了驾驶人的驾车状态。车辆行驶状态一般包括:起步、加速、匀速、减速、停车、转弯等运行状态,在运行过程中需要驾驶人频繁操作的则为离合踏板、加速踏板、制动踏板、转向盘。

根据前述对于饮酒影响驾驶人的机理分析,分别对离合器、加速踏板、制动踏板、转向盘的变化进行对比分析。图5-10至图5-19为每种因素的酒前酒后对比示意图。图5-10、图5-11分别为起步时和换挡时驾驶人松离合器踏板的速度,表明驾驶人酒后驾驶时松弛速度明显变快。

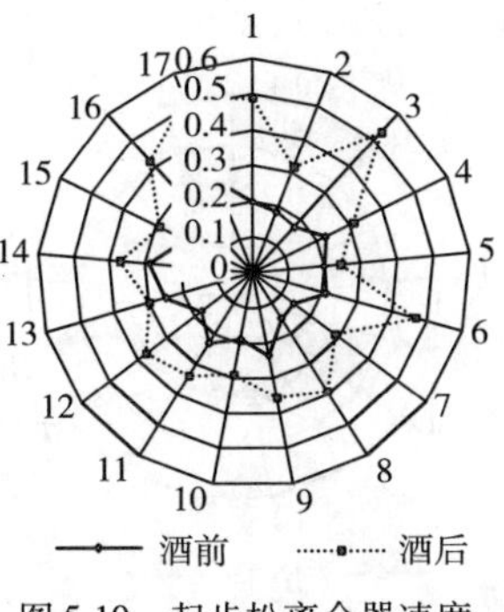

图5-10 起步松离合器速度

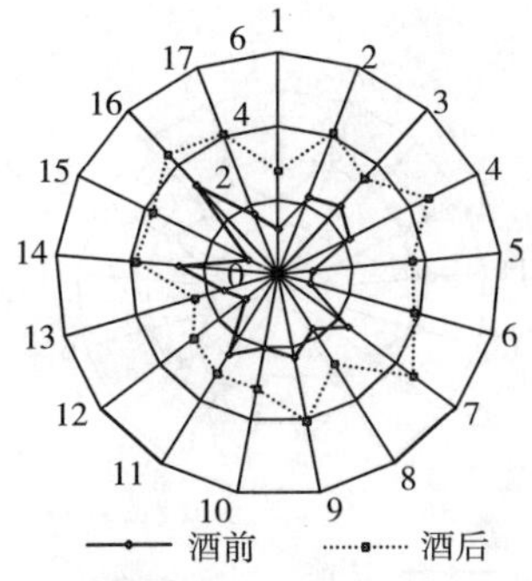

图5-11 换挡松弛速度

对于加速踏板的控制，主要从驾驶人踩踏的深度和速度进行分析。图5-12至图5-14为加速踏板特征对比图。之所以将其分为起步和加速过程，主要是因为在这2种情况下具有完全不同的特征。在酒后驾驶影响下，踩踏深度和踩踏速度均具有显著的变化，酒后驾驶时的值较高。以上离合器和加速踏板的变化主要是由于驾驶人酒后触觉感知能力下降，过于自信造成的，是驾驶人急于加速，精神兴奋的结果。

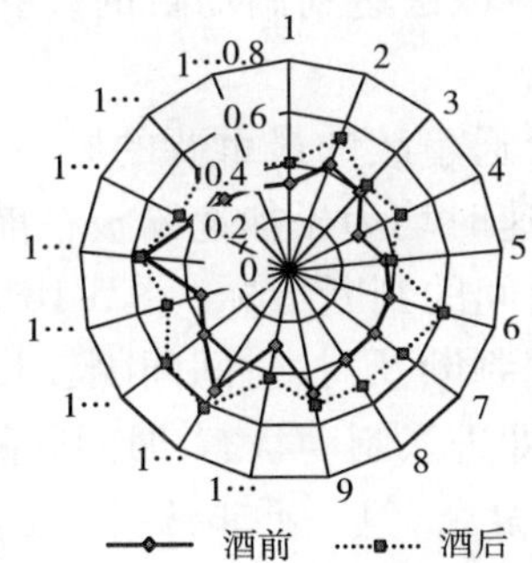

图5-12 加速过程加速踏板踩踏深度

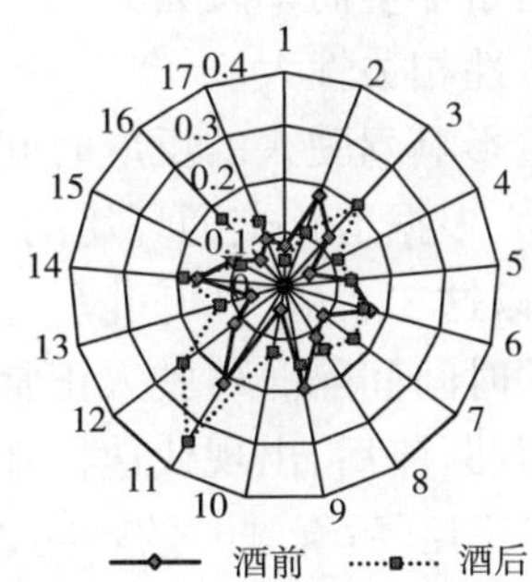

图5-13 起步过程踩踏加速踏板速度

图5-15至图5-17是制动踏板操作的特征对比，图5-15表明酒后驾驶时减速过程中的制动踏板次数明显减少，图5-16表明制动踏板踩踏的深度增加，但图5-17显示制动踏板踩踏速度没有明显特征。

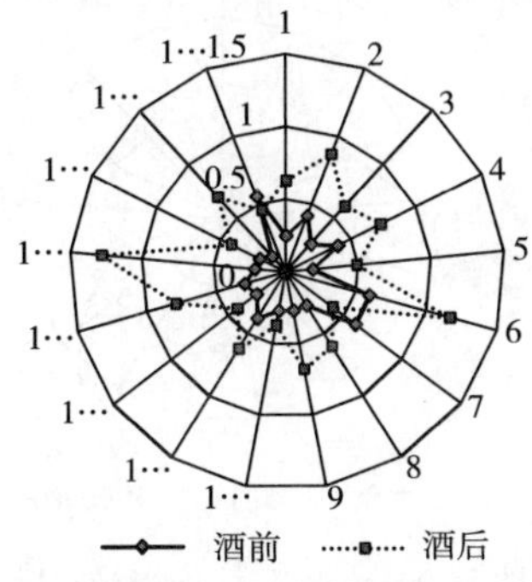

图5-14 加速过程踩踏加速踏板速度

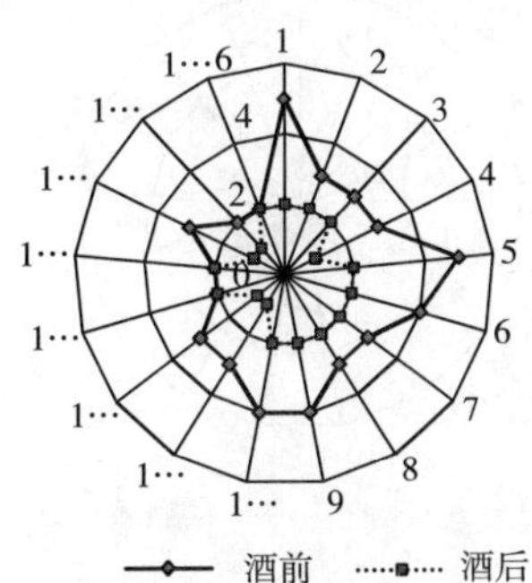

图5-15 减速过程制动踏板踩踏次数

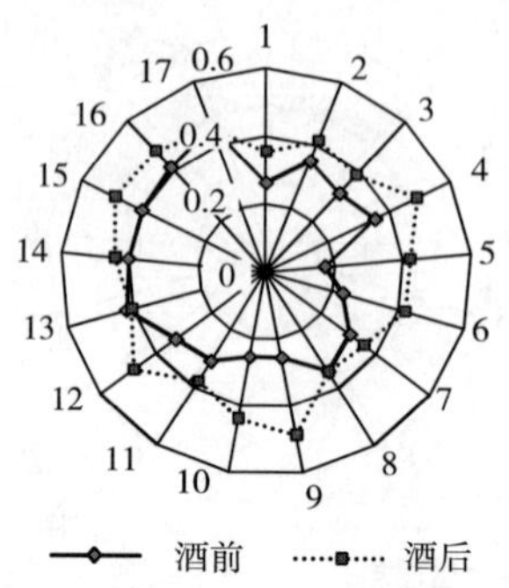

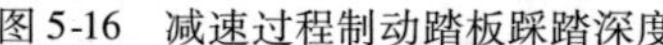

图 5-16　减速过程制动踏板踩踏深度

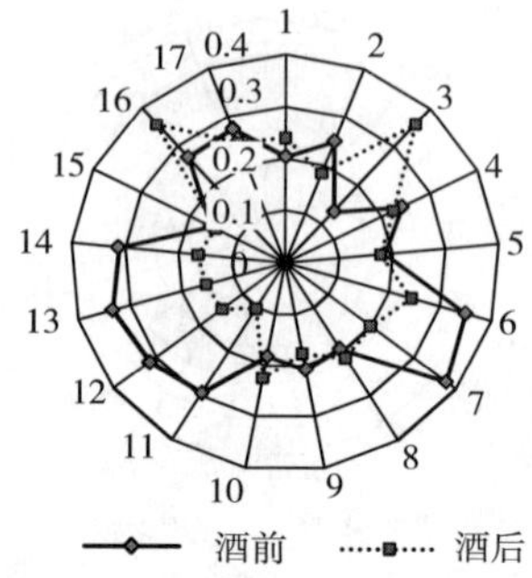

图 5-17　减速过程制动踏板踩踏速度

制动踏板操控是驾驶人对道路环境进行判断后而进行的减速操作，正常驾驶时驾驶人谨慎小心，踩制动踏板次数较多；而酒后驾驶人变得自信，很少踩踏制动踏板。同时，由于驾驶人视觉能力下降，辨认需要的时间延长，存在一定的滞后，使得其制动踏板踩踏深度加大，易出现急制动现象。为达到同样的制动效果，这二者也是互补式的规律变化。这主要由于道路环境简单且无其他干扰，驾驶人能够轻松达到制动目的，同时其规律与驾驶人个体特性相关性大。

饮酒严重影响驾驶人的反应时间，这也是导致交通事故的最重要的原因之一。正常驾驶中，驾驶人根据道路交通环境的判断，在需要减速时均为松加速踏板在前，踩制动踏板在后，可以以这二者的时间间隔作为驾驶人反应时间的判断指标。图 5-18 表示每位驾驶人这二者的时间间隔。驾驶人正常驾驶时，对道路判断及时，时间间隔较长；而酒后驾驶时，驾驶人判断滞后，出现快速松弛加速踏板并立即进入制动状态，时间间隔较短。

图 5 19 表明酒后驾驶时的转向盘操作稍微显得复杂，但并不非常明显。其主要原因在于正常驾驶时驾驶人谨慎小心，通过不断的调整转向盘实现车辆运行状态的控制，而驾驶人在酒后则表现出粗心大意，较少调整转向盘。对以上饮酒影响驾驶操作行为的指标进行显著性分析，其结果见表 5-10。

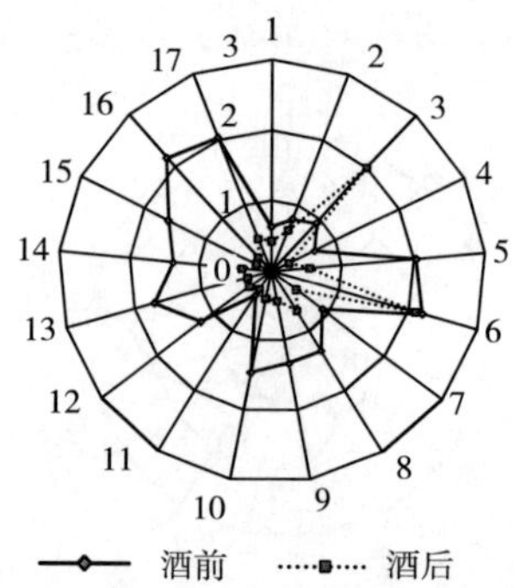

图 5-18　松加速踏板与踩制动踏板时间间隔

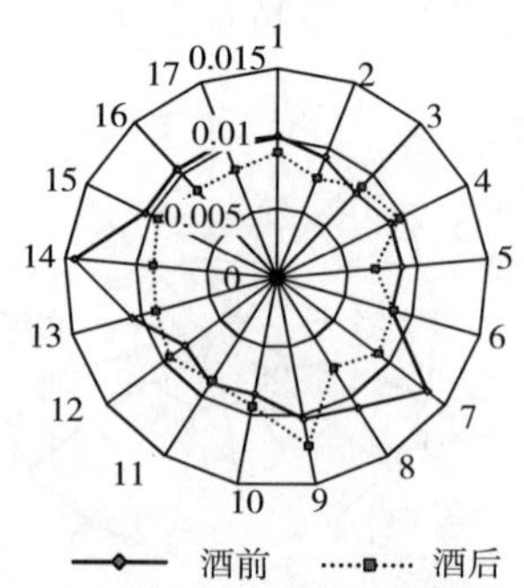

图 5-19　转弯部分转向盘转角标准差

饮酒影响驾驶操作行为指标显著性分析　　表5-10

指　标	均　值		标准差		P
	正　常	酒　后	正　常	酒　后	
起步松弛速度	0.211059	0.370047	0.041513	0.088072	0
换挡松弛速度	1.882251	3.617974	0.711086	0.670066	0
加速踏板踩踏深度	0.396715	0.497892	0.072882	0.069038	0
起步时加速踏板踩踏速度	0.117352	0.153717	0.049946	0.063129	0.021
驾驶过程加速踏板踩踏速度	0.327790	0.661375	0.138213	0.249599	0
制动踏板次数	3.176470	1.705882	0.951005	0.469668	0
制动踏板踩踏深度	0.327884	0.425882	0.077438	0.050101	0
制动踏板踩踏速度	0.251911	0.209752	0.072220	0.068841	0.140
松加速踏板与踩制动踏板时间间隔	1.339082	0.605882	0.547990	0.540422	0.001
转向盘转角标准差	0.010031	0.008874	0.001727	0.001126	0.034

饮酒对驾驶人各个操作行为均有不同程度及不同层面的影响，尤其是各个踩踏操作均具有明显的变化。其影响结果均具有使车辆行驶状态失稳、危险性增加的性质。饮酒影响驾驶人反应能力、感知能力、判断能力、触觉能力，驾驶操作行为是驾驶人直接接触并控制的结果，是驾驶人驾驶状态的直接反应。因此，深入的分析挖掘饮酒与驾驶操作行为的关系规律也是研究的重点，通过获得饮酒对驾驶人驾驶行为的影响特征，证明了驾驶人饮酒对其驾驶车辆的安全运行造成严重威胁，由饮酒造成的驾驶行为的异常变化也是引发交通事故的主要原因。

5.4 状态判别

5.4.1 常用统计判别方法

1. 状态判别的必要性及意义

酒后驾驶状态的判别是至关重要的，一方面，酒后驾驶属于危险驾驶状态，其对交通安全的危险是巨大的，尽快地识别酒后驾驶状态的驾驶人，对于交通安全的保障以及交通的正常运行均具有非常重要的意义；另一方面，从执法角度讲，加大执法力度和惩罚措施，尽量避免漏检率和错检率，也需要更加科学而严格的检测手段。而面向驾驶行为特征的检测技术，是利用驾驶人在饮酒状态下驾驶人的行为特征，动态判别酒后驾驶的方法。该方法相对于其他检测和判别方法，具有及时性、直接性等优点，对于车载装置的进一步研发奠定了基础。

驾驶行为参数作为车辆运行过程中持续采集的特征参数，其优势一方面在于参数采集的非接触性,可不接触驾驶人仅从车辆本身进行数据采集;另一方面,可实现实时的检测判别,甚至只要驾驶人驾驶行为存在潜在危险特征便可提前预警。

2. 判别方法

1)判别模型

基于前述的酒后驾驶影响驾驶行为特征,同时考虑实际采集和计算过程中的实用性,选取了7项被饮酒显著影响的驾驶行为指标进行分析,应用Fisher判别方法拟合参数得到判别模型。选取的指标包括:加速度(x_1)、减速度(x_2)、加速踏板踩踏深度(x_3)、起步时离合松弛速度(x_4)、换挡时离合松弛速度(x_5)、加速踏板踩踏速度(x_6)、制动踏板踩踏深度(x_7)。

经过测试,所得指标数据符合判别分析的假设条件。将驾驶人驾驶状态定义为Y,正常驾驶、酒后驾驶状态分别为状态0、状态1,导入7组指标数据变量,运用SPSS软件进行判别分析,得到标准化的判别函数表示为(y为判别得分):

$$y = 0.437x_1^* + 0.447x_2^* + 0.649x_3^* + 0.418x_4^* + 0.451x_5^* - 0.229x_6^* - 0.067x_7^* \tag{5-1}$$

上式中各变量均为标准化数据,以非标准化的变量表示为:

$$y = -12.236 + 2.007x_1 + 0.943x_2 + 9.422x_3 + 0.605x_4 + 6.157x_5 - 3.900x_6 - 1.029x_7 \tag{5-2}$$

分析中正常驾驶与酒后驾驶状态的重心分别为-2.368、2.368,由于2组大小相同,则他们的最优临界得分点为其中点:0。即对于驾驶人驾驶指标数据,根据公式(5-2)计算驾驶人状态判别得分,若得分值$y<0$,则认为驾驶人处于正常状态,否则认为处于酒后驾驶状态。

运用以上办法对17位驾驶人状态进行预测,其判别正确率达到100%,交叉验证正确率为97.1%,证明判别函数具有较好的判别分类能力。

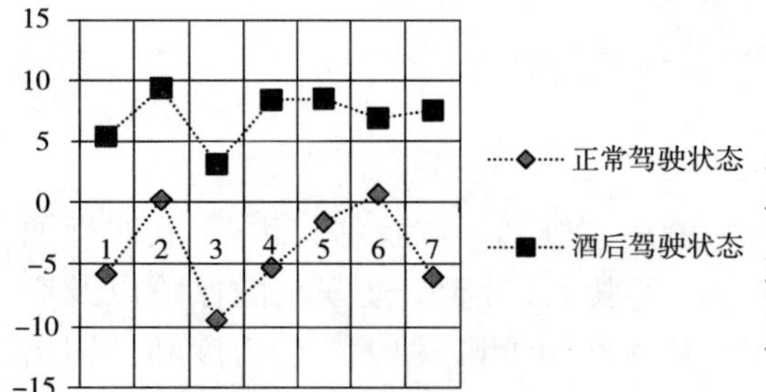

图5-20 验证判别得分分布

2)分析验证

对17名驾驶人状态的判别分析中,其自身验证准确率达到很高的水平。根据分析结论,对实验中其余7名驾驶人驾驶状态进行验证,计算他们2种状态的判别得分如图5-20所示。

根据判别分析中以0为最优临界得分点的结论,则7名驾驶的酒后驾驶状态得分值均大于0,即被正常分类;但正常状态中,2号与7号驾驶人得分值大于零,即被误判。总之,14个状态中有12个被正确分类,即此判别方法判别分类正确率达到85.7%。

3)判别分析

以上研究中对驾驶人正常驾驶状态与酒后驾驶状态进行了对比分析及判别分类。虽然分析方法较为简单,但同时也可以清楚地发现根据判别函数计算的判别得分具有明显的变化倾向性,即驾驶人酒后驾驶时明显比正常驾驶偏大。可以认为判别函数是综合各个受饮酒影响的驾驶行为指标,更能表达驾驶人受饮酒影响而造成的驾驶能力变化程度。这种一致的驾驶人驾驶行为变化倾向性为进一步分析奠定坚实基础。

但是,此研究结果是针对同一类型驾驶人进行研究的,其前提是驾驶人之间存在相似性,使得通过总体共同分析的方法能够实现分类判别。而在实际应用中,驾驶人的类别是多种多样的,如何将这一判别方法应用于实际,且取得较好的判别效果,则需要进一步开展一些工作。尤其,当驾驶人之间存在很大差异时,这种基于总体特征,通过统计分析及判别的方法难免会显得效果不佳。

5.4.2 基于个体特征驾驶行为判别方法

1. 基于个体特征的研究意义

如果首先能够获得驾驶人个体差异特征,以每个驾驶人自身的驾驶行为特征作为判别依据,是提高驾驶人状态判别准确性的重要途径。因此,考虑驾驶人个体行为特征,实现基于个体特征的驾驶行为状态判别,是新一代车载判别方法的核心,基于个体驾驶行为特征的判别具有重要的研究意义。

(1)驾驶操作行为是导致交通事故的直接因素。由人因因素造成的事故中,究其原因是由于驾驶人的驾驶操作行为不当或不及时而造成的,因此驾驶行为与交通事故更具直接关系。

(2)酒后驾驶直接影响驾驶操作行为。饮酒使得驾驶人反应迟钝,操控能力下降,导致交通事故的发生。

(3)驾驶操作行为反映驾驶人驾驶特征。驾驶操作行为因人而异,鉴别驾驶人操作行为特征,对于驾驶人个体识别以及驾驶人状态识别意义深刻,也为解决个体差异性问题提供了思路。

因此,从驾驶人操作行为出发,基于驾驶人个体特征以及酒后驾驶状态特征规律,研究基于驾驶人个体特征的酒后驾驶判别方法,开发基于行车记录设备的酒后驾驶判别装置,为酒后驾驶的实时状态监测和事后司法界定提供依据。同时,此研究方法为其他危险驾驶行为的判别提供了研究思路,也为个性化的车载安全驾驶辅助设备的研发提供科学依据。

基于个体驾驶行为特征的判别方法的技术路线,如图5-21所示。

从图5-21可以看出,该技术路线包括4个部分。首先是实验设计,需要基于驾驶行为模拟实验平台,通过合理设计实验,获得驾驶人基本特征数据;其次是指标提取,通过基本统计分析方法,确定受酒精影响下的驾驶行为变化特征,为判别提供基础;再次,个体模型构建,针对每个驾驶人驾驶习惯特征建立驾驶人个体驾驶行为特征模型,实现对驾驶人个体习惯的描述;最后,建立判别模型,基于个体驾驶行为特征模型和酒精影响驾驶行为特征指标,得到判别模型,实现基于驾驶行为个体特征的驾驶人状态判别。面向车辆检测技术,应用基于个体的判别模型,开发车载判别装置,实现基于行车记录仪的酒后驾驶实时判别。

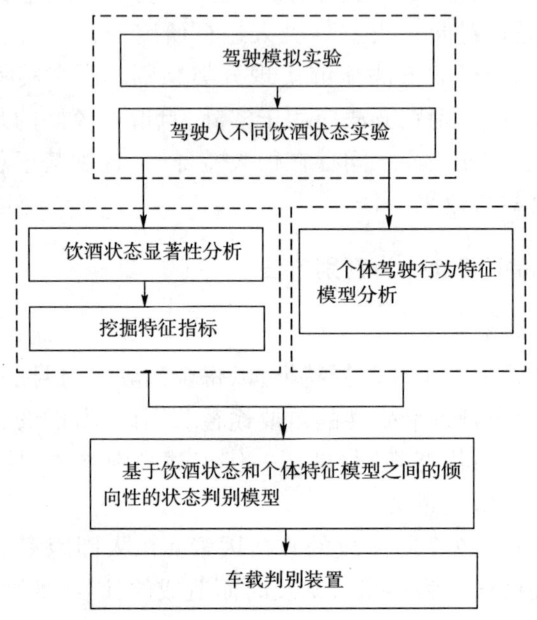

图 5-21　基于个体驾驶行为特征的酒后驾驶状态判别方法的技术路线

第6章 疲劳驾驶

6.1 疲劳驾驶

6.1.1 疲劳驾驶的形成

疲劳是一种复杂的生理、心理问题，是一种缺乏动机与警觉的主观感觉，通常是需要放松和休息的信号。任何从事脑力和体力劳动的人都会有不同程度的疲劳感觉。到目前为止，世界上对疲劳在理论上和现象上都缺乏统一的定义，理论上难以作定量的准确描述，现象上也因人而异。

人类对疲劳的研究最早从 19 世纪 80 年代开始，至今已有 100 多年的历史。虽然疲劳是一种很普遍的现象，但是却很难对其进行精确的定义。心理学家和生理学家们曾经提出过各种各样的定义。一些心理学家使用主观词语对疲劳进行定义。例如有人认为疲劳是“厌恶努力”，还有一些心理学家用疲劳对机能的影响来定义。有人认为疲劳是与持续活动有关的机能的恶化，这种定义反映了由于太长时间的活动以及太多精神需求所引起的厌烦、恼怒和淡漠的感觉。某些生理学家们则从生理觉醒方面来定义疲劳，把人体的机能状态区分为熟睡、浅睡、昏昏欲睡、精神不振、准清醒、放松、静息、精力旺盛、警觉、高度警觉、兴奋和警戒，他们认为疲劳是一种机能状态，一边趋向睡眠，另一边趋向放松。睡眠研究者们也从生理觉醒方面来定义疲劳，只不过，他们将注意力集中在由于生理节律或睡眠不足引起的睡意上。总之，尽管对疲劳的定义至今为止尚未统一，但是从众多的定义中可以看出，疲劳是在工作或活动中产生的，并在行为、心理或生理上有所表现。

驾驶人疲劳是指在驾驶人这一特殊群体中发生的疲劳。在道路上驾驶车辆是一项比较危险的工作，一旦发生事故，不只会对驾驶人本人造成伤害，对车辆上的其他人员和道路上的其他使用者来说，也会造成危害。因此，驾驶人疲劳驾车产生的危害比一般人疲劳产生的危害更加严重。近几十年来，有关驾驶人疲劳的研究非常多，但由于疲劳本身尚无明确定义，所以关于驾驶人疲劳也尚未形成精确的定义。尽管如此，研究者们普遍认为，受到驾驶工作的限制，在驾驶人身上发生的疲劳与其他疲劳相比，会表现出某些独特的特点。

驾驶人疲劳的产生与很多因素有关，如图 6-1 所示。不良因素往往导致驾驶人的疲劳耐受性降低，促使驾驶过程中疲劳的产生。

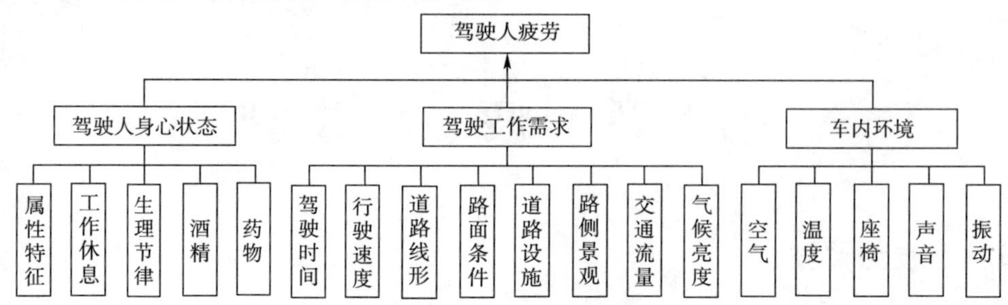

图 6-1　驾驶人疲劳的影响因素

首先，驾驶人疲劳的产生受到驾驶人身心状态的制约，包括驾驶人的年龄、性别、经验、个性、情绪等属性特征、工作休息状况、生理节律、酒精或药物刺激等。这是整个驾驶过程中驾驶人状态变化的基础，驾驶人在驾车过程中的状态都是在此基础上发展变化的。有研究结果表明驾驶人初始的生理状态和心理状态对驾驶过程中疲劳的程度有显著影响。至今为止对睡眠不足、生理节律、酒精和药物等方面的研究很多，一般都是针对生活不规律的驾驶人。

其次，驾驶人疲劳的产生还受到驾驶中车内环境的影响。驾驶人在驾驶过程中是处在汽车驾驶室这个相对封闭的环境中的，必然要受到车内空气、温度、汽车座椅、声音和振动的影响。

最后，在不断变化的道路、交通和环境中驾驶汽车是一项耗费体力、脑力的作业，因此该作业对驾驶人能量需求的大小不可避免地会影响驾驶疲劳的程度。驾驶工作需求由驾驶时间、行驶速度、道路线形、路侧景观、交通流量、道路设施、气候、亮度等因素决定。

在这 3 类影响因素中，由驾驶人的身心状态引起的驾驶人疲劳与驾驶工作没有直接关系，这类因素不但在驾驶人疲劳中起作用，在其他疲劳中也起作用；而由车内环境和驾驶工作需求引起的疲劳是与驾驶工作直接相关的，只有汽车驾驶人才会受到这些因素的影响而产生疲劳。于是，按形成原因不同将驾驶人疲劳划分为两类：一类是由驾驶人的身心状态（如睡眠不足）引起的，称为“疲劳驾驶”；一类是由驾驶工作本身（包括车内环境和驾驶工作需求，如道路条件、交通条件等）引起的，称为“驾驶疲劳”。

驾驶疲劳是指驾驶人在正常行车过程中受各种因素的影响，由于驾驶人动作反复、连续，且重复的次数太多，使其生理、心理上发生某种变化，导致的生理、心理机能以及驾驶操作效能下降的现象，是脑力、体力同时参与的技术性疲劳。随着人体负荷的增加，各种器官将产生一定的应激反应，表现为瞌睡、精力不集中，同时人体的正常反应减慢，交感神经活动减弱，副交感神经活动增强。这种反应体现在人体行为、人体生理和生化信号上。并且，人的心理状态也会产生各种各样的变化，并能够通过驾驶人的自觉症状和他觉症状反映出来。

在驾驶过程中驾驶人的警觉性是由内部因素和外部因素相互作用共同决定的。内部因素是驾驶疲劳形成的间接原因，外部因素是驾驶疲劳形成的直接原因。直接原因指驾驶车辆时因驾驶行为形成主因子的制约而导致各阶段驾驶行为直接恶化的条件或状态，间接原因则指导致驾驶行为间接恶化的驾驶人心理、生理因素，间接原因影响直接原因，直接原因导致驾驶疲劳(图6-2)。即各阶段行为形成因子的制约导致相应阶段的行为恶化，从而产生感知、判断和动作疲劳，由这些疲劳单独或共同作用形成驾驶疲劳。

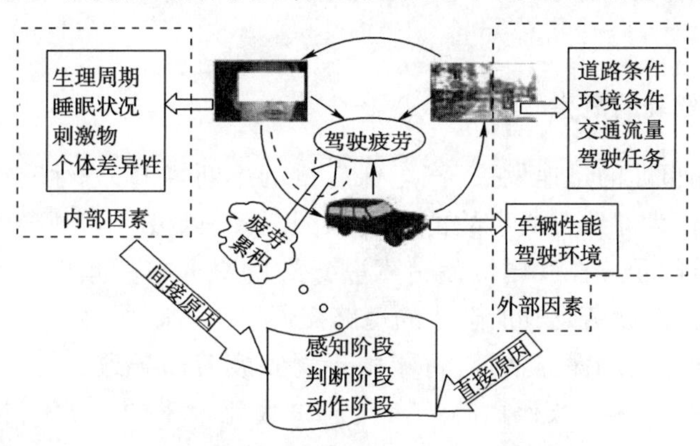

图6-2 驾驶疲劳致因

驾驶是以感知和信息处理为主的作业，驾驶人的行为过程是由信息感知、判断决策和动作所组成的一个不断往复校准的信息处理过程。人体的驾驶疲劳就是感知阶段、判断阶段、动作阶段3个阶段的驾驶负荷不断累积的过程，其具体形成过程如图6-3所示。

感知阶段是指驾驶人自身通过眼、耳等器官感知环境信息和车辆信息。人的感知阶段是一个多输入单输出的过程，人的感觉器官在这个过程中担负着接收车内外环境与汽车工作状态等原始信息的任务。它的输入输出环节引起精神疲劳和体力疲劳。

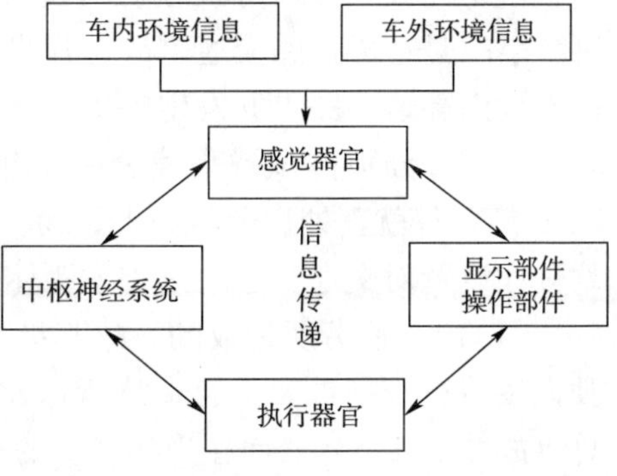

图6-3 人-车-环境系统驾驶疲劳形成过程

判断阶段是指驾驶人自身通过中枢神经系统对信息进行处理判断。判断阶段主要由人的中枢神经系统完成，它的输入输出环节引起精神疲劳。中枢神经疲劳跟信息量输入的大小有很大的关系，信息量过大或者过小，都容易导致精神疲劳。

动作阶段是指驾驶人的运动系统依据中枢神经传来的指令，做出相应的动作。动作阶段由人体的运动器官完成，其输出输入环节主要引起体力疲劳，同时也伴随着一定的精神疲劳。驾驶人的体力疲劳主要形成于局部肌肉组织(腰、背、肩、颈等器官)。

从驾驶人驾车过程分析可知：驾车过程中驾驶人不仅要监视汽车的运行状态，还要根据需要进行相应的操作;同时还会受到各种环境因素的刺激。因此,必然会在精神和体力上存在一定的负荷。上文已经阐述了驾驶人驾车过程中形成的各种疲劳及其性质。系统给驾驶人带来的各种负荷将由驾驶人的各种器官承担。其中,感觉器官(眼、耳、鼻等)承受着感知过程形成的精神和体力负荷,中枢神经系统承受着精神负荷,运动器官承受着体力负荷,状态支持系统(呼吸、循环等系统)承受着精神与体力负荷。随着负荷的变化及积累效应人体各种器官将产生一定的应激反应。这种反应会体现在人的行为、生理和心理信号上。

6.1.2 疲劳驾驶的危害

随着道路运输事业的迅速发展,汽车保有量的不断攀升,恶性交通事故数量也在与日俱增,疲劳驾驶作为导致交通事故的重要原因之一,因疲劳驾驶导致交通事故已成为全世界面临的严重问题。在我国因疲劳驾驶导致的交通事故频繁发生。从国内历年交通事故统计资料可知,疲劳驾驶所造成的道路交通事故占事故总数的15% ~20%。美国国家公路交通安全管理局保守估计:每年由于驾驶疲劳而导致的交通事故大约有 10 万起,其中由于疲劳和疾病导致死亡的约占交通事故死亡率的 3.1%;在英国的交通事故中,有 20% 是由于驾驶过程中出现瞌睡引起的;澳大利亚国家公路交通安全管理局在调查中发现,与驾驶疲劳有直接关系的重大事故至少占 4%;法国国家警察总署事故报告表明,由驾驶疲劳产生的交通事故突发事件占人身意外事故的 14.9%,死亡事故的 20.6%;日本的事故统计揭示,因驾驶疲劳产生的事故约占所有事故的 1.0% ~1.5%。

汽车驾驶人在疲劳状态下驾驶汽车对道路交通安全的危害毋庸置疑。驾驶人疲劳肇事事故是造成道路交通事故尤其是高速公路交通事故的主要原因之一。2009 年,在江西省境内高速公路上共发生因机动车驾驶人疲劳驾驶导致的道路交通事故 113 起,造成 50 人死亡,分别占该省高速公路全年事故总数的 16.62% 和 14.33%。济南交警仅在 2010 年 4 月就查处疲劳驾驶 155 起。交通事故给社会造成巨大的经济损失和人员伤亡,驾驶人疲劳对交通安全的危害主要体现在以下 3 个方面:

(1)由于疲劳所造成的事故其结果往往比较严重。总结不同学者的研究成果,由驾驶人疲劳造成的重大交通事故所占比例为 10% ~20%。2004 年,我国疲劳肇事事故占总事故数的 1.53%,而在当年发生的 55 起一次死亡 10 人以上的特大道路交通事故中,驾驶人疲劳导致的事故就有 8 起,占 14.5%。而我国自 1990 年以来,平均每起一次死亡 10 人以上的特大交通事故的死亡人数都在 15 人左右。

(2)驾驶人疲劳肇事事故的实际数量远大于现有统计数量,即驾驶人疲劳的危害性比一直认为的要大得多。2008 年瑞典道路与运输研究所在瑞典北部于默奥和南拉普兰地区进行的调查显示,因疲劳引发的事故实际上占所有交通事故的 38%,比原本估计的 25% 高得多。低估驾驶人疲劳所导致的事故数量的原因是在实际中很难完全确定一场事故是否是由疲劳引起的,理由如下:首先,由于没有及时采取措施,疲劳肇事事故一般都很严重,驾驶人往往在事故中死亡,无法进行调查验证;其次,如果驾驶人从事故中幸存下来,为了逃避责任,他们几乎都不会承认困了或睡着了;再次,事故后,驾驶人受到惊吓,往往会变得清醒,很难找到疲劳的痕迹;最后,疲劳肇事事故往往是单车事故,主要发生在凌晨,因此很少有事故前汽车行驶特征的目击证人。

(3)随着社会的进步和经济的发展,驾驶人疲劳问题越来越普遍。1998 年美国国家睡眠机构开展了一项关于睡眠问题的调查,发现 32% 的人夜间睡眠时间少于 6 小时,66% 的成年人声称有睡眠问题(如失眠),8% 的成年人被诊断睡眠失调(如睡眠呼吸暂停),57% 的人承认曾在疲劳的时候开车,23% 的人承认至少有一次在开车时睡着。2003 年"世界睡眠日"期间,我国中华医学会和有关交通部门联合组织了驾驶人警觉度 PVT 测试和问卷调查,结果显示近半数驾驶人曾在驾车时打瞌睡。然而,虽然越来越多的人受到疲劳驾驶的威胁,但是据 2003 年挪威的一项网络调查显示,尽管一般人都很了解造成疲劳驾驶的主要因素,而且大部分人都知道一些避免疲劳的方法,但是许多驾驶人在意识到自己疲劳以后仍然继续开车。

引发交通事故的最直接原因是驾驶行为不佳,包括注意力不集中、超速驾驶、措施不当等,而疲劳则是导致这些状态的重要原因。20 世纪 80 年代,在美国,连续驾驶时间被明确限定。在我国,交通法规也明确规定机动车辆连续驾驶不得超过 4 小时,在公路上驾驶时连续驾驶时间不得超过 3 小时。尽管国家交管部门制定了相应的法律法规,但是驾驶人由于各种因素的影响,通常不能严格遵守相关驾驶时间限制的法规,连续驾驶时间过长,不注意休息,从而导致交通事故持续增长。另外,为追求高利润等原因,驾驶人经常不重视驾驶疲劳。很多国家的交通管理部门在查处疲劳驾驶时,均是通过检查驾驶人的行车记录判别驾驶人是否已达到疲劳状态,这种检测方法实质上是根据驾驶人的行车时间来判断的,就是以时间作为判别驾驶疲劳的标准。以时间判别驾驶疲劳经常忽略驾驶人的个体差异性,检测结果通常不能令人满意,因此存在规定较难执行的问题,为交通事故的发生带来了重要的隐患。

6.1.3 疲劳驾驶的研究内容

目前,针对驾驶疲劳国内外开展了大量的研究工作,主要集中在驾驶疲劳的生成机理、致因分析、评价方法以及防御对策等领域,其中驾驶疲劳的准确判别是所有相关研究的基础。

随着汽车驾驶的频繁性,疲劳驾驶的严重性越来越受到人们的关注,许多研究人员致力于这方面的研究,因此疲劳检测技术也相应地取得了很大的进展。综合国内外研究成果,驾驶疲劳评价方法主要包括主观评价和客观评价。主观评价又包括主观自评和主观他评,主观自评即自述症状法,主要是利用被试者叙述自我疲劳感觉。一般使用专门设计的主观调查问卷，调查可在作业前、作业中、作业后分别进行，根据被调查者的主述症状和各类症状出现的次数或程度，经分析和比较后得到疲劳程度。主观他评主要根据驾驶人的外部特征如面部表情，眼睛的闭合状态，驾驶人的个人行为（如擦拭眼睛、打哈欠和频繁点头）等估计出驾驶人的疲劳程度。驾驶疲劳客观评价法主要集中在三个方面：(1)检测驾驶人的生理信号，如脑电图、心电图等。(2)检测驾驶人外部特征，如眼动分析、头部位置变化等。(3)检测驾驶人驾车过程中的行为参数，如转向盘运动、偏离中线位置等。

6.2 疲劳驾驶的特征

6.2.1 疲劳驾驶数据获取及数据分析

疲劳驾驶是各种因素综合作用的结果。实际的驾驶过程中，某些影响因素无法控制，某些因素对驾驶疲劳的影响作用难以确定，因此在现实环境中进行实验，难度较大。采用驾驶模拟舱记录不同道路线形下驾驶行为数据进行实验研究，并分析驾驶过程中驾驶人脑电信号和心电信号的变化规律，结合主观问卷，研究驾驶者疲劳驾驶时行为数据、脑电信号和心电信号变化程度和趋势，各生理指标表征疲劳的敏感性。

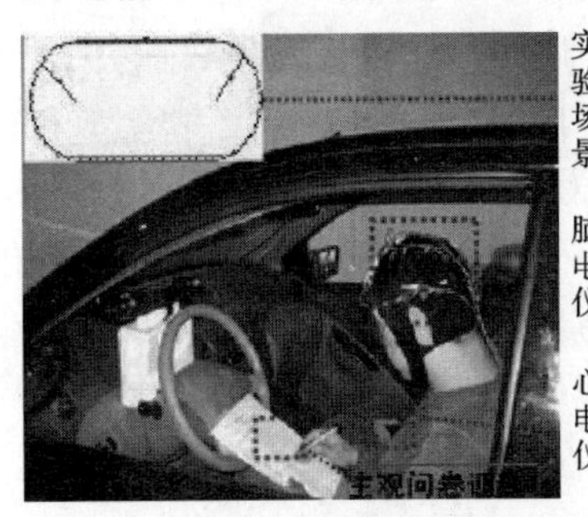

图6-4　数据采集平台

数据采集在北京工业大学 Autosim 驾驶模拟舱中进行，与真实汽车具有基本相同的外观与驾驶感觉。基于驾驶模拟舱开发疲劳驾驶的实验场景，并搭建疲劳驾驶数据采集平台，如图6-4 所示。利用 Nuscan32 导脑电采集分析系统采集驾驶人不同频段成分的脑电波($\delta,\theta,\alpha,\beta$)；利用 KF2 型动态多参数生理检测仪采集驾驶人心电信号；同时，驾驶人根据自身的疲劳感受程度对驾驶疲劳状态自我评述。

驾驶人在行驶过程中，首先要时刻根据周围环境变化进行相应的操作，关注汽车的运行状态，同时还会受到各种环境因素的刺激。因此，长时间驾驶会使驾驶人在精神和体力上累计产生疲劳感。驾驶人通过感官接受来自外界环境的刺激，中枢神经系统接收信息后发出指令进行相应的操作，反复的重复动作，负荷慢慢积累，驾驶人生理和心理就会产生疲劳感，这种感觉体现在人体行为、人体生理和心理信号上。驾驶人疲劳时，主要表现为以下症状：

(1)大脑疲劳，混沌不清，感觉器官感知能力下降。具体表现为：频繁揉眼，眨眼，打哈欠，眼睛发红发干，叹气，不自觉地闭合嘴唇，脸部肌肉麻木，表情变化减少等。

(2)记忆、思考和判断能力下降。在过度疲劳状态下,动作迟缓,往往忘记操作技术步骤、违反交通规则,注意力分散,甚至错行道路等。

(3)驾驶操作行为僵硬、迟缓,没有方向感;节奏紊乱,动作杂乱无章,没有规律可循。主观意识淡漠,不愿意多动、心情较为急躁,或无法按驾驶习惯继续行车。

(4)车辆行驶状态上,表现为车速不稳定,控制不好行车方向,车辆时快时慢,左右摇摆"S"型等现象的出现。

根据驾驶疲劳症状特征,相应采集驾驶人在疲劳状态下的生理、心理数据及驾驶行为数据,通过统计分析揭示疲劳状态对于驾驶人的影响特征。下面对数据分析处理过程中用到的部分指标和方法进行简单的介绍。

1.样本熵

样本熵是由 Richman 在近似熵的基础上提出的一种改进的时间序列规则性评价算法,是一种序列复杂度的测度方法,是脑电等非线性动力学时间序列研究的有力工具。它的特点是只需要较短的数据就能达到有效分析的目的,有较好的抗干扰和抗噪能力,运算时间较短,对确定性信号和随机信号都适用。

样本熵的算法如图 6-5 所示。

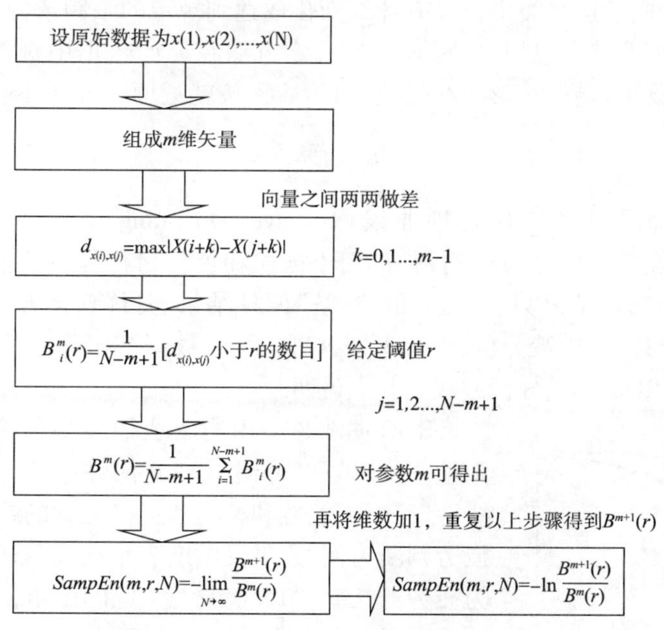

图 6-5 样本熵运算过程

m 和 r 是样本熵中两个参数,通常情况下 m 取 1 或 2,但是优先选择 $m=2$,因为 $m=2$ 时不容易遗漏一些详细信息,$m>2$ 时,要求的数据量较多。而 N 最好在 100 ~ 5000 之间。r 建议取值 0.1 - 0.25 E(E 是原始数据的标准差),经过比较分析可取 $r=0.2$ E。

2. 聚类

聚类分析又称群分析、点群分析。根据研究对象特征对研究对象进行分类的一种多元分析技术，把性质相近的个体归为一类，聚类分析是一种建立分类的多元统计分析技术，它能够将一批变量数据根据其诸多特征，按照在性质上的亲疏关系程度在没有先验知识的情况下进行自动分类，产生多个分类结果。把一些相似程度较大的样品（或指标）聚合为一类，把另外一些相似程度较大的样品（或指标）又聚合为另一类。使得同一类中的个体都具有高度的同质性，不同类之间的个体具有高度的异己性。

聚类主要分为快速聚类和分层聚类，快速聚类又称 K-Means 聚类，它将数据看成 K 维空间上的点，以聚类作为测量个体"亲疏程度"的指标，并通过牺牲多个解为代价换得高的执行效率。

快速聚类过程是寻求初始分类的有效方法。它采用的算法是最小化与类均值间聚类平方和的标准迭代算法。其结果是高效率地生成大数据文件的不相交分类。它的思想是系统自动首先选取一些"聚类中心点"或初始类中心作为这些类均值的第一次猜测中心点，然后，把每次判断的观测值均分配到与它最接近的"聚类中心点"所代表的类中来形成临时的分类；然后用这些临时类的均值代替初始"聚类中心点"。该代替过程一直进行下去，直到分成的这些类中再没有什么变化或达到规定的限制条件为止。

快速聚类分析的基本思想是：首先根据一定方法在原始数据中选取一批凝聚点，再让样本向最近的凝聚点靠拢，形成初始分类，然后再按就近原则改正不合理的分类，直到合理为止。

3. ROC 曲线

ROC 曲线，即受试者工作特性曲线（Receiver Operating Characteristic Curve，简称 ROC），最早应用在雷达信号的检测领域，用于描述和评价目标检测算法的准确性，适用于二分类情况，即判别结果只有"是"和"不是"两种结果。目前，该方法在心理物理学、实验医学、生物统计学、决策分析、模式识别、机器学习、数据挖掘等领域得到了广泛的研究和应用。针对 ROC 曲线分析方法有几点说明：

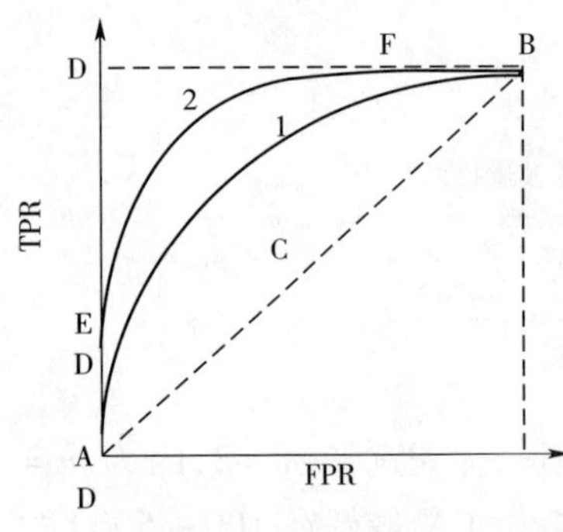

图 6-6　ROC 曲线示意图

ROC 曲线是采用构图法描述某种检验灵敏性（或真阳性率 TPR）和特异性（或真阴性率 TNR）相互关系的曲线，是反映灵敏性和特异性连续变量的综合指标。以驾驶疲劳判断为例，这里灵敏度表示在疲劳样本中被正确识别为疲劳的几率，"1－特异度"是指在非疲劳样本中被错判为疲劳样本的几率。对所有可能的判别阈值，计算其所对应的灵敏度和特异度，以每一个判别阈值对应的灵敏度（TPR）为纵坐标，1－特异度（1－TNR，或称假阳性率 FPR）为横坐标，绘制 ROC 曲线，示意图如图 6-6 所示。

ROC 曲线在曲线空间的位置和形状决定着检测算法的识别能力。ROC 空间的每一作用点都是灵敏度和特异度的组合,如图 6-6 所示。当阈值取在直线 AB 上时,如点 C,表示判断结果为灵敏度和特异度完全相同,各占 50%,无实际意义;阈值取在直线 AD 或者 DB 上时,说明特异度为 1 或者灵敏度为 1,判别准确度最高,样本之间无重叠区域;阈值取在曲线 EF 上时,表示采用该阈值判断时,样本之间存在重叠区域。越靠近 ROC 曲线左上方的判别阈值,其样本重叠区域越小,表示其判别性能越好。对于任何一种检测方法,灵敏度和特异度成正交关系,改变阈值不可能同时提高灵敏度和特异度。

ROC 曲线下的面积是综合评价判别算法的二维直观描述,ROC 曲线下面积(记为 AZ)反映阈值确定的准确性大小,这一指标取值范围在 0.5 ~ 1 之间。AZ 在 0.5 ~ 0.7 时,表示准确性较低;在 0.7 ~ 0.9 时,准确性为中等;在 0.9 以上时表示准确性较高。另外,如图 6-6 中曲线 1 和 2 所示,不同判别算法的性能可以通过比较曲线下的面积实现。当然,不同判别方法的 ROC 曲线之间存在交叉或者相差很小时,需要根据实际情况适当改变方法。

ROC 曲线的另一个潜在作用就是确定最佳判别阈值。针对某一种判别方法,ROC 曲线上包含所有灵敏度和特异度的组合,越靠近左上方的点表示其判别效果越好。由于灵敏度和特异度的折中性,事实上最佳阈值的选择是一种优化问题。在应用中,可以选择曲线上尽量靠近左上方的 Youden 指数最大的切点作为判别阈值。

ROC 曲线分析方法的特点,对于驾驶疲劳判别阈值的确定提供了思路,下文采用该方法实现脑电样本熵和心电 LF 聚类值以及驾驶行为特征指标的 ROC 曲线判别阈值的选取。

6.2.2 疲劳驾驶状态的生理、心理特征

生理参数特征测定法是通过驾驶过程中,驾驶人生理信号的采集、记录、检测和分析来判断人体疲劳状态的方法。该方法的优点是客观性强,能比较准确地反映人体的疲劳状态,缺点是需要在人体不同位置贴电极,测定复杂,需一定的设备和技术。常用的几个指标有:

(1)脑电图(EEG, Electroencephalograph):脑电图可看成是测量瞌睡的“金标准”。根据它可以很容易地判断驾驶人的疲劳程度。但由于其容易受到环境的影响,波动比较大,因此一般只适合在实验室内使用。

(2)心电图(ECG, Electrocardiograph):心电信号的检测与分析手段包括心率分析、心率变异性研究等。其因为简单易行而受到广泛应用,但由于易受其他因素影响,有时难以可靠地反映负荷水平。

(3)肌电图(EMG, Electromyogram):肌电信号用于疲劳测试,主要是局部肌肉疲劳的测试。其测试方法相对于脑电图的测试要简单,且结论较明确。

(4)呼吸(Respire):一般认为作业者呼吸频率及肺活量与疲劳有很大的关系:疲劳后

肺活量下降,呼吸频率变慢。

(5)皮阻皮温:人体阻抗的变化特征受外界因素影响较大,人体的皮温跟心情及紧张程度相关。但其受外界影响较大,一般也在实验室才使用。

另外,眼睛闭合时间比率(PERCLOS)、眼动(EA)、皮肤电流反应(GSR)等信号也常作为驾驶疲劳测量的指标。本书主要介绍脑电和心电信号的特征及变化。

1. 疲劳驾驶状态的脑电特征

脑电信号(EEG)是指神经系统本身自发地产生的电位变化,周围没有任何刺激时仍然存在,称为自发电活动。EEG 是大脑未接受外来刺激下的自发电活动。脑电信号包括较宽的频带信号,临床中主要关注 0.5 ~ 35Hz,包括 α、β、δ、θ 等波。

(1)δ 节律(0.5 ~ 3.5Hz),在正常成年人深度睡眠时 δ 波出现频率较高,若经常存在 δ 波,预示着病变。

(2)α 节律(7.5 ~ 12.5Hz),人的大脑处于清醒放松状态时脑电活动主要是 α 波,这时人脑集中于一项活动,不易被打扰,这是正常成年人的基本节律。

(3)θ 波(3.5 ~ 7.5Hz),当成年人处于困乏、睡眠时或者在婴幼儿和儿童的脑电中经常出现 θ 波。若有暴发性 θ 节律出现,属于异常或病变现象。

(4)β 节律(12.5 ~ 35Hz),当 β 波出现时,人脑处于清醒,精神处干紧张状态,对周围事物很敏感。常叠于 α 波或病理波上,是大脑皮层处在紧张激动状态时脑电活动的主要表现。

4 种波是脑电的频域信号,分别按照频率的不同来划分脑电信号,从而更准确地获取脑电信号的特征。而脑电信号的时域特征主要是根据时间绘制的电极曲线,每一个波动都代表着大脑皮层的活动。脑电信号蕴含着丰富的大脑活动信息,通过脑电图深入地了解大脑的功能状态及活动规律,从而获得所需信息。进一步对脑电信号的分析和处理,有效地从脑电信号中提取出可靠的特征参量来反映脑的功能状态。驾驶疲劳的研究正是利用脑电图的直观性和信息性对疲劳展开研究,通过脑电波细微的变化寻求出判断驾驶疲劳的有效方法。

颞叶区域电极(T4,T5,T6,TP7,TP8,FT7,FT8)脑电信号 δ、θ、α、β 每 2 min 的均值及各个脑电波的比率值 $(\alpha+\theta)/\beta$,θ/β,α/β 变化趋势如图 6-7 和图 6-8 所示,在整个驾驶过程中 EEG 的 4 个基本指标只有 δ 波显著增加,θ 和 α 在驾驶开始时呈现增加的趋势,但在 24min 左右出现较大波动,随后呈现下降趋势,β 随驾驶时间波动较大。而 EEG 的三个比率指标 $(\alpha+\theta)/\beta$,θ/β,α/β 随驾驶时间的增加呈现明显的上升趋势,具有一定的规律性。

由于人的操作具有适应性,研究发现驾驶人驾驶 4 min 时脑电信号变化趋于平稳,因此选取 4min 时的脑电指标作为参考值。配对样本 t 检验结果表明(表 6-1),实验前后基本指标中只有 δ($sig<0.05$)有显著性差异,而其他三项指标在试验前后无显著差异($sig>0.05$);而比率指标 $(\alpha+\theta)/\beta$($sig<0.05$),θ/β($sig<0.01$),α/β($sig<0.01$)在试验前

后均有显著性差异。因此,可以得出脑电信号中的δ,$(\alpha+\theta)/\beta$,θ/β,α/β这4项指标与驾驶疲劳明显相关。随着疲劳程度的加深,4项指标呈明显上升趋势。因而,该4项指标可用于对驾驶疲劳程度进行定量化的反映和评判。其中以$(\alpha+\theta)/\beta$,α/β对驾驶疲劳程度的反应最为敏感。

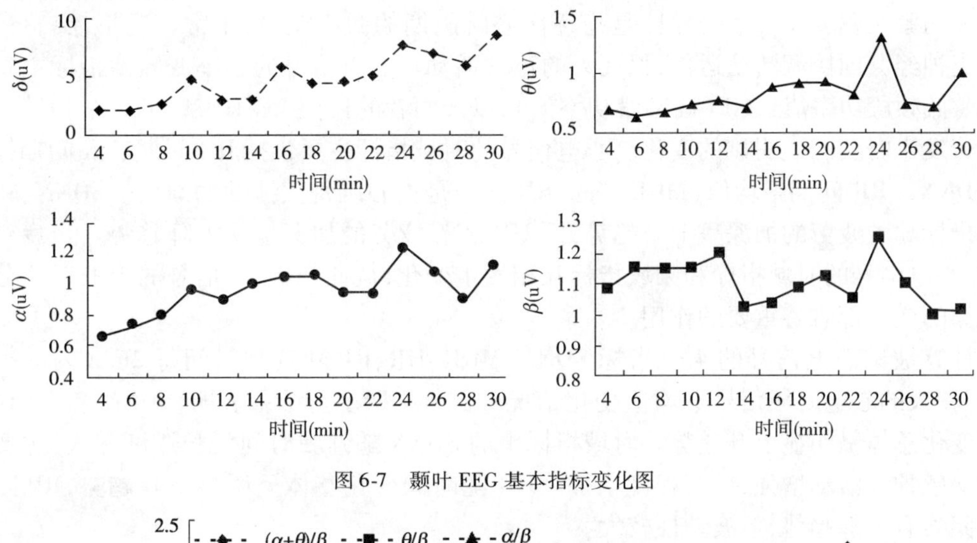

图6-7 颞叶EEG基本指标变化图

(α+θ)/β θ/β α/β
比率指标值
驾驶时间(min)

图6-8 颞叶EEG比率指标变化图

配对t检验表 表6-1

脑电指标	T	Sig (2-tailed)	脑电指标	T	Sig (2-tailed)
δ	-2.513	0.023*	β	-1.503	0.149
θ	-0.521	0.608	α	1.439	0.166
$(\alpha+\theta)/\beta$	-5.255	0.000**	θ/β	-3.416	0.006**
α/β	-6.439	0.000**			

注:1. *:表示差异显著(α为0.05)。
2. **:表示差异非常显著(α为0.01)。

驾驶疲劳时生理信号的变化主要表现在脑电α波(7.5~12.5Hz)中10~12.5 Hz的脑电显著增加,而β波(12.5~35 Hz)中18~22 Hz的脑电都相对减少。而且EEG的三个比率指标$(\alpha+\theta)/\beta$,θ/β,α/β随驾驶疲劳的加深呈现明显的上升趋势。

2. 疲劳驾驶状态的心电特征

心电信号(ECG)是由心脏搏动在体表形成电位变化而产生的。心电信号各指标中,心率(HR)和心率变异性(HRV)是心电信号的两个重要指标,它们能较为直观地反映驾驶疲劳,又容易从心电信号中提取。心率是指心脏跳动的频率,由自主神经系统调节,反映了人的紧张程度。心率变异性是指逐次心跳间期的微小差异,正常情况下,交感神经和迷走神经共同协调活动运作,保证人的正常活动。心电信号的心率变异性指标主要包括 LF(低频段功率值)、HF(高频段功率值)、以及两者的比值 LF/HF,以上 3 个频域指标在疲劳发生时会产生明显的变化。心电信号的时域指标主要包括 RR 间期、RR 间期标准差(SDNN)、RR 间期平均值(MRR)等。RR 间期是指心脏每次搏动的间期。SDNN、MRR 时域指标随着疲劳的加深呈上升趋势,而 HR 随着疲劳的加深呈现下降趋势。当疲劳发生时,心电信号的时域指标和频域指标互相发生变化,彼此依赖,对信号的提取以及分析其规律的变化都有着重要的作用。

计算被试心电信号的 4 个指标 SDNN、MRR、HR、RP 随驾驶时间每 2min 内的平均值,驾驶人的心电时域信号平均值变化情况如图 6-9 所示。结果表明,SDNN 和 MRR 随时间变化总体呈明显上升趋势。时域指标中的 SDNN 随驾驶时间延长逐渐变大,主要反映为交感神经活动增强,疲劳程度增加。HR 随时间变化整体呈明显下降趋势,RP 随驾驶时间略有下降趋势,但波动性较大。

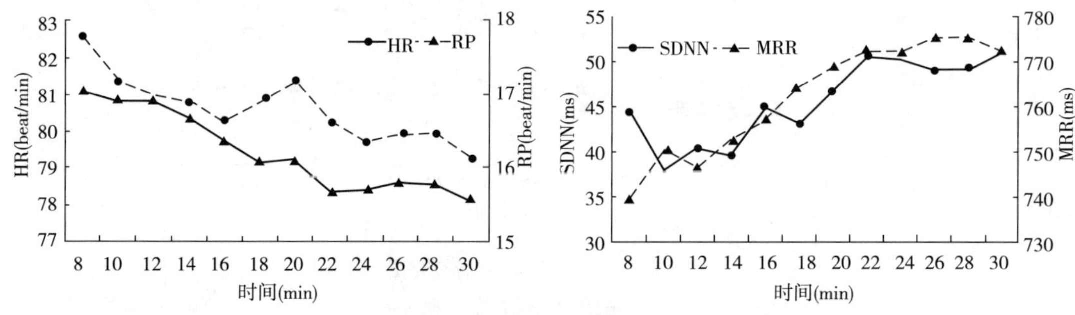

图 6-9 ECG 时域指标变化规律图

同时采用配对样本 t 检验对驾驶任务前后的心电信号进行检验,选取 8 min 时的指标值作为参考值。结果表明(表 6-2),在实验开始 8 min 和 30 min 时 SDNN,MRR,HR 存在显著性差异(sig <0.05),而 RP 随驾驶时间没有发生显著性差异变化(sig >0.05)。

配对 t 检验结果 表 6-2

生理指标	相关系数	p 值	T 值	Sig (t-tailed)
SDNN	0.855	0.000	-7.841	0.000 **
MRR	0.934	0.000	-3.772	0.001 **
HR	0.95	0.000	4.385	0.000 **
RP	-0.438	0.047	0.686	0.06

注:** 表示差异非常显著(α 为 0.01)。

综上所述，生理信号中的脑电心电信号均随着驾驶疲劳的加深呈现一定的规律性变化，且在生理特征上有明显的症状变化，所以驾驶人的生理信号和驾驶疲劳紧密相连。驾驶疲劳直接或者间接的通过生理信号反映出来，而生理信号同样直观的对驾驶疲劳的产生及变化进行详细的"记录"。

3. 生理、心理综合特征指标

通过对脑电信号和心电信号的各个指标随驾驶时间的平均趋势分析，可以看出尽管EEG和ECG是驾驶疲劳评价的可靠指标，但2种方法都有其各自侧重点，使得在整个实验过程中的EEG和ECG的实验数据波动性较大。因此，选取综合指标对EEG和ECG的原始数据进行综合分析，建立ECG和EEG各指标之间的关系，可以排除干扰因素，减少数据的波动性，从而提高疲劳评价的准确性。

生理信号是连续型变量，采用Pearson简单相关系数计算生理信号两两指标间的相关系数，结果表明（表6-3）SDNN、MRR、δ、$(\alpha+\theta)/\beta$、θ/β、α/β之间的相关性非常显著（$p<0.05$）。

由于SDNN、MRR、δ、$(\alpha+\theta)/\beta$、θ/β、α/β、随驾驶时间均呈现上升趋势，而且各个指标之间存在相关性，因此采用主成分分析方法，通过降低变量的维度，在损失很少信息的前提下把多个生理指标转化为几个综合指标。

各生理指标间Pearson简单相关系数表　　表6-3

		SDNN	MRR	HR	$(\alpha+\theta)/\beta$	θ/β	α/β	δ
SDNN	相关系数	1	0.919**	-0.957**	0.928**	0.803**	0.936**	0.841**
	显著性	—	0.000	0.000	0.000	0.003	0.000	0.001
MRR	相关系数	—	1	-0.969**	0.889**	0.794**	0.877**	0.700*
	显著性	—	—	0.000	0.000	0.004	0.000	0.016
HR	相关系数	—	—	1	-0.910**	-0.805**	-0.899**	-0.807**
	显著性	—	—	—	0.000	0.003	0.000	0.003
$(\alpha+\theta)/\beta$	相关系数	—	—	—	1	0.946**	0.888**	0.756**
	显著性	—	—	—	—	0.000	0.000	0.007
θ/β	相关系数	—	—	—	—	1	0.693*	0.687*
	显著性	—	—	—	—	—	0.018	0.019
α/β	相关系数	—	—	—	—	—	1	0.700*
	显著性	—	—	—	—	—	—	0.016
δ	相关系数	—	—	—	—	—	—	1
	显著性	—	—	—	—	—	—	—

注：1. **—显著水平为0.01显著相关。

2. *—显著性水平为0.05显著相关。

主成分分析的基本步骤是:首先,结合数据,判断是否需要进行主成分分析;其次,进行分析,结合主成分的累积贡献率和特征值来确定提取主成分和因子数目;最后,进行主成分分析,将提取出的主成分存为新变量。

使用 SPSS15.0 对 SDNN、MRR、δ、$(\alpha+\theta)/\beta$、θ/β、α/β 这 6 个变量进行主成分分析,得到总方差分解结果见表 6-4,与其相关的碎石图如图 6-10 所示。

总方差解释表 表 6-4

因子序号	初始特征值			提取因子特征值		
	特征值	特征值占方差百分数	特征值占方差百分数累计值	特征值	特征值占方差百分数	特征值占方差百分数累计值
1	5.133	85.552	85.552	5.133	85.552	85.550
2	0.372	6.197	91.748	—	—	—
3	0.351	5.843	97.591	—	—	—
4	0.120	1.993	99.584	—	—	—
5	0.025	0.410	99.994	—	—	—
6	0.000	0.006	100.000	—	—	—

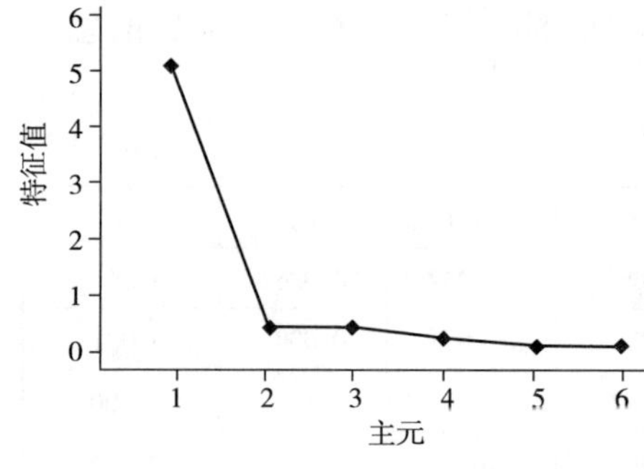

图 6-10 主成分碎石图

总方差解释表表明,第一个主元的累计贡献率均已达到 85% 以上,同时从因子碎石图可以看出,第一个因子和第二个因子间的连线较陡,说明直线断点所对应的因子特征差值较大,可以满足主元特征提取的要求,所以取第一个主元作为特征提取的目的指标。

由主成分特征向量表(表 6-5)可以得出第一主元的线性组合,从而获得基于驾驶人生理、心理特征的综合指标 y。

特征向量表 表 6-5

	SDNN	MRR	$(\alpha+\theta)/\beta$	θ/β	α/β	δ
主成分 1	0.98	0.936	0.976	0.888	0.922	0.84

$$y=0.98\,\mathrm{SDNN}+0.936\mathrm{MRR}+0.976(\alpha+\theta)/\beta+0.888\theta/\beta+0.922\alpha/\beta+0.84\delta \tag{6-1}$$

6.2.3 疲劳驾驶的行为特征

1. 行为特征介绍

驾驶行为特征,将通过采集驾驶人的操作动作(换挡位、踩加速踏板、踩离合踏板、转向、踩制动踏板)、车辆特性(速度、加速度、车道位置)指标对其进行表征,研究其变化特性,采集以上 2 大类指标基于以下原因:

(1)当驾驶人连续驾驶时间过长时,对于同样的道路状况,其所采取的驾驶操作频率会降低,同时在驾驶过程中换挡位、踩离合踏板及加速踏板等操纵的准确性也会受到一定的影响,因此需采集驾驶人的操作动作。

(2)车辆运动状态是驾驶行为最直观的反应,车辆的车速稳定性、车辆横向稳定性、车辆位置信息等能够直接反应驾驶人在驾驶过程中的生理状态即疲劳水平。

2. 行为特征的意义

首先,在驾驶人驾驶的理论研究方面,驾驶人驾驶过程中的行为具有鲜明特点和重要的研究意义。

(1)驾驶操作行为是导致交通事故的直接因素。由人因因素造成的事故中,究其原因是由于驾驶人的驾驶操作行为不当或不及时而造成的,因此驾驶行为与交通事故更具直接关系。

(2)疲劳驾驶直接影响驾驶操作行为。疲劳改变驾驶人反应的反应能力和意识状态,驾驶操控能力下降,易导致交通事故的发生。

(3)驾驶操作行为反映驾驶人驾驶特征。鉴别驾驶人操作行为特征,对于驾驶人状态识别意义深刻。深入的对驾驶人驾驶行为特征展开研究,不仅有利于疲劳驾驶判别问题的解决,同时扩展了驾驶行为研究领域,对驾驶行为研究的其他应用具有借鉴意义。

其次,在疲劳检测方法的应用研究方面,基于驾驶行为的疲劳驾驶检测具有现实的实用意义。

(1)驾驶操作行为数据具有易采集的特征。驾驶行为数据的便于采集使得以此为基础的疲劳检测更易于实施应用。

(2)基于驾驶行为的检测方法体系为实际应用奠定基础。通过研究建立基于驾驶行为的疲劳驾驶检测判别方法,为疲劳驾驶的检测提供新的依据和方法,也是实际应用的前提。

(3)准确的疲劳驾驶判别指标对于确立合适的政策法规提供依据。疲劳驾驶具有安全隐患,但由于缺乏依据而难以出台法规,此项研究努力建立准确的驾驶行为指标,确定疲劳驾驶的判别依据,有望推动疲劳驾驶管理政策法规的完善,以改善疲劳驾驶管理干涉方法。

(4)检测方法的应用推动其他驾驶状态判别技术的发展。通过驾驶行为实现疲劳驾驶判别的方法,对于诸如酒后驾驶、失误驾驶、注意力分散驾驶情况的判别具有借鉴意义。

3. 疲劳驾驶状态下的行为特征

驾驶行为数据具有下列特征:(1)加速踏板信号:与正常驾驶状态相比,疲劳驾驶状态下加速踏板数据呈现出较大的波动性,加速踏板幅值调整的最大值及平均值均高于正常驾驶时加速踏板幅值的最大值和平均值;(2)转向盘转角信号:疲劳状态下,转向盘转角的变化比较频繁,且每次调整的幅值比较大,说明此时车已偏离中心线较远时开始调整,其稳定性明显不如正常状态;(3)车辆偏离车道中心线距离信号:与正常驾驶状态相比,疲劳状态下车辆偏离中心线的距离波动性比较大,而且存在大幅度偏离和调整,调整的频率比较高。这些分析结果说明在疲劳状态下，驾驶人的操控能力明显下降。

通常对于疲劳驾驶行为的研究没有区分道路线形，然而通过实验数据对比分析，发现一些明显不同的规律。

图 6-11 中的 a）b）c）d）4 幅图均是由任意被试在疲劳状态下偏离中心线的原始数据绘制而成的折线图。

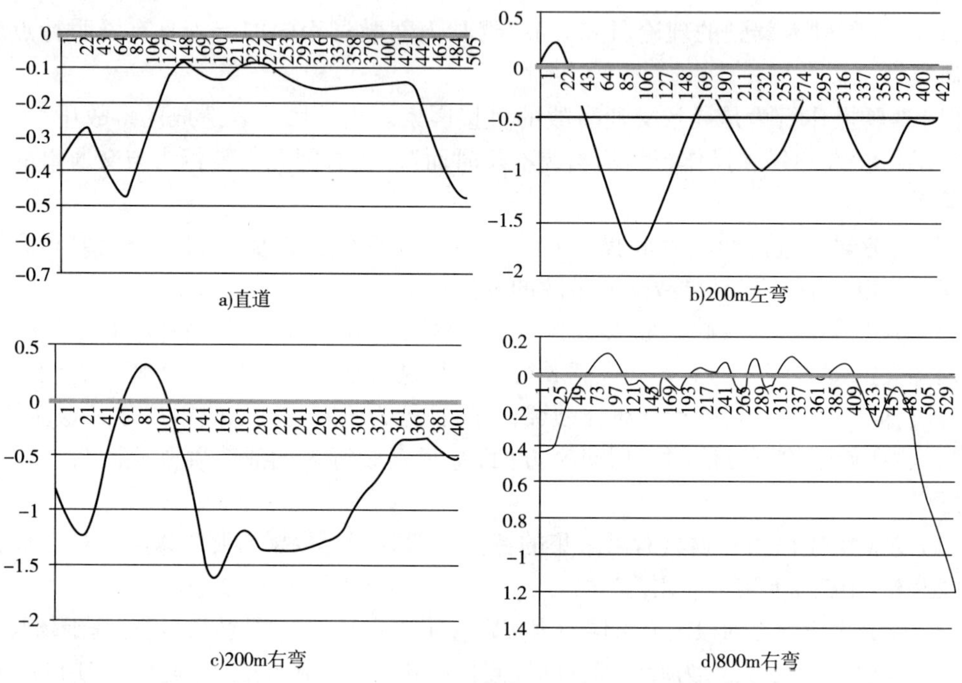

图 6-11　不同道路线形情况下的偏离中心线数据图

由 a）图和 b）图可以看出，在疲劳状态下，驾驶人在弯道上行驶时的偏离中心线距离较直道的偏离幅度更大，说明驾驶人在直道和弯道上的驾驶行为有较大的差别。

由 b）图和 c）图可以看出，在疲劳状态下，驾驶人在同一半径但不同转向的弯道上，偏离中心线的情况有明显差异。

由 c）图和 d）图可以看出，在疲劳状态下，驾驶人在同一转向但不同半径弯道的道路线形上，在小半径弯道上行驶时偏离中心线距离的偏离幅度更大。

因此，我们可以认定，直道与弯道、不同转向及不同半径的弯道之间具有较明显的差异，应当分别进行分析讨论，以获得更为精确的分析结果。

对比正常与疲劳的转向盘操作数据，在直道中，转向盘转角的均值和标准差均呈现显著的差异性。疲劳状态下转向盘转角的均值和标准差要明显大于正常状态下的数据。在疲劳状态下，转向盘的操作幅度大于正常状态。在弯道中，2 种精神状态下的均值和标准差存在显著性差异，而样本熵则无显著差异。疲劳状态下驾驶人的转向盘操作幅度整体水平比正常情况下大1～2倍，而在正常驾驶状态下转向盘转角的操作次数较多。运算结果显示，疲劳状态下的转向盘转角的均值和标准差要明显大于正常状态下的数据，而样本熵则相反，与观察结果相符。

显著性检验结果显示在直线驾驶和弯道驾驶2种状态下，偏离中心线距离的均值和标准差均呈现显著性差异。但经过分析，虽然样本熵也存在显著性差异，但在不同直线段(500m)中，样本熵的变化性较为明显，偶然性更大，因此偏离中心线距离的样本熵结果不具有可靠性。在疲劳状态下偏离中心线距离的幅度相比正常状态下要大，同时疲劳状态下偏离的变化频率较少，也就是说明疲劳状态下驾驶人的操作变少。

在不同道路线形下，利用配对样本t检验，各指标的显著性分析见表6-6。

显著性分析统计表　　表6-6

显著性方法＼指标	直道				200L				200R				500L				500R				800L				800R			
	速度	加速/制动踏板	SWM	Lp	速度	加速/制动踏板	SWM	Lp	速度	加速/制动踏板	SWM	Lp	速度	加速/制动踏板	SWM	Lp	速度	加速/制动踏板	SWM	Lp	速度	加速/制动踏板	SWM	Lp	速度	加速/制动踏板	SWM	Lp
均值	无	无	有	有	无	无	有	有	无	无	有	有	无	无	有	有	有	有	有	有	无	无	有	有	无	无	有	有
标准差	无	无	有	有	无	无	有	无	无	无	无	无	无	无	有	有	无	有	无	有	无	无	有	有	无	无	有	有
样本熵	无	无	无	有	无	无	无	有	无	无	无	有	无	无	无	有	无	无	无	有	无	无	无	有	无	无	无	有

注：1. 加速/制动踏板：代表加速/制动踏板踩踏程度。

2. SWM：代表转向盘转角幅值。

3. Lp：代表偏离中心线距离。

为检验各种道路线形下，以及不同半径弯道和不同转向弯道之间是否存在显著性差异，对各指标进行了方差分析，结果见表6-7。

部分显著性指标方差分析统计表　　表6-7

因素	指标	df	F	Sig.
状态	SWMSD	1	10.468	0.005 *
	LPAVG	1	25.084	0.000 *
	LPSD	1	14.664	0.001 *
	LPSAM	1	47.266	0.000 *
方向	SWMSD	1	0.556	0.466
	LPAVG	1	5.298	0.034 *
	LPSD	1	4.431	0.050
	LPSAM	1	0.018	0.896
半径	SWMSD	2	25.202	0.000 *
	LPAVG	2	8.925	0.002 *
	LPSD	2	7.631	0.004 *
	LPSAM	2	8.414	0.003 *

注：* 为方差分析结果显著性差异。

方差分析结果表明，在正常和疲劳 2 种状态下各指标均存在显著性差异，即可以选用这些指标作为判断驾驶人状态的指标；同时，不同半径的弯道情况下各指标也存在显著性差异，这说明在不同半径的情况下要分别确定判别的阈值，不能统一而论。

6.3 疲劳驾驶的判别及预警

6.3.1 基于生心理信号特征的疲劳判别

1. 基于脑电信号的疲劳判别方法

1）脑电信号的样本熵分析

计算并分析 28 名驾驶人在清醒、疲劳状态下脑电信号的样本熵值，可得清醒状态样本熵均值 ± 标准差为 0.74 ±0.25，疲劳状态样本熵均值 ± 标准差为 0.24 ±0.2。由此可知，随着驾驶疲劳的加深，脑电信号的样本熵值是逐渐降低的，28 个样本在清醒和疲劳状态下脑电信号的样本熵值散点图如图 6-12 所示。

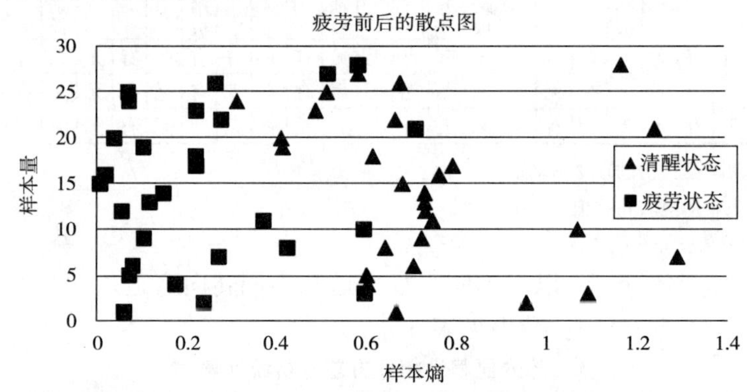

图 6-12 疲劳前后的散点图

对驾驶人清醒状态和疲劳状态的脑电信号样本熵数据进行配对 t 检验，结果表明被试在疲劳前后的脑电信号样本熵值存在显著性差异（Sig < 0.05），说明样本熵的大小反应了驾驶人的疲劳状态，可以作为驾驶疲劳的判别指标，配对 t 检验结果见表 6-8。

配对 t 检验结果 表 6-8

参 数	相 关 系 数	P	T	Sig
样本熵	0.644	0.000	13.705	0.000

2）脑电信号样本熵的判别阈值

由于脑电信号样本熵值随着驾驶疲劳程度的加深逐渐降低，即驾驶疲劳状态下的脑电信号样本熵值低于清醒状态下的样本熵值。因此，脑电样本熵值与驾驶疲劳状态之间存在相互对应关系，可以作为驾驶疲劳的判别指标。但是，在驾驶疲劳相关研究和实际应用过程中,需要实时判别驾驶人疲劳状态的出现,因此,需要确定驾驶疲劳判别阈值。本节基于脑电信号样本熵,采用ROC曲线分析方法获取驾驶疲劳判别门限值。

依据ROC曲线分析方法,选取可能阈值,针对每一个阈值计算其相应的灵敏度和特异度,进而绘制ROC曲线,选择曲线上尽量靠近左上方Youden指数(灵敏度+特异度-1)最大的特征点为最佳临界点,此时,试验的灵敏度和特异度均较高,且误判率和漏判率较小。基于脑电样本熵的取值范围,选取0.005作为判别阈值间隔,生成ROC曲线,具体实现方法如图6-13所示。

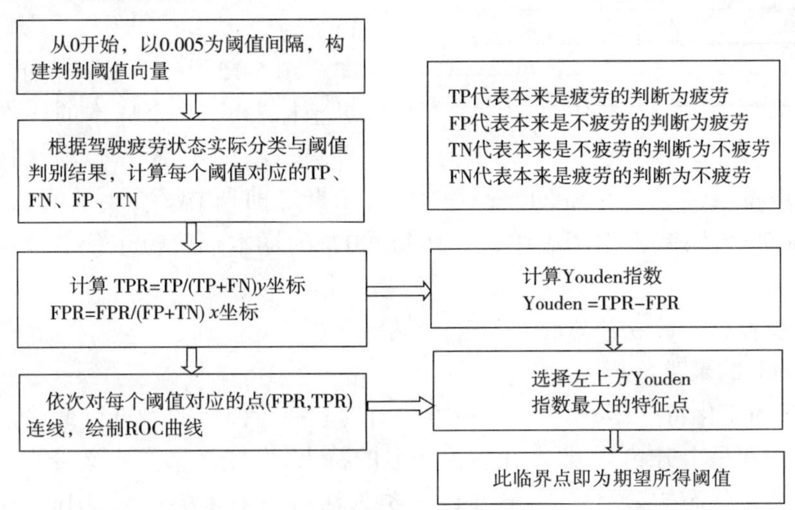

图6-13 基于ROC曲线的驾驶疲劳脑电样本熵判别阈值的选取流程

经上述步骤绘制的基于脑电样本熵的ROC曲线如图6-14所示,根据左上端Youden指数最大的特征点为判别阈值的选取原则,计算各判别阈值对应的Youden指数,并选择其最大时的特征点(图中C点)为最佳临界点,对应的脑电信号样本熵值为0.605,判别灵敏度为96%,特异度为79%。计算ROC曲线下面积为0.95,说明该判别阈值具有较高的准确性。

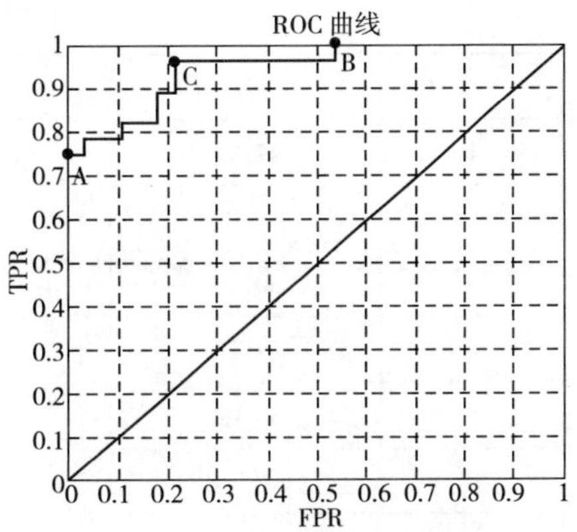

图6-14 脑电信号样本熵ROC曲线

在ROC空间,存在另外两个拐点A和B。转折点$A(0,0.75)$,即特异度为100%,灵敏度为75%,表示仍有25%的疲劳数据没有被准确判别。转折点$B(0.54,1)$,灵敏度100%,但特异度仅为46%,表示只有46%的非疲劳状态被正确识别,剩余54%的非疲劳样本却被误判为疲劳状态,对应的脑电样本熵阈值范围为(0.32,0.71),判别阈值在该区域包含了较多的重叠样本。在实际应用中,可以认为脑电样本熵阈值在(0.32,0.71)之间处于驾驶疲劳过度状态。

3)脑电信号判别阈值的检验

采用相同实验方法进行实验,实验样本10人,分别采集被试样本的脑电数据,根据实验视频中的驾驶人疲劳状态找到相应的时间段,从而采集驾驶人脑电数据中的疲劳时段,计算其样本熵值,从而对驾驶人的脑电数据进行检验。检验图如图6-15所示。

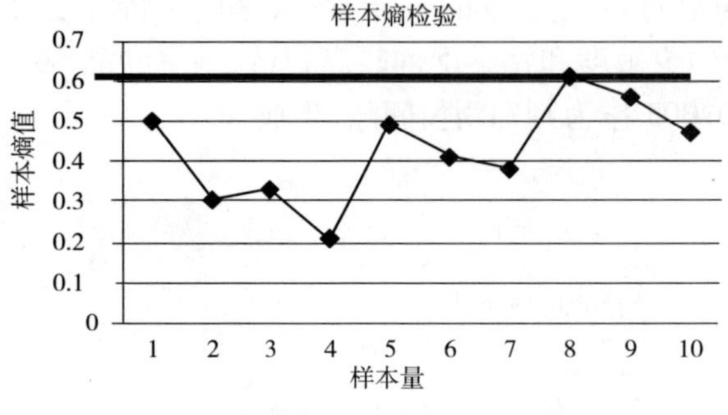

图6-15 脑电信号样本熵阈值检验

图6-15中,横坐标表示10个样本,纵坐标表示10个样本的样本熵值,较粗界限是脑电的疲劳样本熵阈值0.605。依据之前所述,当样本熵值低于0.605时,属于驾驶疲劳阶段,根据图表中检验所得,90%的样本熵值位于疲劳范围,说明这一阈值正确率为90%。

2.基于心电信号的疲劳驾驶判别

1)心电LF的聚类分析

针对LF的变化特点,采用聚类分析方法对驾驶疲劳前后的点进行聚类分析,根据LF随着疲劳的加深呈上升趋势,且变化较为明显的特点,事先将聚类定义分为三类,由此较大的一类为疲劳状态的聚类结果,较小的一类为清醒时的聚类结果,中间一类为疲劳过度阶段的聚类结果。计算20个样本的聚类分析结果见表6-9。

20个样本的聚类分析结果 表6-9

样本	疲劳前	疲劳后	样本	疲劳前	疲劳后
1	47.97	73.96	11	42.19	74.05
2	49.08	76.78	12	37.37	68.92
3	50.14	61.98	13	55.3	74.7
4	58.23	64.22	14	40.16	51.34
5	35.09	43.76	15	56.26	67.08
6	60.39	83.7	16	37.31	33.68
7	33.39	67.12	17	51.15	77.28
8	48.22	56.32	18	43.17	75.8
9	50.14	77.21	19	51.03	55.32
10	36.72	49.12	20	25.3	57.28

对以上数据画出散点图,如图6-16所示。

图中方形聚类点表示驾驶人出现疲劳感觉之后,由图中可得驾驶人疲劳前与疲劳后的LF聚类结果有重叠部分,所以还需对此数据进行ROC的判定,期望寻求最佳阈值。

2)心电LF聚类的判别阈值确定

与脑电分析方法类似,心电疲劳阈值的判断同样用到ROC方法,判断阈值进而评价阈值的准确度,可以求出心电的ROC曲线如图6-17所示。

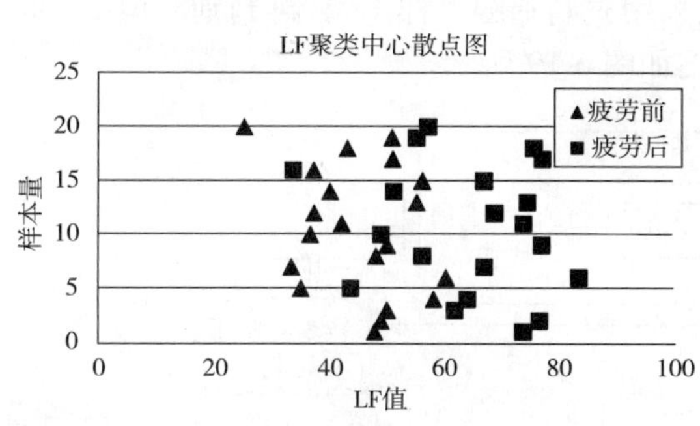

图6-16 LF聚类中心散点图

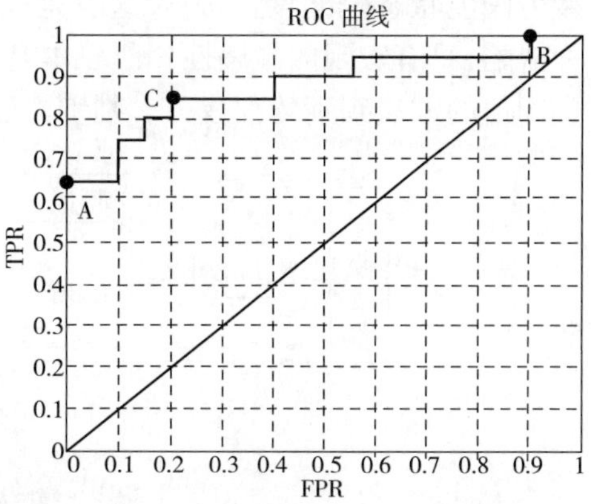

图6-17 LF聚类阈值的ROC曲线

同理,在心电LF聚类的ROC空间,存在另外两个拐点A和B。转折点$A(0,0.65)$,即特异度为100%,灵敏度为65%,表示仍有35%的疲劳数据没有被准确判别。转折点$B(0.9,1)$,灵敏度100%,特异度仅为10%,表示只有10%的非疲劳状态被正确识别,剩余90%的非疲劳样本却被误判为疲劳状态,对应的心电LF聚类阈值范围为(43.8,60.4),判别阈值在该区域包含了较多的重叠样本。在实际应用中,可以认为心电LF聚类阈值在(43.8,60.4)之间处于驾驶疲劳过度状态。

根据ROC曲线中Youden指数最大的点C即为阈值点,此时曲线下面积为0.83.灵敏度0.85,特异度0.8,准确度为中等,此时疲劳阈值为51.2。

3)心电LF聚类判别阈值的检验

相同地,检验实验样本10人,采集被试样本的心电数据,根据实验视频中的驾驶人疲劳状态找到相应的时间段,从而采集驾驶人心电数据中的疲劳时段,计算其LF聚类的阈值,从而对驾驶人的心电数据进行检验。检验图如图6-18所示。

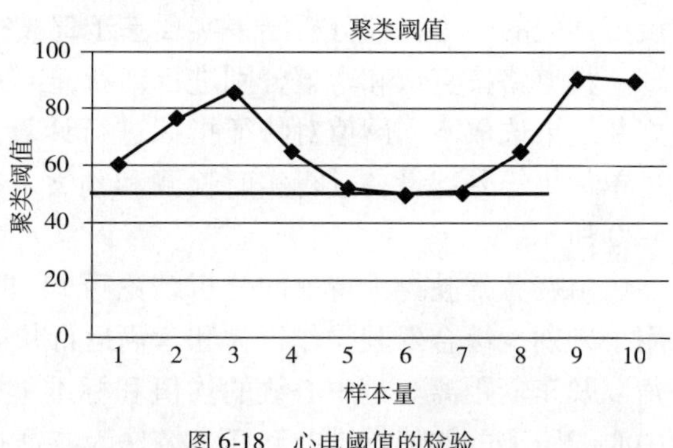

图6-18 心电阈值的检验

图6-18中,横坐标表示10个样本,纵坐标表示10个样本的心电LF聚类阈值,

较粗界限是心电 LF 的聚类阈值 51.2。依据之前所述，当心电 LF 的聚类阈值高于 51.2 时，属于驾驶疲劳阶段，根据图表中检验所得，80% 的聚类熵值位于疲劳范围，说明这一阈值正确率为 80%。

由脑电阈值与心电阈值的特点可知，脑电阈值点是在短时间内取得的数据，一般为 4s，具有微观性，而心电是在较长时间内取得的数据，具有宏观性。由于脑电信号较为敏感，即使驾驶人疲劳后，微小的调整和自我解压等方式也会使脑电信号的样本熵值不在疲劳阈值状态内，但是驾驶人这时是处于疲劳状态的。相反地，心电就弥补了脑电的这一缺陷，具有宏观的准确性。所以本判别方法采用先判别脑电样本熵，再判别心电 LF 聚类阈值的方法判别驾驶疲劳。判别方法流程图如图 6-19 所示。

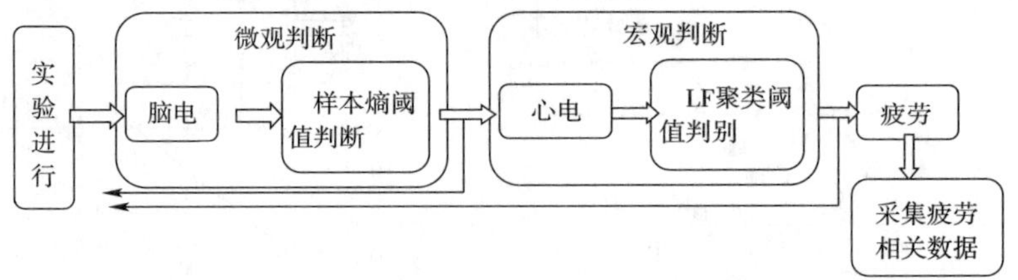

图 6-19　驾驶疲劳判别辅助系统的判别流程

根据视频判断驾驶人处于疲劳状态，为保证判别的准确性，先利用脑电样本熵值进行阈值判断，若判断是，则选取脑电时间点以后的时间段继续用心电判断。若脑电判断不是，则继续进行实验。同理，当心电和脑电同时判断为疲劳时，说明驾驶人处于疲劳状态，若有一个指标不符合，实验继续。由于实验设备的限制及实际操作的局限性，这一判别系统仅局限用于离线状态。

6.3.2　基于驾驶行为特征的疲劳驾驶判别

基于驾驶模拟舱可以获得车速、加速度和偏离道路中心线距离等车辆运行参数，以及踩加速踏板和制动踏板、转向盘转角等操作行为参数这 2 类驾驶行为数据，下面根据疲劳驾驶的行为特征分析结果实现基于驾驶行为特征的疲劳驾驶判别。

将道路按直道和弯道分别进行判断，若为弯道，则判断弯道的半径范围和转向，根据判断结果选取不同阈值对特征指标进行计算判别，输出并记录该路段驾驶人的状态，通过单片机等外部设备进行实时检测和预警。基于驾驶行为的疲劳驾驶判别流程图如图 6-20 所示。

由疲劳驾驶行为特征的分析结论可知，根据道路线形的不同，选取不同的特征指标用于判别。综合驾驶操作行为和车辆运行状态等驾驶行为数据，直线路段选取转向盘转角以及车辆距离车道中心线的均值和标准差，弯道路段选取转向盘转角的标准差、偏离中心线距离的均值标准差和样本熵作为特征指标 X。

利用 ROC 曲线获得 25 名驾驶人疲劳状态下驾驶行为特征指标的判别阈值 T,同时给出此阈值情况下的正判率(TPR)和误判率(FPR),从而确定该项指标在综合指标 Y 中所占权重 ω:

$$\omega = \frac{\text{TPR}}{\text{TPR} + \text{FPR}} \tag{6-2}$$

综合判别指标 Y 为:

$$Y = \sum \omega \frac{X}{T} \tag{6-3}$$

将实时采集的驾驶行为数据求取均值、标准差以及样本熵等特征指标 X 作为输入,输出的综合判别指标 Y 的值若大于 1 则判别驾驶人在该路段上的状态为疑似疲劳驾驶状态;反之,则为正常状态。当任意连续 2 个路段输出值均为 1 时,则判定该驾驶人此时为危险的疲劳驾驶状态。

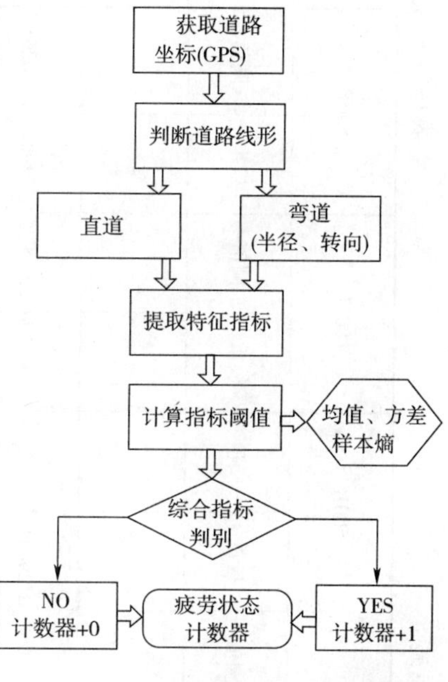

图 6-20 基于驾驶行为的疲劳驾驶判别方法流程图

各项指标的阈值和其权重见表 6-10。

该种基于驾驶行为特征的疲劳驾驶判别具有以下几个特点:

(1)综合指标判断:在传统疲劳驾驶检测中,人们普遍使用生理参数、操控行为或运行特征等单一的指标进行判断,该方法所做的判别系统使用的是相对易于采集的操控行为和运行特征的双重指标进行判断。

(2)不同道路线形不同阈值判断:将直线和半径分别为 200m、500m、800m 的弯道分别对实验数据进行分析。结果显示,不同线形下各项指标的数据结果有很大差异。因此,对不同线形的阈值分别划定。

(3)各项指标根据权重综合判断:在利用 ROC 曲线计算阈值的过程中,发现了各指标的正判率(TPR)和误判率(FPR)有所不同,因此规定各指标有其优劣性:TPR/(TPR + FPR)。根据这个优劣性对不同的指标,规定其在综合判别中不同的权重。

(4)疲劳程度区分判断:建立的疲劳驾驶判别系统即按照上述判别模型流程图不断地进行运算循环,直到驾驶结束。判别系统只记录最后 2 次循环得出的计数器的结果,即只可能出现以下 4 种情况:0 + 0 = 1,0 + 1 = 1,1 + 0 = 1,1 + 1 = 2。

①当计数器的值等于 0 的时候,规定绿色信号灯亮起,此时为正常状态。

②当计数器的值等于 1 的时候,规定黄色信号灯亮起,此时为疑似疲劳状态,进行疲劳警告。

③当计数器的值等于 2 的时候,规定红色信号灯亮起,此时为疲劳状态,配合以蜂鸣等报警器对驾驶人进行报警。

表 6-10

各指标阈值及权重汇总表

参数	直线		200L		200R		500L		500R		800L		800R	
	权重	阈值	权重	阈值	权重	阈值	权重	阈值	权重	阈值	权重	阈值	权重	阈值
SWM - AVG	0.288587	0.002227	—	—	—	—	—	—	—	—	—	—	—	—
LP - AVG	0.233089	0.288453	0.207067	0.318911	0.268037	0.55034	0.264368	0.56063	0.290331	0.612374	0.148175	0.279905	0.249217	0.402653
SWM - SD	0.269348	0.002861	0.27078	0.033305	0.226714	0.017166	0.264368	0.015938	0.241604	0.009221	0.162684	0.005395	0.27365	0.007545
LP - SD	0.208977	0.171911	0.26401	0.450926	0.246147	0.347006	0.264368	0.565072	0.214956	0.266528	0.5	0.34069	0.221526	0.274428
LP - SAMP	—	—	0.258143	0.065152	0.259102	0.071187	0.206897	0.087024	0.253109	0.096597	0.189141	0.091628	0.255607	0.075084
权重正判率	0.727273	—	0.809524	—	0.826087	—	0.583333	—	0.75	—	0.695652	—	0.652174	—
权重误判率	0.181818	—	0.238095	—	0.434783	—	0	—	0.166667	—	0.173913	—	0.130435	—

注:1. L-左转向,R-右转向。

2. SWM-转向盘转角,LP-偏离中线距离。

3. AVG-平均值,SD-标准差,SAMP-样本熵。

6.3.3 疲劳驾驶判别及对策系统

1. 疲劳驾驶的判别系统(图6-21)

疲劳驾驶判别及对策系统采集的信号包括四大类,第一类是驾驶行为信号,即车速、加速度、转向盘转角、离车道中心线距离、加速踏板和制动踏板位置、离合器制动器等若干驾驶行为信号参数;第二类是物理反应指标,即眨眼频率(PERCLOS),即通过安装在驾驶人正面的CCD摄像机检测眼睛的净闭合状态,用眼动仪(INSIGHT1.0)计算PERCLOS;第三类是生理信号,包括脑电信号以及心电信号;第四类是主观记录驾驶人的驾驶状态。图6-21中,P80为眼睛上下眼睑距离小于正常距离80%的时间占总时间的百分比,它表示闭眼程度是用于反映疲劳程度的一个指标。

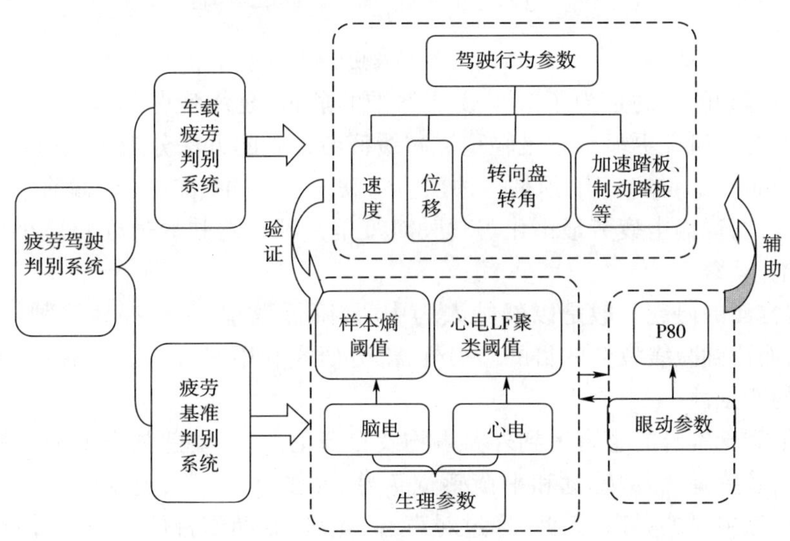

图6-21 疲劳驾驶判别系统

由生理信号建立的疲劳驾驶基准判别系统只是疲劳驾驶研究系统的一部分,结合眼动指标主要辅助疲劳驾驶车载判别系统完成疲劳驾驶的在线判别。而疲劳驾驶车载判别系统主要是由驾驶行为数据组成,即驾驶人行车过程中采集的车辆的运行速度、车辆的侧位移、转向盘转角和加速踏板、制动踏板等参数构成的判别系统。由生理信号组成的疲劳驾驶基准判别系统属于离线判别系统,驾驶人行车中采集驾驶行为参数,眼动参数和生理参数,先对疲劳驾驶数据采用生理参数和眼动参数进行离线判别,当判别出某一段时间内驾驶人处于疲劳驾驶时,用驾驶行为参数进行判别,当两者判别结果相吻合时,说明驾驶人在此阶段是处于疲劳驾驶阶段,判别结果进一步验证了生理判别辅助系统的正确性。由此,可以单独使用驾驶行为参数对疲劳驾驶进行车载在线判别系统的研究和判别。

2. 疲劳驾驶的对策系统(图 6-22)

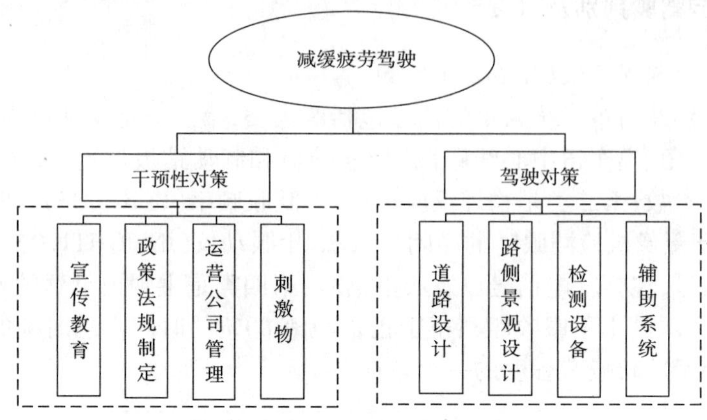

图 6-22　疲劳驾驶对策图

研究疲劳驾驶的目的是为了减少疲劳驾驶的危害,延缓疲劳驾驶的形成。因此,减缓疲劳驾驶的对策研究更显得举足轻重。减缓疲劳驾驶的方法分为干预(intervention)和驾驶对策(countermeasure)。干预是一种预防驾驶人疲劳的措施,在运输前采取措施使运输前睡眠最大化,运输中疲劳最小化。驾驶对策是一种在驾驶的过程中最小化或检测疲劳驾驶的措施。

目前,这方面的研究一般是以驾驶人为中心,降低驾车负荷,提高驾驶舒适性,改善驾驶环境,从而达到减缓疲劳的目的。另外,部分研究利用声音、光线和振动等刺激形式提高驾驶人的警觉性。

驾驶人依靠于本身的感官得到外界事物及自身信息,主要感觉类型分为视觉、听觉、嗅觉、味觉、皮肤感觉、深部感觉和平衡感觉 7 种,而视觉、听觉、皮肤感觉信息输入是驾驶人感知信息最主要的渠道,因此,通过对声音、光线、振动预警信号特征进行分析,选取合理的因素水平,生成不同对策类型。

一般汽车行驶时车内噪声约为 60dB,同时考虑长时间在 85dB 以上噪声环境下会导致驾驶人听力障碍,因此,选取声音的声强分别为 60dB、70dB、80dB。已有实验研究表明,警觉性声音需要满足高频要求,所以选取声频为 1050Hz,5800Hz,10750Hz,同时选择刺激时间为 3s、5s 和 7s,刺激间隔时间为 10s、30s 和 60s。构建声音刺激的因素水平见表 6-11。

声音因素水平表　　表 6-11

水 平	因 素			
	声强(dB)	频率(Hz)	刺激时间(s)	刺激间隔(s)
1	60	1050	3	10
2	70	5800	5	30
3	80	10750	7	60

光色不同其心理作用及感情效果也不一样，如红光、黄色光引起兴奋作用，有温暖感，看起来觉得近，有大的感觉。而蓝色光、紫色光引起抑制，有镇静作用及寒冷感，看起来有远及小的感受。所以光线的颜色为红色、黄色、蓝色。环境中高照度或亮度差过大，都会引起不舒适感觉，分散注意力，容易视觉疲劳等。因此光的亮度为12lm、25lm、32lm。为了避免人对环境的适应性，选用间歇式光照环境，刺激时间为10s、30s、60s，刺激间隔为20s、30s、40s。构建光因素水平表见表6-12。

光线因素水平表 表6-12

水 平	因 素			
	亮度(lm)	颜色	刺激时间(s)	刺激间隔(s)
1	12	红	10	20
2	25	黄	30	30
3	32	蓝	60	40

振动对人体的影响中，频率起着主要作用，人体能感知的振动频率范围是1~1000Hz，对于环境振动，人们所关心的是人体反应特别敏感的1~80Hz的振动，所以本课题选用低频范围下的振动。当人体承受一定频率的振动时，振动的强度越大对人体机能的影响就越大。一般来说，人刚刚感觉到的振动为60dB，刚刚可以感觉到的振动并不影响人们的睡眠，但对较敏感的人而言，则会产生影响。当振动强度达到79dB时，所有的人都将惊醒。一般人体不可忍耐的强度是114dB。所以，振动强度分别为60dB、79dB、103dB。

暴露时间是指机械振动作用于身体的持续时间，人体无论受到哪种振动作用，接触振动的时间越长，对肌体的不良影响越大，因此，选用间歇式的振动，振动时间分别为10s、30s、60s，振动间隔为20s、30s、40s。构建振动因素水平表见表6-13。

振动因素水平表 表6-13

水 平	因 素		
	强度(dB)	刺激时间(s)	刺激间隔(s)
1	60	10	20
2	79	30	30
3	103	60	40

利用正交试验法设计疲劳驾驶对策的信息采集实验，并通过统计分析，对疲劳对策的有效性进行验证，确定最优的疲劳驾驶对策。

从对策有效性的分析结果可以得出：声音对策、光线对策、振动对策对于减缓疲劳驾驶都有一定的效果。使用受试者综合指标平均值线性回归方程的斜率差作为疲劳驾驶的评价指标进行分析。结果表明：声音刺激中刺激间隔对疲劳驾驶影响最大，声强次之，频率和刺激时间影响较小。在声强为70 dB、频率为5800 Hz、刺激时间为7s、刺激间隔为

30s的声音刺激下,驾驶人疲劳程度最轻;光线刺激类型中刺激时间对疲劳驾驶影响最大,颜色次之,照度和刺激间隔影响较小。在亮度为32lm、颜色为红色、刺激时间为60s,刺激间隔为30s时驾驶人疲劳程度最轻;振动刺激类型中刺激间隔对驾驶疲劳影响最大,刺激时间次之,振动强度较小。在强度是79dB、刺激时间是60s、刺激间隔为30s时驾驶人疲劳程度最轻。同时,通过综合对比分析发现光线对策的有效持续时间为8min,声音和振动对策的有效持续时间为6min,因此从疲劳驾驶对策有效性的持续效果角度得出:光线对策的持续时间最长,在实际驾驶中能为驾驶人提供更大的安全措施时间,是一种理想的预警对策。疲劳驾驶对策系统的基本功能是为疲劳驾驶预警系统提供科学有效的预警信号。因此,疲劳驾驶对策系统的核心部分主要包括:疲劳检测模块、对策生成模块。

疲劳检测模块主要通过采集驾驶人在驾驶过程中的生理心理信号、驾驶行为数据,根据生理心理信号和行为特征的变化规律确定疲劳驾驶的评价指标,进而对疲劳状态进行判定;当检测到驾驶人出现疲劳症状时,对策生成模块就会产生相应的对策缓解疲劳。

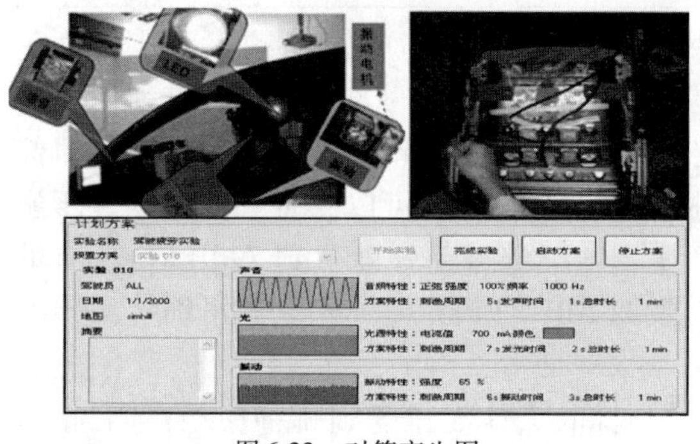

图6-23　对策产生图

疲劳驾驶对策系统提供各种外部对策生成模块,包括声音、光线、振动等多种对策,如图6-23所示。

疲劳驾驶预警对策的目的不仅是检测驾驶人疲劳状态并对其采取相应的预警信号,更主要的是验证疲劳驾驶对策的科学性和有效性,从而提供一种或几种对策能够真正意义上实现减少驾驶人的疲劳。

第3篇 道路条件实验研究

第7章 左侧路肩

7.1 左侧路肩简介

7.1.1 路肩定义及功能

路肩是位于行车道外缘至路基边缘，具有一定宽度的带状结构部分。其作用是保持行车道的功能、临时停放故障车辆，并作为路面的横向支承。路肩包括右侧路缘带（高速公路和一级公路才设置）、硬路肩和土路肩 3 部分，其中硬路肩和土路肩视情况可以选择两者均设置，或是只设置一种。在某些时候也会设置左侧路肩，当高速公路、一级公路为分离式断面时，会设置左侧硬路肩，而且设置时不考虑停放车辆，只是保证车辆在行驶过程中所需的侧向余宽。

根据路肩设置材料的不同，可以将路肩区分为硬路肩和土路肩 2 种。硬路肩是在路肩中靠近行车道用加固材料处理的、具有一定强度的结构部分，可承受车辆荷载的作用力，在混合交通的公路上便于非机动车、行人通行。其作用主要是供车辆临时行驶、停放使用，并作为底基层、基层和面层的横向支撑。在填方路段，如果采用集中排水方式，为使路肩能够汇集路面积水，在路肩边缘应设置缘石。土路肩是指不加铺装的土质路肩，它起保护路面和路基的作用，并提供侧向余宽。当公路上没有设置硬路肩时，土路肩还可以起到承载道路设施（如防护栅）和改善水平视距等作用。

7.1.2 国家标准对路肩设置的规定

各级公路右侧路肩宽度规定见表 7-1，其中表中所列“一般值”为正常情况下的采用值；“最小值”为条件受限制时可采用的值：

右侧路肩宽度 表 7-1

设计速度(km/h)		高速公路	一级公路	二级公路	三级公路	四级公路
		120 100 80	100 80 60	80 60	40 30	20
右侧硬路肩宽度(m)	一般值	3.00 或 3.50 3.00 2.50	3.00 2.50 2.50	1.50 0.75	— —	—
	最小值	3.00 2.50 1.50	2.50 1.50 1.50	0.75 0.25		
土路肩宽度(m)	一般值	0.75 0.75 0.75	0.75 0.75 0.50	0.75 0.75	0.75 0.50	0.25(双车道)
	最小值	0.75 0.75 0.75	0.75 0.75 0.50	0.50 0.50	— —	0.50(单车道)

（1）设计速度为 120km/h 的四车道高速公路，右侧硬路肩宜采用 3.50m；六车道、八车道高速公路，宜采用 3.00m。

（2）高速公路、一级公路应在右侧硬路肩宽度内设右侧路缘带，其宽度为 0.50m。

（3）二级公路的硬路肩可供非汽车交通使用。非汽车交通量较大的路段，亦可采用全铺的方式，以充分利用。

（4）二级公路、三级公路、四级公路在路肩上设置的标志、防护设施等不得侵入公路建筑界限，否则应加宽路肩。

高速公路、一级公路的分离式路基，应设置左侧路肩，其宽度规定见表 7-2。左侧硬路肩内含左侧路缘带，宽度为 0.50m。

高速公路以及公路分离式路基的左侧路肩宽度 表 7-2

设计速度(km/h)	120	100	80	60
左侧硬路肩宽度(m)	1.25	1.00	0.75	0.75
左侧土路肩宽度(m)	0.75	0.75	0.75	0.50

根据 2003 年颁布的《公路工程技术标准》，八车道高速公路宜设置左侧硬路肩，其宽度应为 2.50m。左侧硬路肩宽度内含左侧路缘带宽度。

7.1.3　路肩对交通安全和驾驶人的影响特征

目前国内外学者对路肩的研究思路大体分为两种，其一是路肩的设置方式，特别是宽度的设计对交通安全的影响。这一类研究多是利用往年的事故数据进行统计分析，来考察路肩宽度等因素对事故数、事故率等指标的影响关系。其二是路肩对驾驶人生理、心理的影响。这一类研究除了采用传统的在真实道路环境中驾驶，实际采集驾驶人生理、心理数据的方法外，近几年逐渐兴起并采用驾驶模拟实验研究的手段，通过招募驾驶人完成模拟实验，控制其他影响因素，研究路肩对于驾驶人的影响。

针对第一种研究思路，目前对于路肩设置方式的研究结果表明，增加车道、中间带、左侧路肩和右侧路肩的宽度，对于提高安全性均具有明显的影响。同时，当车道土路肩宽度增加0.305m(1ft)时，车辆事故率会降低1%～3%，当土路肩宽度为3.048～3.658m(10～12ft)时，车辆事故率最低。另有研究表明，增加车道宽度增加了交通事故的死亡率；增加右侧路肩宽度可以减少事故数；部分研究结果也表明，中间带宽度、左侧路肩宽度对道路安全性没有统计意义上的影响。有研究人员提出右侧路肩宽度不超过2.438m(8ft)时能明显地减少与路肩有关的交通事故，超过2.438m(8ft)时不但会增加与路肩有关的事故，而且程度非常严重，并指出硬路肩对于减少多车道公路上与路肩有关的交通事故最有效。在国内，相关研究建议硬路肩宽度增至3.5m或3.0m，土路肩的宽度增至1.0m。还有研究指出决定路肩宽度的主要因素是路肩提供侧向余宽的交通功能，并建议高等级公路通过港湾式停车带解决路肩临时停车功能，其右侧路肩的极限宽度应大于1.0m。

采用第二种研究思路，从驾驶人舒适度以及安全感角度出发，研究路肩的安全性设置问题。目前对于路肩设置方式的研究表明，右侧路肩宽度在有护栏存在时对行车速度、车辆位置以及驾驶人对安全驾驶速度的感知有较大影响。同时指出，右侧路肩对驾驶行为有双重影响：窄路肩可以降低车速并维持车辆在道路上的安全位置，但窄路肩也会增加车辆发生事故的几率。有些研究依托驾驶模拟舱，着眼于道路路旁设施对驾驶人对行车速度和车辆横向位置选择的影响，表明在高速公路直线段，应急车道对驾驶行为有影响。另外，护栏对驾驶行为可能产生双重影响：当驾驶人将护栏当成危险信息时会降低车速行驶，将其当成引导视线的工具时会加速行驶。

另外，随着交通工程心理学在我国的普遍应用，部分研究开始从驾驶人的心理角度探讨道路的优化设计。除了集中探讨了驾驶人行车紧张度与道路线性和车速之间的关系外，还有研究人员选取心率、眼球移动角速度、注视点分布范围作为反映驾驶人生理、心理变化的指标，建立了紧张度与车速和侧向余宽之间的关系，结合疲劳驾驶和行车安全的关系，提出了山区高速公路合理右侧路肩宽度的建议值。

值得注意的是，国内外的研究主要针对右侧路肩进行，只有很少的研究和左侧路肩有关,而且仅探讨在高速公路上设置左侧路肩的必要性。迄今为止的研究大多都是从历年的道路交通事故统计数据出发,通过分析不同路肩宽度对事故率的影响,建立路肩宽度和事故率的关系,或针对路肩交通特性的调查分析,以及经济效益等影响因素来确定合理路肩宽度。而实际上,车辆行驶过程中的交通安全是人—车—路(环境)共同作用的结果,其中人起决定性作用。以往研究表明,除车辆本身运行状态受道路横断面影响外,驾驶人的注视行为、心理感受等生理、心理行为也与道路横断面设计息息相关。目前,由于土地利用、建设成本等多方面的原因,我国的公路基本很少有设置左侧路肩的,即便是双向八车道高速公路,也只有少数按照设计规范的要求设置左侧路肩。

7.2 左侧路肩对驾驶人的影响特征

7.2.1 数据获取

实验一共招募了30名男性驾驶人,平均年龄24岁,平均实际驾龄为3年。本实验所开发的场景(图7-1)由五条双向八车道的高速公路组成,其中,每条公路之间都由一段平曲线连接,使得整个场景呈正五边形。除了左侧路肩宽度外,五条公路的其余所有元素都是一致的。根据国标和工程实际应用情况,场景中公路1—5的左侧路肩宽度分别为0m,0.5m,0.75m,1.5m和2.5m(图7-2)。每条公路长12km,车道宽度3.75m;连接段的平曲线半径400m,长500m。场景全长62.5km。

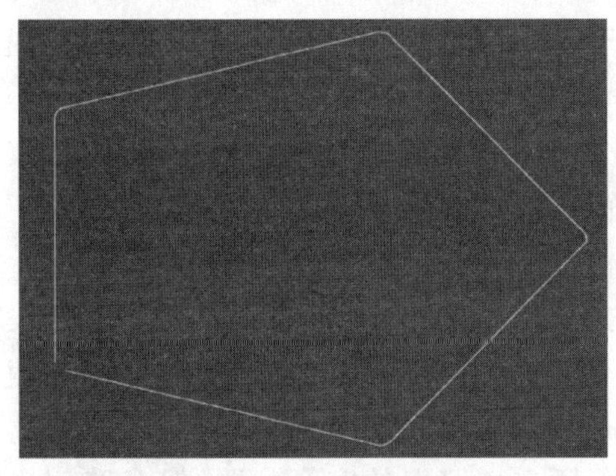

图7-1 实验场景

实验时间安排在上午8:30—11:00、下午3:00—5:30以及晚上18:30—21:00。一共安排两轮实验,第一轮实验对驾驶人没有速度限制要求;第二轮实验对驾驶人有速度限制,即要求驾驶人控制自己的车速在120km/h以内。在每轮实验中,驾驶人均需完成一个场景即5条公路的驾驶任务,其中,驾驶人从哪条公路开始实验由实验员随机安排,每条公路需驾驶1次。具体实验流程如下:

(1)实验员向其宣读实验指导语;

(2)安排驾驶人进入模拟舱中进行试驾,试驾完成后,驾驶人须填写驾前调查问卷;

(3)实验员为驾驶人佩戴心电仪和眼动仪;

(4)开始正式实验,并记录驾驶模拟系统、心电仪和眼动仪的数据;

(5)实验完成后,实验员取下仪器,保存并导出数据,并检查各项数据记录情况;

(6)实验员指导驾驶人填写驾后调查问卷。

a)无左侧路肩

b)左侧路肩宽0.5m

c)左侧路肩宽0.75m

d)左侧路肩宽1.5m

e)左侧路肩宽2.5m

图7-2 公路1—5

7.2.2 主观调查问卷

主观问卷从注视行为、车辆位置、心理感受、行车速度4个角度出发设置主观问卷，驾驶人在不同左侧路肩宽度下行车时关注左侧的程度存在差别。其中，62%的驾驶人认为公路1(路肩为0)对注视行为影响最大，也有24%选择了公路5(路肩为2.5m)；进一步确定路肩宽度对眼睛关注位置的影响，超过一半的驾驶人认为关注点主要集中在行车方向的左侧图7-3a)和图7-3b)。

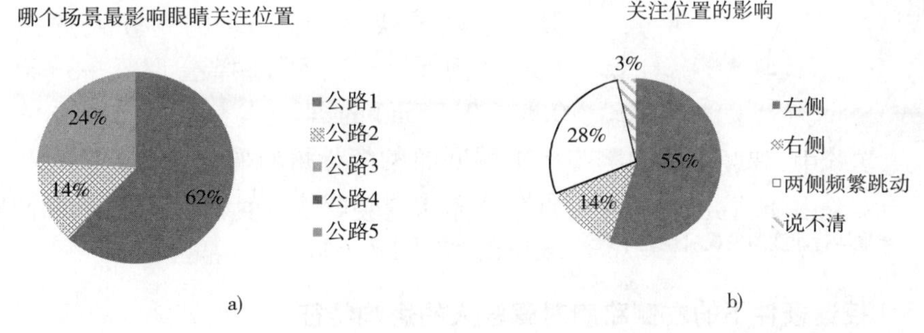

图7-3 关于注视行为的主观问卷统计结果

驾驶人对车辆偏离车道中线距离的主观判断如图7-4所示。45%的驾驶人觉得在公路1(路肩为0)中车辆偏离中心线最厉害，但也有38%的驾驶人认为在公路5(路肩为2.5m)中偏离程度最大。同时，62%的驾驶人认为车辆主要偏向行车道的右侧图7-4a)和图7-4b)。

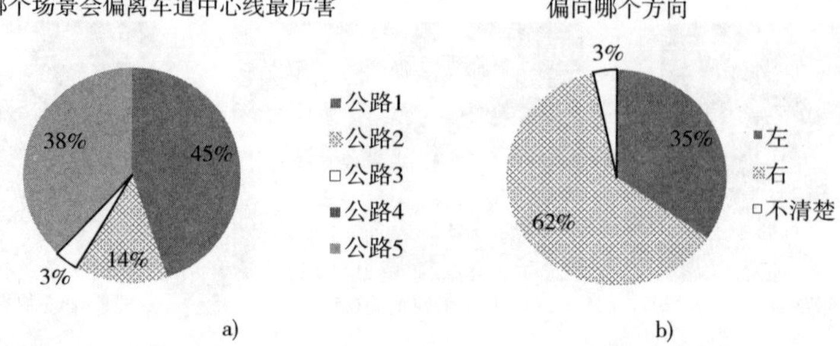

图 7-4 关于车辆位置的主观问卷统计结果

不同左侧路肩宽度下驾驶人行车的紧张感和舒适感不同。大多数驾驶人认为在公路 1(路肩为 0)中行驶时最紧张,但也有 23% 的驾驶人选择了公路 5(路肩为 2.5m)。有 63% 的驾驶人认为在公路 5(路肩为 2.5m)中行车最不紧张,其次也有 15% 的驾驶人认为最不紧张的是公路 3(路肩为 0.75m),如图 7-5a)和图 7-5b)所示。

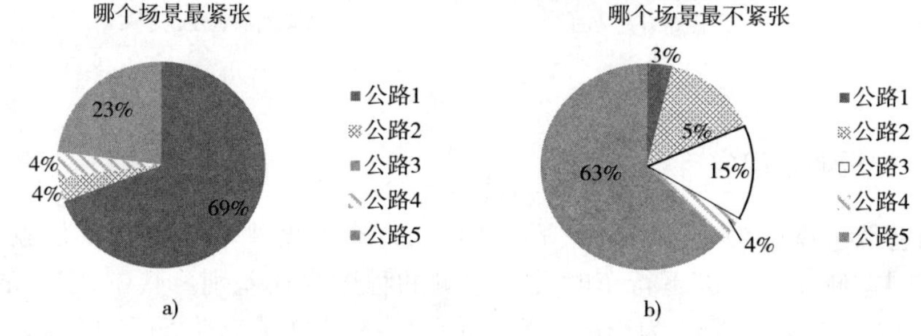

图 7-5 关于生理、心理状态的主观问卷统计结果

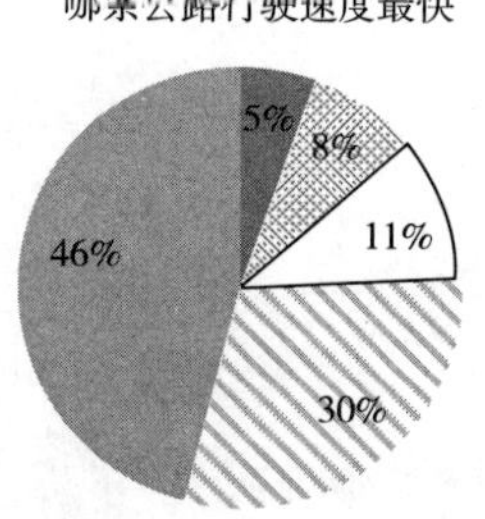

图 7-6 关于车辆运行速度的主观问卷统计结果

不同左侧路肩宽度下车辆的行驶速度也不同。有 46% 的驾驶人认为在公路 5(路肩为 2.5m)中行驶时速度最快,而有 30% 的驾驶人选择了公路 4(路肩为 1.5m),而选择公路 1—3(路肩为 0、0.5m、0.75m)的驾驶人分别有 5%、8% 和 11%。从主观问卷的统计可以看出,多数驾驶人认为当路肩宽度为 1.5m 或 2.5m 时,机动车的行驶速度是最快的(如图 7-6)。

7.2.3 控速条件下的左侧路肩对驾驶人的影响特征

1. 注视行为

驾驶人视野中的场景分成左、中、右 3 个注视兴趣区域,其范围分别为驾驶人水平视野的 $-20° \sim 10°$、$-10° \sim 10°$ 和 $10° \sim 20°$。为了更方便地描述驾驶人的注视特征,引入“注视兴趣区域重心”的概念,即计算某一注视兴趣区域内所有注视点位置坐标的平均值,以该平均位置坐标所在点为注视兴趣区域的重心。注视兴趣区域重心可以表现在该注视兴趣区域内,大多数注视点的集中分布情况。图7-7表现了在控制速度条件下,不同左侧路肩宽度的公路中左区域的注视重心的位置,其中横轴为 x 轴,纵轴为 y 轴(向下为正向),单位为像素。在路肩为0m的公路中,驾驶人注视点的集中区域相对靠右,即相对更贴近中间区域,这可能是由于左侧侧向净空不足造成的;伴随着左侧路肩宽度的增加,在路肩为0.5m和0.75m的公路中,左区域的注视重心逐渐向左移动,亦即驾驶人更多地关注左侧,尤其是在路肩为0.75m的公路中,驾驶人注视点的集中区域相对在最靠左的位置;随着左侧路肩宽度的增加,在路肩为1.5m和2.5m的公路中,左区域的注视重心逐渐向右移动,亦即驾驶人关注左侧的行为逐渐减少,而把更多的注意力放在中间区域或右区域,这是由于驾驶人认为左侧的侧向净空已足够宽,认为足以保证左侧安全。

计算左区域的注视点数百分比、注视持续时间百分比和平均注视持续时间,如图7-8所示。随着左侧路肩宽度的增加,左区域的注视点数百分比和注视持续时间百分比的变化规律非常相似。两个百分比都是在路肩为0m的公路中为最大值,随着路肩宽度增加而降低,当路肩宽度为0.75m和1.5m时,两个百分比均降到最低水平,而当路肩宽度为2.5m时,两个百分比均又有不同程度的抬升。图7-9表现了左区域平均注视持续时间随路肩宽度增加的变化曲线图,同样也是在路肩为0m的公路中为最大值(0.37s),然后随着路肩宽度增加,平均注视持续时间降低,当路肩为0.75m和1.5m时,降到最低值(0.24s),然后又开始上升。这说明,随着左侧路肩宽度的增加,侧向净空随之增加,驾驶人会越少地注视左侧,尤其是当路肩宽度为0.75m和1.5m时,驾驶人对于左区域的注视程度降到最低,而如果路肩宽度继续增加,驾驶人又会重新开始关注左侧的情况。

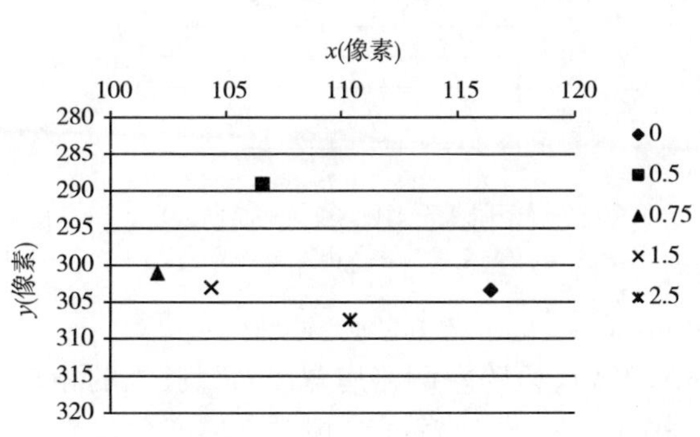

图7-7 控速条件不同左侧路肩公路中左区域注视重心位置坐标图

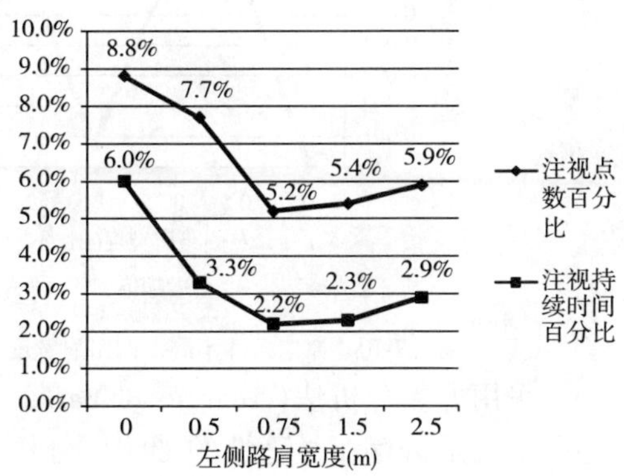

图7-8 控速条件不同左侧路肩公路中左区域注视点数百分比和注视持续时间百分比变化曲线图

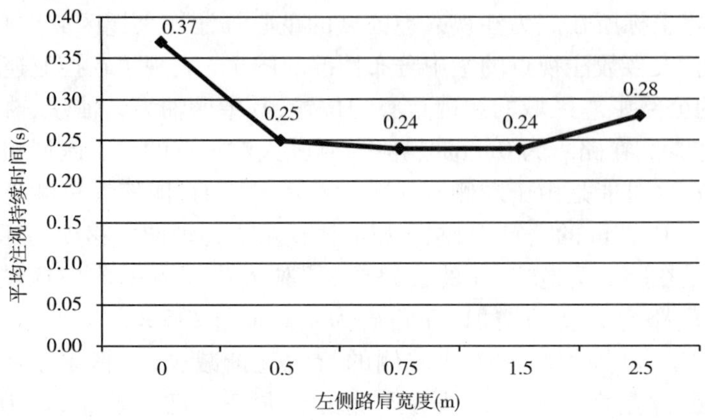

图 7-9　控速条件不同左侧路肩公路中左区域平均注视持续时间变化曲线图

2. 生理特征

心率的变化可以反映驾驶人在驾驶过程中生理状态的变化,但是由于驾驶人个体差异性的存在,选取中位数反映每名驾驶人在每条公路中心率分布的总体水平。以路肩为0m 的公路作为基准公路,计算不同左侧路肩宽度的公路与基准公路间的相对心率变化,具体计算方法是各路肩不为 0 的场景的全部驾驶人的平均心率与路肩为 0 的场景的全部驾驶人的平均心率的差值,再比上路肩为 0 的场景的平均心率。

在控制速度的条件下,驾驶人的相对心率变化的均值与标准差随左侧路肩宽度增加的变化情况如图 7-10 所示。为当路肩宽度为 0m 和 1.5m 时,平均相对心率变化降到最低,即驾驶人的紧张程度最低。结合考虑标准差的变化情况,选取 1.5m 为左侧路肩宽度的推荐值。

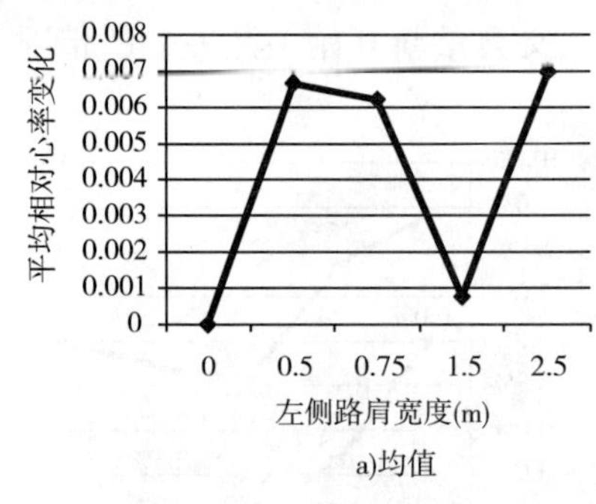

a)均值

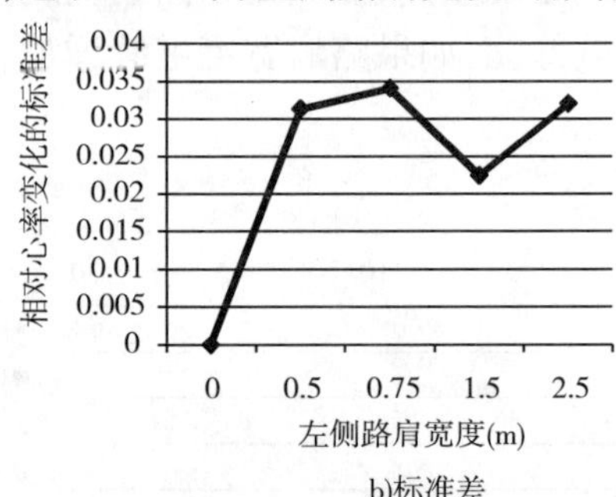

b)标准差

图 7-10　控速条件不同左侧路肩宽度公路中相对心率变化的均值和标准差变化曲线图

采用方差分析法(Analysis of Variance, ANOVA),检验左侧路肩宽度对驾驶人的相对心率变化是否存在显著性的影响。分析结果表明,左侧路肩宽度对相对心率变化没有显著性的影响,$F(4,116) = 0.782$,$P = 0.539$。

3. 车辆侧位移

侧位移数据是指机动车的中心至车道中心线的垂直距离,正值代表机动车在车道中心线的右侧,负值代表机动车在车道中心线的左侧。侧位移数据的绝对值越大,机动车偏离车道中心线的程度就越高,也就越可能提高潜在事故发生的可能性。计算在控速速度的条件下,所有驾驶人在每条公路中的平均侧位移。车辆侧位移均值与标准差随左侧路肩宽度增加的变化情况如图 7-11 所示。随着左侧路肩宽度的增加,车辆侧位移值逐渐降低,即车辆中心线越来越贴近道路中心线,侧位移的标准差随之增加,即车辆行驶的偏离程度和平稳程度均在降低。综合考量均值和标准差两个指标,选取 0.75m 为左侧路肩宽度的最小值,1.5m 为左侧路肩宽度的推荐值。

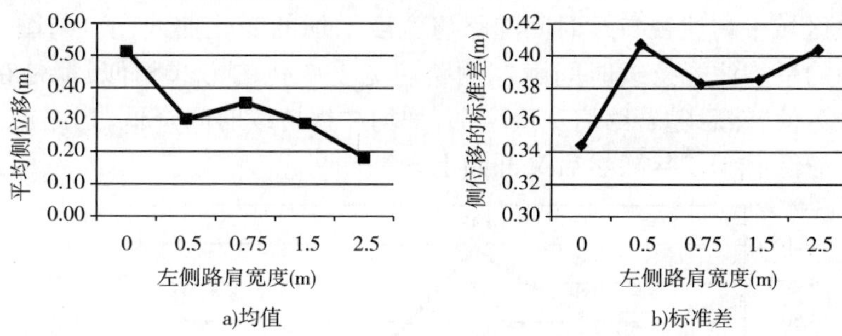

图 7-11 控速条件不同左侧路肩宽度公路中侧位移均值和标准差变化曲线图

采用方差分析法(Analysis of Variance, ANOVA),检验左侧路肩宽度对车辆的侧位移是否存在显著性的影响。分析结果表明,左侧路肩宽度对车辆侧位移有显著性的影响,$F(4,116)=17.723$,$P<0.001$。对比分析(S-N-K 法)结果表明,公路 5(左侧路肩宽度为 2.5m)的平均车辆侧位移显著地低于其余 4 条公路的平均车辆侧位移($P<0.05$),而公路 1(左侧路肩宽度为 0)的平均车辆侧位移却显著地高于其余 4 条公路的平均车辆侧位移(P<0.05)。检验结果表明,左侧路肩宽度对车辆侧位移存在显著性的影响。

7.2.4 不控速条件下左侧路肩对驾驶人影响特征

1. 注视行为

图 7-12 表现了在不控制速度条件下,不同左侧路肩宽度的公路中左区域的注视重心的位置,其中横轴为 x 轴,纵轴为 y 轴(向下为正向),单位为像素。与图 7-7 相比,由于驾驶人在不控速实验条件下的状态较控速条件更为松弛,其左区域的注视重心更加靠右、靠上,即更加向中间集中。从注视重心的移动情况来看,两个实验条件下的注视区域重心的移动方式是相似的,几乎都是在路肩为 0m 的公路中,驾驶人注视点的集中区域相对靠右在路肩为 0.5m 和 0.75m

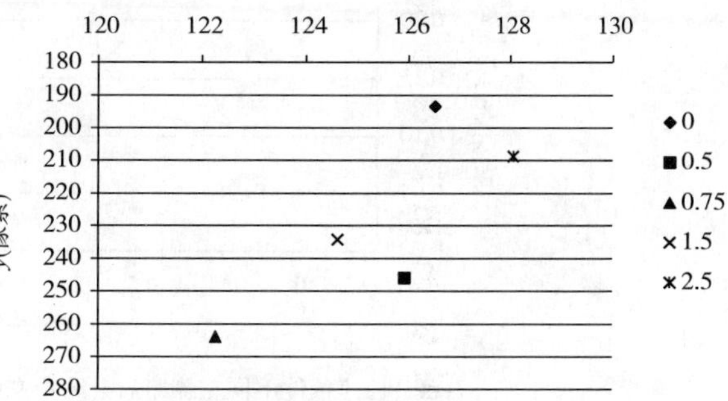

图 7-12 不控速条件不同左侧路肩公路中左区域注视重心位置坐标图

的公路中,左区域的注视重心逐渐向左移动,而当左侧路肩宽度继续增加,即在路肩为1.5m和2.5m的公路中,左区域的注视重心逐渐向右移动。

从图7-13可以看出,随着左侧路肩宽度的增加,左区域的注视点数百分比和注视持续时间百分比的变化规律比较相近。两个百分比先随着路肩宽度增加而升高,直至路肩为0.75m时达到最大值,之后随着路肩宽度增加而降低,当路肩宽度为1.5m时,两个百分比均降到最低水平,而当路肩宽度为2.5m时,两个百分比均又有不同程度的抬升。图7-14表现了左区域平均注视持续时间随路肩宽度增加的变化曲线图。与图7-9相比,两种实验条件下的平均注视持续时间随左侧路肩宽度变化的方式相似,都是在路肩为0m的公路中为最大值,然后随着路肩宽度增加,平均注视持续时间降低,当路肩为0.75m和1.5m时,降到最低值(0.24s),然后又开始上升。

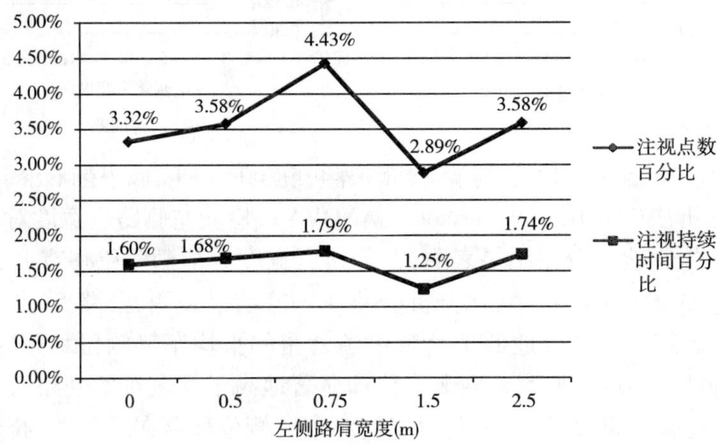

图7-13 控速条件不同左侧路肩公路中左区域注视点数百分比和注视持续时间百分比变化曲线图

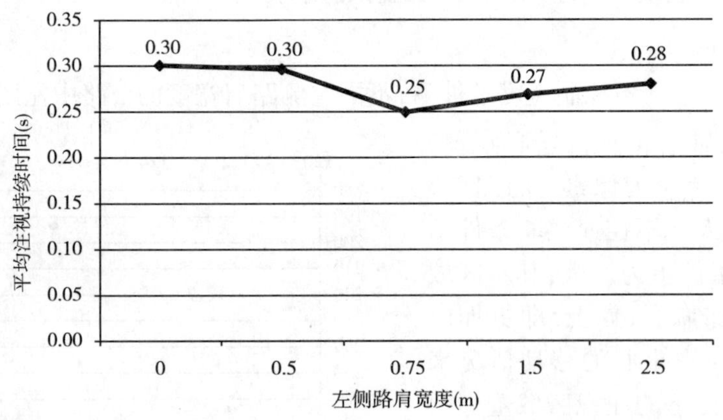

图7-14 控速条件不同左侧路肩公路中左区域平均注视持续时间变化曲线图

2. 相对心率变化

在不控制速度的条件下,驾驶人相对心率变化的均值与标准差随左侧路肩宽度增加的变化情况如图7-15所示。当路肩宽度为0.5m时，平均相对心率变化降到最低，即驾驶人的紧张程度最低；当路肩宽度为1.5m和2.5m时，驾驶人的平均相对心率变化同样相对较低，其紧张程度也相对较低。结合考虑标准差的变化情况，选取0.5m为左侧路肩宽度的推荐值。

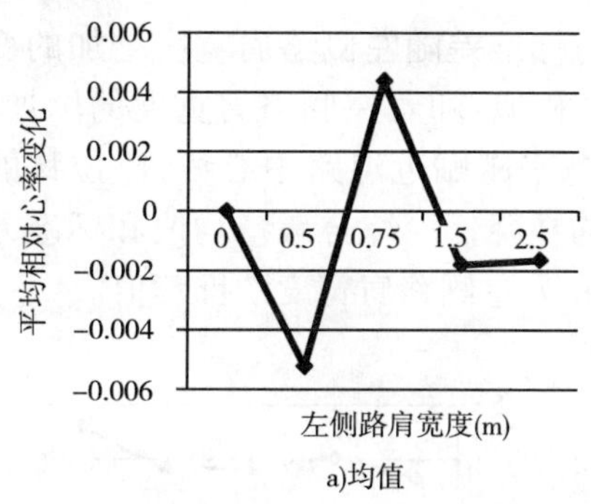

a)均值

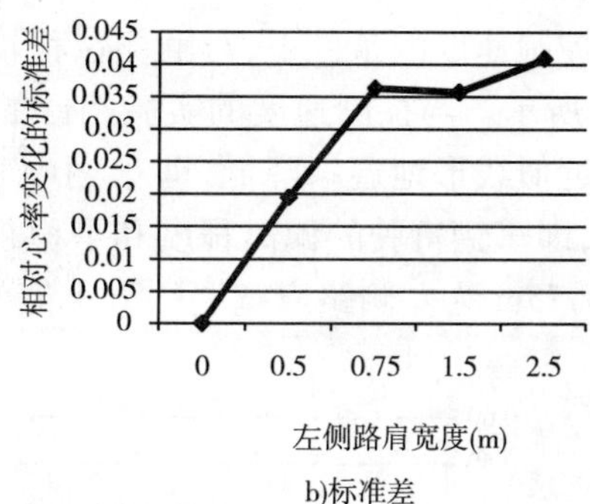

b)标准差

图7-15　不控速条件不同左侧路肩宽度公路中驾驶人相对心率变化的均值和标准差变化曲线图

采用方差分析法(Analysis of Variance, ANOVA)，检验左侧路肩宽度对驾驶人的相对心率变化是否存在显著性的影响。分析结果表明，左侧路肩宽度对相对心率变化没有显著性的影响，$F(4,116)=0.561$，$P=0.692$。

3.相对速度变化

相对速度变化的计算方法为首先计算每条公路所有驾驶人的平均稳态车速，然后以左侧路肩为0的公路为基准公路，计算其余各条公路的车速相对于基准公路的车速的变化率。该指标可以反映左侧路肩宽度对车辆行驶速度的影响。

在不控制速度的条件下，车辆稳态速度的相对速度变化的均值与标准差随左侧路肩宽度增加的变化情况如图7-16所示。类似于相对心率变化，相对速度变化也是指各路肩不为0的场景的平均速度相对于路肩为0的场景的平均速度的变化率。随着路肩宽度的增加，驾驶人稳态速度的均值呈类二次曲线的变化趋势，在路肩为0.75m和1.5m时达到最大值，而在0.75m的公路中，相对速度变化的标准差较小。综合评价，从速度指标的角度来看，推荐左侧路肩宽度为0.75m。

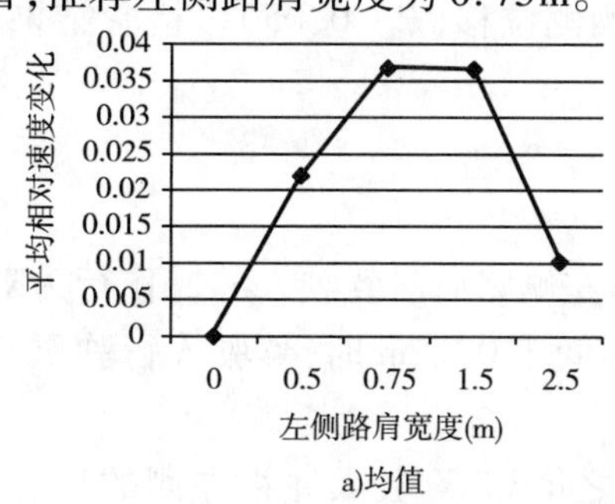

a)均值

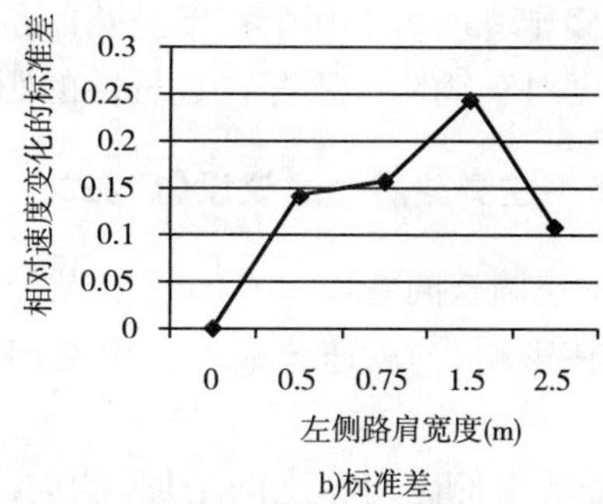

b)标准差

图7-16　不同左侧路肩宽度公路中稳态速度均值和标准差变化曲线图

采用方差分析法(Analysis of Variance, ANOVA),检验左侧路肩宽度对驾驶人的相对心率变化存不存在显著性的影响。分析结果表明,左侧路肩宽度对相对心率变化没有显著性的影响,$F(4,116)=0.551$,$P=0.699$。

4. 车辆侧位移

在不控制速度的条件下,车辆侧位移均值与标准差随左侧路肩宽度增加的变化情况如图 7-17 所示。与控制速度的实验条件的结果相似,随着左侧路肩宽度的增加,车辆侧位移值呈近似线形地逐渐降低,即车辆中心线越来越贴近道路中心线,侧位移的标准差随之增加,即车辆行驶的偏离程度和平稳程度均在降低。综合考量均值和标准差两个指标,选取 0.75m 为左侧路肩宽度的最小值,1.5m 为左侧路肩宽度的推荐值。

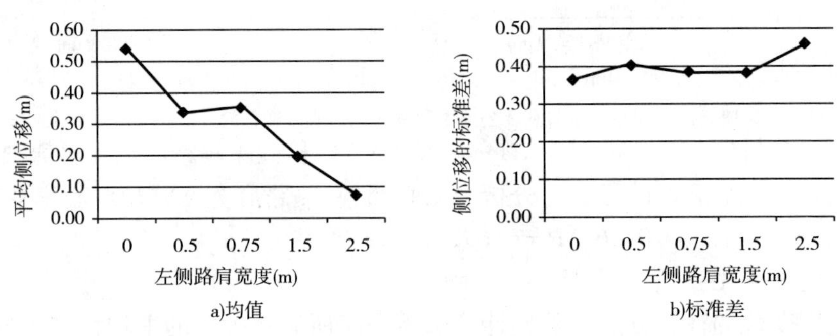

图 7-17　不控速条件不同左侧路肩宽度公路中侧位移均值和标准差变化曲线图

采用方差分析法(Analysis of Variance, ANOVA),检验左侧路肩宽度对车辆的侧位移,是否存在显著性的影响。分析结果表明,左侧路肩宽度对车辆侧位移有显著性的影响,$F(4,116)=16.565$,$P<0.001$。对比分析(S-N-K 法)结果表明,公路 5(左侧路肩宽度为 2.5m)的平均车辆侧位移显著地低于其余 4 条公路的平均车辆侧位移($P<0.05$);公路 4(左侧路肩宽度为 1.5m)的平均车辆侧位移显著地高于公路 5 的平均车辆侧位移,同时显著地低于其余 3 条公路的平均车辆侧位移;而公路 1(左侧路肩宽度为 0)的平均车辆侧位移显著地高于其余 4 条公路的平均车辆侧位移($P<0.05$)。检验结果表明,左侧路肩宽度对车辆侧位移存在显著性的影响。

7.2.5　左侧路肩的建议设置方式

(1)主观调查问卷可以看出驾驶人普遍认为左侧路肩对驾驶人的操作行为对车辆行驶状态存在影响,当高速公路的左侧路肩宽度不低于 0.75m 时,驾驶人行驶更安全和更舒适。

(2)随着左侧路肩宽度的增加,侧向净空随之增加,驾驶人注视左侧的程度减少,尤其是当路肩宽度为 0.75m 和 1.5m 时,驾驶人对于左区域的注视程度降到最低,而如果路肩宽度继续增加,驾驶人又会重新开始关注左侧的情况。

(3)在控制速度与不控制速度2种情况下,左侧路肩宽度对车辆的侧位移有显著性的影响,而对车辆的行驶速度和驾驶人的心率均没有显著性的影响。

(4)综合考虑速度、侧位移、心率3个指标随路肩宽度增加的变化趋势,选取0.75m为左侧路肩宽度的最小值,1.5m为左侧路肩宽度的推荐值。

第8章　道路设计

8.1　道路三维仿真场景

由于车辆在行驶过程中，要受到道路线形、交通标志标线、景观等因素的综合影响，因此在建立道路三维仿真场景时，综合考虑上述因素，以求在逼真的道路交通环境里，分析驾驶人的心理生理变化与道路线形、交通标志及道路景观的关系。这样有利于研究在其他条件的影响下，驾驶人行车心理生理反应与道路线形、交通标志的关系。要达到试验研究的目的，得到研究所需要的数据，一个好的道路三维可视化仿真场景是关键。本节就着重介绍试验道路三维可视化仿真场景的建立过程及方法。

8.1.1　某村镇公路设计概况

试验道路选用某山区公路的村镇路段，设计指标按照建设部颁发的《城市道路设计规范》(CJJ37—2012)城市次干道等级标准执行，设计时速40km/h，设计指标见表8-1。

主要设计指标表　　表8-1

<table>
<tr><th colspan="3">项　目</th><th>单　位</th><th>指　标</th></tr>
<tr><td colspan="3">路线长度</td><td>km</td><td>6.18</td></tr>
<tr><td colspan="3">路基宽度</td><td>m</td><td>18</td></tr>
<tr><td rowspan="5">平曲线</td><td colspan="2">转角点</td><td>个</td><td>16</td></tr>
<tr><td colspan="2">平均每公里</td><td>个</td><td>2.5</td></tr>
<tr><td colspan="2">最小半径</td><td>m/处</td><td>70</td></tr>
<tr><td colspan="2">最大直线长度</td><td>m/处</td><td>804</td></tr>
<tr><td colspan="2">平曲线占路线总长</td><td>%</td><td>25.715</td></tr>
<tr><td rowspan="6">竖曲线</td><td colspan="2">变坡次数</td><td>次</td><td>38</td></tr>
<tr><td colspan="2">平均每公里</td><td>次</td><td>6</td></tr>
<tr><td rowspan="2">最小半径</td><td>凸型</td><td>m/个</td><td>1200/1</td></tr>
<tr><td>凹型</td><td>m/个</td><td>1500/1</td></tr>
<tr><td colspan="2">最大纵坡</td><td>%/处</td><td>5.772/1</td></tr>
<tr><td colspan="2">最短坡长</td><td>m</td><td>51</td></tr>
</table>

1. 平面设计

路线起点(K0+000)位于不老屯镇黄土坎村,经黄土坎村、燕落村、不老屯村,终点(K6+179)位于半城子水库路口,全长6.17km。同时在K4+596.465处设计环岛一座,既可美化环境,又可分流经过镇中心的车辆。

2. 纵面设计

纵面设计在满足设计要求的前提下,为了与周围环境相协调,在不破坏现有地形的基础上,拓宽的路面原则上与现状公路纵坡一致,基本按照原路纵坡进行设计。

3. 横断面设计

该线道路红线宽18m,现状7m宽路面位于道路中间,道路横断面形式为3m(非机动车道)+2.5m(绿化带)+7m(机动车道)+2.5m(绿化带)+3m(非机动车道),如图8-1所示。

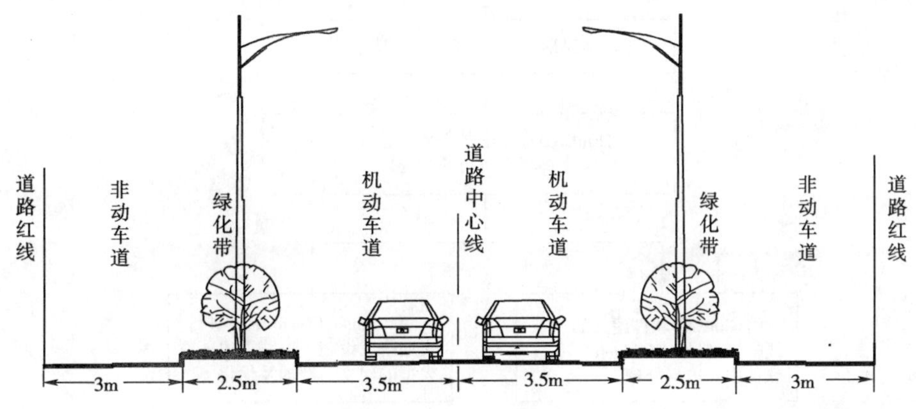

图8-1 村镇路段横断面图

该段道路与水库路、中心校路、镇中心路、镇中心区公园路、不白路5条现况路相交,均按照平交路口处理,相交路口分别进行交通渠化设计。

8.1.2 道路三维仿真场景的建立流程

道路三维可视化仿真场景的建立采用HintCAD与Multigen Creator软件相结合的方法。在HintCAD软件中生成工程研究需要的较复杂的地面、道路实体模型,然后将数模数据输入到Multigen Creator软件中去,利用Multigen Creator软件做后期处理,最后建立能够满足研究人员对道路线形设计、交通安全设施设置和道路景观设计等方面精确要求的道路环境虚拟场景。

建立道路三维可视化仿真场景的基本流程为:根据现有的平面地形图和道路设计资料,用南方CASS软件对二维地形图进行处理,将地形图转化为三维立体坐标,生成等高线;用HintCAD软件对转换后的等高线进行预处理,建立数字地面模型,然后进行道路平、纵、横的三维立体设计，之后将道路模型与地形模型进行叠加处理，建立道路三维线框模型；将 HintCAD 软件建立的道路与地形叠加模型导入 Multigen Creator 软件中并进行处理，建立交通附属设施模型和道路周边环境模型，对已经确认的模型进行纹理贴图及渲染，完成道路三维可视化场景的建立并输出。基本流程如图 8-2 所示。

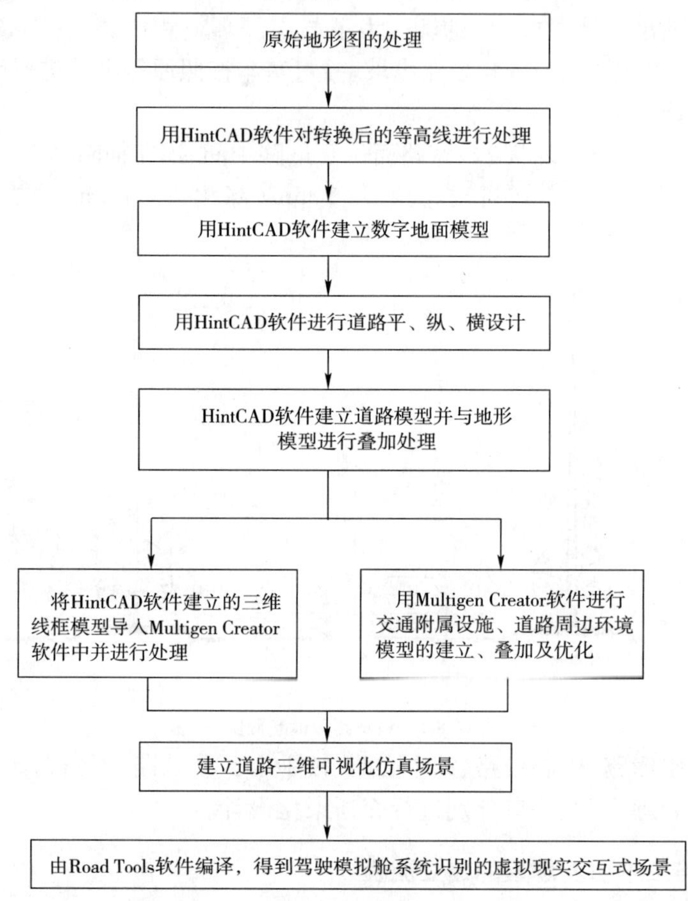

图 8-2　道路三维可视化仿真场景流程图

8.1.3　道路三维仿真场景的建立

1. 地形图的处理

在试验道路设计的地形图上，利用南方 CASS 软件对高程点进行处理，恢复高程点本身所具有的属性，并利用道路设计时测量的现状道路横断面数据对地形图中不合理的高程点进行修正，并对高程点稀疏的地方进行插补合理的高程点，利用南方 CASS 软件对修复的高程点进行三角构网，并根据实际地形对生成的三角网进行修剪，在已生成三角网的基础上进行地形图的等高线绘制,形成所需的等高线。下面从处理原始地形图、利用南方 CASS 软件建立数字地面模型(构建三角网)、绘制等高线及修饰 3 个方面分别进行详细的介绍。

1)处理原始地形图

原始地形图本身不包含任何地理或几何信息,地形图中的高程点没有属性和高程信息,电子地形图由于数据采集误差、数据转换时的信息损失、技术处理误差等原因,原始三维数据中不可避免地含有各种误差和错误,因此在构建数字地面模型之前必须对其进行查错和相应的预处理。

2)利用南方 CASS 软件建立数字地面模型(构建三角网)

在使用 CASS2008 自动生成等高线时,应先建立数字地面模型,用 DGX. DAT 数据建立三角网。一般情况下,由于资料条件的限制,很难一次性生成理想的等高线,另外还因现实地貌的多样性和复杂性,自动构成的数字地面模型与实际地貌不太一致,这时可以通过修改三角网来修改这些局部不合理的地方。

3)等高线的绘制及修饰

完成以上两步准备操作后,便可进行等高线绘制以及修饰。将 DWG 格式的地形图数据导入 HintCAD 系统。在 HintCAD 系统中,通过"点数据高程过滤设置"、"数据预检"等命令,将零高程和高程超出合理范围的粗差点或废弃点自动剔除。同时,对已经读入内存的所有三维点进行排序、检索等操作,同时检查并逐一记录数据中出现的所有问题。

2. HintCAD 系统道路地形三维线框模型的建立

通过对三维数据的手工修改和 HintCAD 系统处理后,根据处理后的等高线数据,应用 HintCAD 系统的"三角构网"功能,对已经读入内存的所有三维点进行排序、检索、按 DT 理论构建初步的三维数字化地面模型。HintCAD 系统在对三角网进行自动消除网格内的平三角形、自动剔除不在用户指定范围的高程粗差点、异常点和废点等数模优化措施后,就得到了 *. dtm 格式的 DTM。

根据道路工程设计资料,在所构建的 DTM 上,以道路的设计资料为基础,利用道路的平、纵、横设计数据,进行道路的平面线形设计、纵断面设计、路基设计、横断面设计等三维化设计之后,利用 HintCAD 系统的"输出公路三维模型"功能,绘制符合道路设计标准的、精确完整的真实道路全三维模型(包括边坡、护栏、标线等),系统自动根据道路全三维模型完成对原 DTM 的切割(挖除),进而生成道路与地形无缝连接的 *. dtm 格式的道路地形三维真实线框模型。

3. Creator 系统道路三维模型的建立

1)HintCAD 系统向 Creator 系统的转换

在 *. dtm 格式的道路地形全三维真实线框模型导入 Creator 系统建模前,应将 *. dtm文件转换成 *. dxf 格式文件。然后将 *. dxf 模型文件导入 Creator 系统,转换为

Creator 系统所支持的＊.flt 文件。

2）地形模型的处理

由于地形面积大，多边形面片数量达百万级，所以场景模型的复杂度及大数据量与交互实时性之间的矛盾是实时漫游存在的主要问题。为了减少系统的渲染负担，保证实时性，对道路地形模型转换后还需要进行编辑处理，重新构造道路边坡边界与地形结合处在格式转换过程中缺失的面片，裁剪被地物完全遮挡的地形，进行面片合并，在某些特定的条件下以简单模型代替复杂模型。

3）道路三维模型的处理

删除冗余构造物、多边形和线。冗余构造物是指在 HintCAD 系统中建模时系统自带的而道路工程设计文件中未设计或不符合设计要求的构造物，如波形护栏、标线等。冗余多边形和线，主要指在实时仿真运行时，模型中始终不会被显示出来或任何视点都不可见的多边形和线，包括模型几何体的内部面片、一些过度的模型细节及被其他面完全遮蔽或重叠的面片、线等。例如构造物的内壁，路面以外看不见的底面、线，构造物共有的面等。在某些特定条件下以简单模型代替复杂模型，通过类似处理将整条道路的整个三维模型构建出来。

4）虚拟现实场景纹理贴图及渲染

在构建完这样一个精确的道路地形及环境模型后，就可以对其进行纹理贴图与渲染，对模型赋予材质、灯光、摄影机来修饰视图，产生道路环境虚拟现实场景模型。经过 Multigen Creator 纹理贴图和渲染之后，就可以对道路环境虚拟现实场景模型进行输出，所输出的文件为仿真业界通用的 FLT 格式，之后就可以将仿真模型经由 Road Tools 软件编译，而得到可供驾驶模拟舱系统识别的道路环境虚拟现实交互式场景，为下一步的可视化评价做好准备。图 8-2 为经过 Multigen Creator 系统贴图渲染后的效果。

图 8-2 经贴图渲染的虚拟现实场景模型

8.2 道路设计

由于村镇公路道路周边规划不合理，村镇道路与过境公路相交道口较多，且都以平面交叉形式存在，很少设置红绿灯等交通设施，安全秩序也没有专人维持，很容易造成交通冲突；再者穿村镇公路道路等级低，隔离少，交通情况复杂，平纵横设计指标多不能满足现今规范，难以满足当今村镇交通发展的需要；道边市场、道边商店侵占道路资源，进出市场、商店的人、车均拥挤在道路上，并且人们的出行时间、出行方式不规律，致使道路很容易在高峰时段造成交通堵塞，所以穿村镇公路的设计和改造不应单纯地照搬传统设计方法和规范。本节正是考虑到穿村镇公路的上述特殊性,结合驾驶人的心理生理感受验证道路限速标准、交通标志设置和交叉支路改造的合理性。

8.2.1 道路限速标准的确立

1. 穿村镇公路限速标准的确定方法

1)穿村镇公路限速标准的确立原则

穿村镇公路最高车速限制应在兼顾经济性与安全性的同时,实现运行效率。在确定穿村镇公路最高车速限制值时应遵循以下原则:

(1)在条件允许的情况下应尽量提高车速限制值,实现运行效率。

(2)限速值并非是要保证零事故率,而是使事故率保持在一个可接受的范围,保证事故严重程度尽量小。

(3)由于穿村镇公路道路环境相对复杂,最高车速限制值应尽量减小不同车型间的速度差,避免车辆在行驶时车速产生较大变化。

(4)限速值应保证车辆以该速度行驶时不会对驾驶人的心理生理状态产生很大影响,出现明显的紧张感和驾驶疲劳。

2)穿村镇公路限速标准确立的基本思路

以驾驶人心理生理反应为依据确定穿村镇公路的限速值时,应当尽量避免驾驶人过度紧张或长时间处于舒适状态,使其处于舒适和适度紧张2种状态合理交替出现的状况中。此外,我国目前从单车的车速降低方面对线形安全性提出判断标准:当两相邻路段上的 ΔV 不超过10km/h 时,线形设计为"优";当两相邻路段上的 ΔV 在10~20km/h 之间时,线形设计为"一般";当两相邻路段上的 ΔV 超过20km/h 时,线形设计为"差"。

结合以上结论对不同限速条件下的试验结果进行分析后,可以初步确定出所选穿村镇公路路段的初始限速值。再利用驾驶人在不同限速条件下行驶全程所得到的心理生理变化指标和经济适用性对该初始限速值的合理性以及分析方法进行验证。如果初始限速值满足验证要求,则可以被确定为限速区段的限速标准值;如验证结果与初始限速值不相吻合,则应重新分析试验数据确定初始限速值。实施流程如图8-3所示。

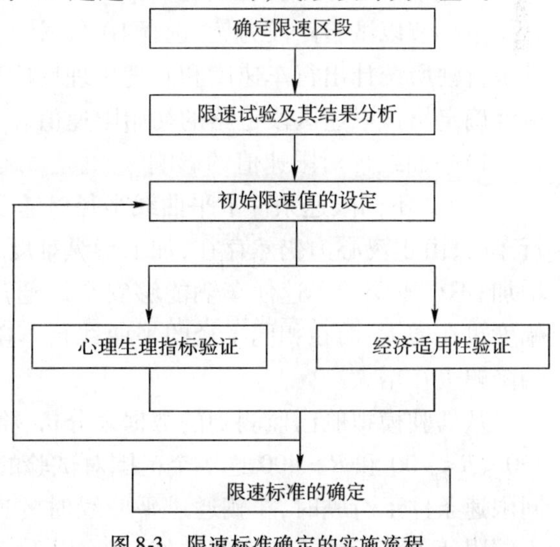

图8-3 限速标准确定的实施流程

3)驾驶人心理生理舒适度与行车安全性的关系

上文提出了利用驾驶人心理生理舒适性确定穿村镇公路限速值的方法，本段将对驾驶人紧张程度和行车安全性之间的关系加以分析。

驾驶人能在复杂的环境条件和汽车状态下，灵活有效地完成驾驶汽车的任务，与其生理、心理素质息息相关。驾驶人在行车过程中，通过自身各感觉通道感知到的各种外部因素往往会引起驾驶人身心负荷程度的巨大变化。驾驶人通过大脑的反应及心理度量，操纵汽车的转向盘等，从而使汽车按预定目标正常行驶。可见，驾驶人的生理、心理变化不仅是与心理负担程度相对应的一种现象，还可以作为观察驾驶人动作、行为变化的检测器。

如果人的精神过度紧张，大脑皮层相关部分的正常活动就会受到干扰，思维、记忆、操作动作的准确性都会随着紧张程度的增加而降低。例如驾驶人在遇到危险情况时，由于过分紧张，导致动作的速度和准确性受到很大影响，引发交通事故。

但是驾驶人一直处于舒适状态下行车也未必安全。有关调查表明，在所有交通事故中，由于驾驶人一直处于放松状态未对突发状况做出及时反应而造成事故占了很大一部分。由此看来，单纯以驾驶人是否处于舒适状态来衡量行车的安全性也是十分片面的。

行车时保持情绪上的适度紧张，能够使驾驶人集中注意力，谨慎的考虑道路出现的各种状况，选择合理的方式应对当前出现的问题，保证安全驾驶。但是如果驾驶人长期在适度紧张的精神状态下行车就会导致身体的疲劳，也会对行车安全造成威胁。因此在行驶过程中使驾驶人的心理变化处于舒适和适度紧张 2 种状态合理交替出现的状况中，行车将更加安全。

2. 道路限速标准确定试验

本小节以试验路段为例，选择 10 名驾驶人作为试验对象，对 10 个样本在不同限速条件下行驶所统计出行车速度和心理生理反应变化结果以道路线形为评价尺度进行分析，最终确定出该限速区段道路的初始限速值。

1）平面线形对限速值的影响

（1）在不同限速条件下平曲线半径对速度差的影响。驾驶人在较小半径的平曲线上行车时，由于离心力仍然存在，加上操纵难度增加，驾驶人的紧张程度仍不知不觉地有所增加，不得不降低车速使车辆能够安全地通过曲线。随着平曲线半径的变小，车速降低幅度也在增大；而在相同半径的平曲线行车随着速度的增加，驾驶人在通过曲线时车速的降幅也在增大。

从驾驶模拟舱已监测到的数据来分析，将小半径曲线划分成 $R \leqslant 100$、$100 < R \leqslant 250$、$250 < R \leqslant 400$ 和 $R > 400$ 这 4 个范围对试验的 10 个样本进行统计，得到受测驾驶人在不同限速条件下行驶时，车辆通过平曲线时的速度及其与平曲线前直线段的速度差，以及不同限速条件下的平均速度差值，得出以下结论：

①限速的选取对半径 $R>400$ 的曲线段的速度差影响不大；

②当采用限速值为 30km/h 时，驾驶人行驶较为平稳，平曲线半径的大小对速度的变化没有产生太大影响；

③限速值的选取对半径较小的平曲线行驶速度变化影响较大；

④自由行驶时在小半径曲线上出现速度差大于 20km/h 的情况，应当采取限速措施。

(2)在不同限速条件下平曲线半径对驾驶人心率的影响。通过受测试者在不同限速条件下行车通过各个半径曲线时的心率与其静态心率的对比，可以统计出 10 个样本在不同限速条件下通过平曲线的心率增量，以及在不同限速条件下通过平曲线时的平均心率增量，得到以下结论：.

①当限速值为 30km/h 时，心率增量随平曲线半径的大小变化不大；

②限速值越高心率增量随平曲线半径的大小变化越明显；

③行驶速度越大驾驶人在小半径曲线上行驶时的心率变化越大；

④当限速值超过 50km/h 时，驾驶人在小半径曲线上行车会出现紧张或过度紧张的状况。

2)纵坡坡度对限速值的影响

为了能较为准确地反映纵坡坡度对限速值的影响，将试验结果按照坡长分为 200m 及以下和 200m 以上 2 个范围，分别对坡长范围内的坡度对速度差及心率变化的影响进行分析。

由于驾驶人在上坡段行驶时行车速度往往都要降低并且心理生理变化较上坡前路段也无太大变化，因此只分析下坡段的速度差和驾驶人心率变化情况。在分析下坡坡度大小对速度差及心率变化的影响时，将试验结果按坡度大小分为 $i<2\%$、$2\%\leqslant i\leqslant 5\%$ 和 $i>5\%$ 共 3 组，对 10 个样本进行统计分析得出驾驶人在每组坡度下行车时的速度差和心率变化量，以及驾驶人在不同限速条件下坡度对速度差的影响的均值。

实验结果表明在限速 30km/h 和限速 40km/h 的情况下，坡度坡长对速度差的影响不大，速度差随坡度的增加并不明显。但在限速 50km/h 和自由行驶的情况下，速度差会随着坡度长的增加而增大。当纵坡 $i<5\%$ 时由于车辆本身重力分量产生的加速度对车辆的影响很小，因此驾驶人一般不会采取相应的制动措施，车速会随坡度的变大自然增高；当纵坡 $i>5\%$ 时，随着坡度不断增大，重力分量产生的加速度越来越大，同时驾驶人对于纵坡存在的感觉也越来越强，出于安全考虑会随纵坡的增大采取制动措施，因此实验结果显示车速的增加幅度反而有所减小。

随着下坡时速度增加的变化，驾驶人的心率也出现了相应的变化，但心率的变化并不与速度差的变化完全一致。在任何限速条件下心率增量都随着坡长的增加而增大，并且坡度越大心率的增加就越明显。在限速 30km/h 和限速 40km/h 条件下心率变化基本处于舒适的状态之下，但随着行车速度的增加，当纵坡 $i>5\%$ 时，驾驶人对于纵坡存在的感觉也越来越强，心率也会随之增加。

3)初始限速值的确定

通过上述对在不同限速条件下的线形指标对速度差和心率变化影响的分析，可以得出在不同线形条件下限速的最大值和最小值。限速最大值就是指能够保证速度差在20km/h之内，并且驾驶人在行驶时不出现过度紧张的状况；而限速最小值则是保证速度差在10km/h之内，并且驾驶人一直处于舒适的状态之下。各个线形因素下的限速值见表8-2。

不同线形条件下限速的最大值和最小值 表8-2

限速因素	线形指标	最大限速值(km/h)	最小限速值(km/h)
平面线形	$R \leqslant 100$m	40	30
	100m < $R \leqslant 250$m	50	40
	250m < $R \leqslant 400$m	—	50
纵断面线形	坡长 > 200m, $i > 5\%$	50	30
	坡长 > 200m, $2\% < i \leqslant 6\%$	50	40
	坡长 < 200m, $i > 5\%$	50	50

以模拟试验选用的某穿村镇路段为例，该段道路设计时速40km/h，由上一节试验道路概况及设计分析可知平曲线的最小半径为70m；纵断面最大坡度为5.78%，此坡度的坡长为136m；纵断面最大坡长325m，此坡长下坡度为1.9%，由表8-2分析可以得出：平面线形半径$R \leqslant 100$m最高限速为40km/h，半径$R > 100$m最高限速为50km/h；纵断面的最高限速为50km/h。所以在半径小于100m的路段只有两处，为了提高道路运行效益应当将限速值设定为50km/h，但在半径小于100m的两处增设线形诱导标志或减速标志，以保证在线形紧迫段的行车安全。

3. 初始限速值合理性验证

1)心率变化验证

为了验证初始限速值的合理性，分别对10位驾驶人在各个不同限速值下行车时心理生理变化的情况进行对比分析。在驾驶模拟舱中对驾驶人的的心率变化进行监测，得到他们在不同限速值下行驶全程所对应的心率变化率样本，将得到的有效样本进行心率变化值平均后最终得出不同限速条件下驾驶人行驶全程的心率增量变化图，如图8-4所示。

通过以上的心率增量对比分析，可以看到限速在30km/h时，驾驶人在各个半径的平曲线上行车时，心率增量都保持在10次/min以下，行车状况为舒适。而在没有对路段进行限速的状态下自由行驶时，可以从图8-4中看出驾驶人的心率增量基本上都处在10

次/min 以上,甚至有些达到 30 次/min 以上,而根据已有结论可以得出大于 30 次/min 的心率增量都是在紧张的行车状态下,对驾驶人的驾车舒适度和安全性都是不利的。而限速值选择在 40km/h、50km/h 时,心率增量基本维持在舒适与适度紧张的状态之间,因此可以选择两者之一作为初始限速值。

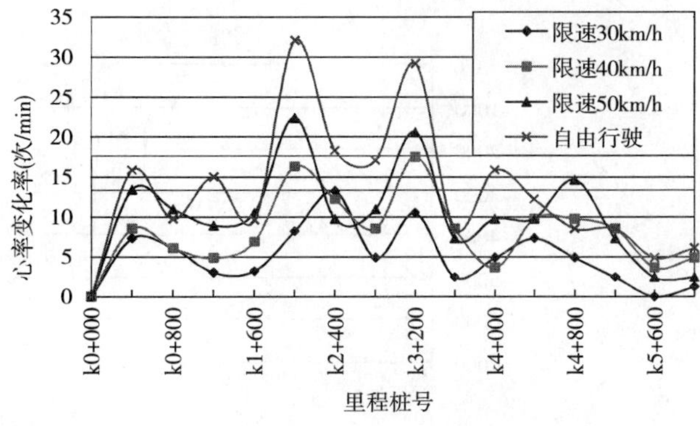

图 8-4 不同限速条件下心率增量对比图

2)皮电变化验证

在监测驾驶人以不同限速条件行车时心率变化的同时,还监测了他们以不同限速行驶全程的皮电变化。图 8-5 至图 8-8 是有效样本中在不同限速条件下的皮电变化图。

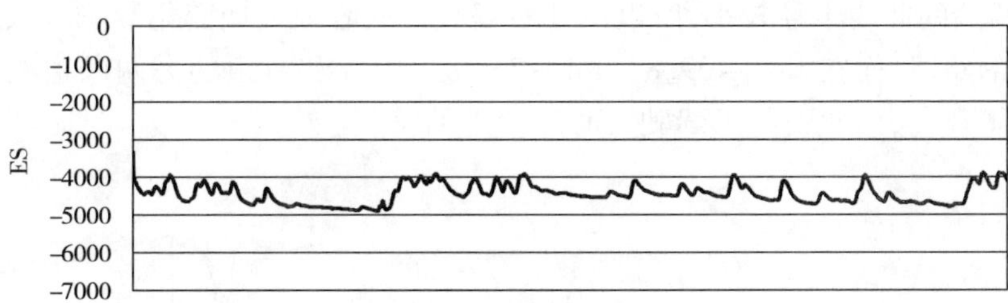

图 8-5 限速 30km/h 时某驾驶人皮电变化曲线

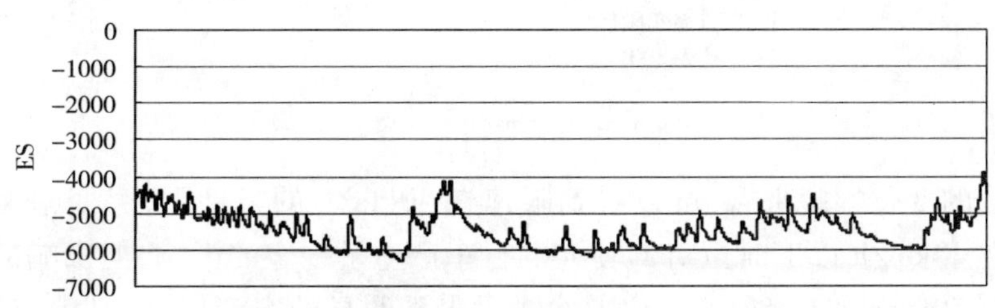

图 8-6 限速 40km/h 时某驾驶人皮电变化曲线

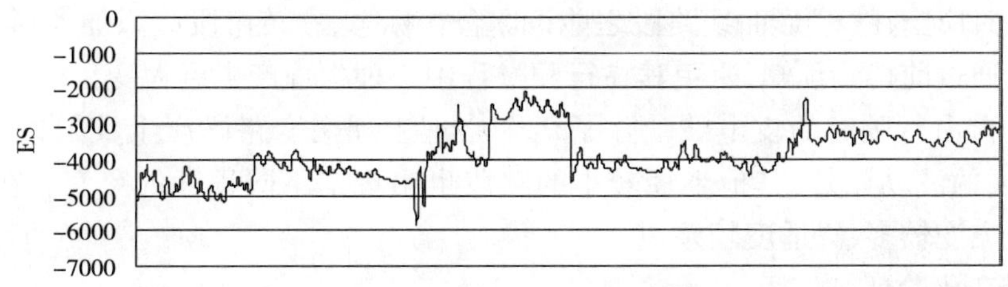

图 8-7 限速 50km/h 时某驾驶人皮电变化曲线

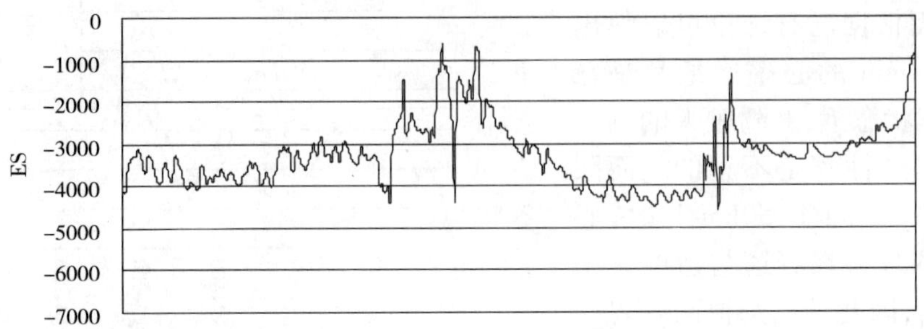

图 8-8 自由状态下行驶皮电变化曲线

可以看出驾驶人以不同速度在行驶全程的过程中，皮电变化图都会在 K1 +834.8 ~ -K2 +200 和 K4 +409.8 ~ K4 +750 两个路段上产生突变，从图 8-9 中可以看到整条道路在这 2 处平曲线的特殊性。在 K1 +834.8 ~ -K2 +200 处的公路是一个“S”形曲线，由于“S”形曲线两端的曲线半径较小，所以该处对驾驶人的心理生理变化影响较大，也是公路中事故易发的路段；而在 K4 +409.8 ~ K4 +750 处，由于和村镇的另两条道路相接，在交叉口处设置了环岛，由此引起了驾驶人心理生理的突变。

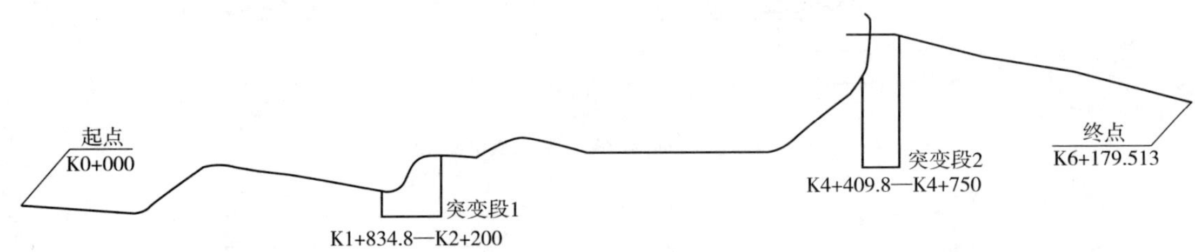

图 8-9 产生心理、生理突变路段

但从突变的变化幅度来看，可以看到限速在 40km/h 的条件下，突变幅度相对较小，这说明限速在 40km/h 以下时虽对驾驶人的行车产生了一定的影响，但影响的程度较小；当限速提高到 50km/h 时，除了在“S”形曲线段出现明显的突变以外，其他路段均与限速 40km/h 波动图形大体一致，对驾驶人的舒适度不会构成太大的影响。在选用 50km/h 作为限速标准时应当在“S”形曲线路段之前设立警告标志，在转弯段应添加线形诱导标志，使驾驶人在通过前得到预知，避免其在行驶过程中心理生理产生巨大变化。

而对于自由行驶时的皮电波动除了 2 个心理生理突变路段产生较限速 50km/h 和 40km/h 较大的波动以外，其他半径较小的路段也出现了不同程度的突变。在整个行程中心理生理突变较多，舒适度较差。

3）呼吸变化验证

上文已经从心率和皮电 2 个心理生理分析角度，分别分析了驾驶人在各个不同的限速状况下的心理生理变化情况。通过对心理生理变化情况的分析得到较为合适的限速标准。本段将从呼吸率变化的角度加以分析。

在正常状况下行驶时,驾驶人的呼吸变化是均衡的,当遇到路况不明、紧急情况或接收到意外的交通信息时,驾驶人会提高交感性活动的水平,从而引起心理上的紧张和生理的反应,呼吸就会变得急促,呼吸率也会相应增大。

为了得到不同限速条件下,驾驶人的呼吸变化情况,试验在驾驶模拟舱中分别对10位驾驶人在各个不同限速值下行车时产生的呼吸变化进行监测,得到10位驾驶人不同限速值所对应的呼吸率样本,筛选掉由于仪器原因而产生的伪值,将得到的有效样本进行各半径下呼吸率值平均后,最终得出不同限速条件下的平均呼吸变化率的对比图,如图8-10所示。

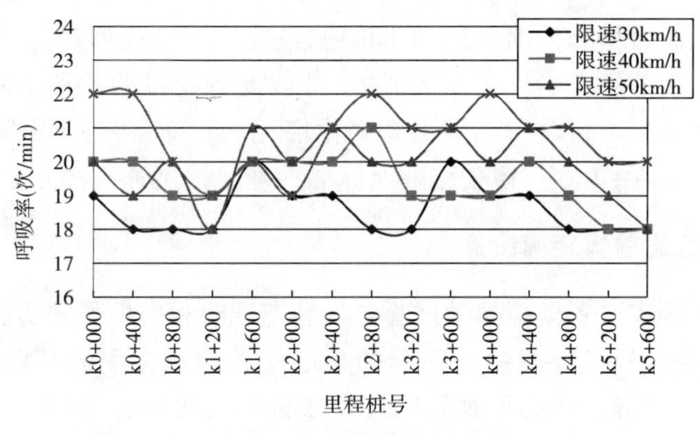

图8-10 不同限速条件下呼吸率对比图

通过图8-10对不同限速条件下驾驶人在行车过程中产生的心率变化率的对比分析,可以看到由于受测驾驶人的平均静态呼吸率大致在17~18之间。因此在限速30km/h的条件下,驾驶人在行车时的呼吸率和静止状态下的呼吸率基本相当。而随着限速值的增大,平均呼吸率也在增大。从图8-10中可以看出在限速40km/h的条件下平均呼吸率增量不大,不对驾驶人行车时的心理生理产生影响,驾驶人的行车基本处于较为舒适的状态;而限速提高到50km/h时平均呼吸率增大10%以上,根据已有研究表明当呼吸率超过10%时驾驶环境对驾驶人的舒适度会产生一定影响;如果对该条穿村镇公路不设置限速,使驾驶人自由行驶,则平均呼吸率会增大到20%以上,驾驶人出现过度紧张的状况,行车就会有安全隐患。

4)经济适用性验证

通过上文各心理生理变化对比图可以看到虽然限速在40km/h时,驾驶人的心理生理反应都处于舒适状态;但从经济性上来讲,选择限速值为50km/h能够在保持驾驶基本舒适的同时,又提高运行速度,节约成本,这也验证了初始限速值的合理性。

因此,尽管从设计指标来看,该道路设计时速宜采用40km/h,但如果将限速值提高到50km/h,在设计指标中也只在两圆曲线半径处小于推荐值,驾驶人在行驶过程中也未出现过度紧张的状况,而且心理生理指标基本在舒适和适度紧张间波动,由此看来为了提高公路的运行效率可以将该限速路段的最高限速值定为50 km/h。

本段提出了根据不同限速下行车速度的变化差和驾驶人的心理生理舒适度来确定穿村镇公路限速段限速值的思路,分析了驾驶人紧张程度和行车安全性间的关系,并指出以往人们认为在车辆行驶过程中驾驶人的心理生理状态处于舒适的状态下行车最安全这种认识的片面性,同时也指出通常适度紧张会使驾驶人更加集中精力。但如果驾驶人长期在过度紧张状态下行车就会导致身体的疲劳,也会对行车安全造成威胁,因此驾驶人在行驶过程中心理变化处于舒适和适度紧张合理交替出现的状况当中,行车将更加安全。

本小节还以试验数据为依据,对在不同限速条件下道路线形对行驶过程中驾驶人心理生理反应以及速度差的影响做了深入研究,并以此确定试验路段的初始限速值,最后通过对驾驶人在整条路段行驶时心理生理变化情况和行车经济适用性的分析验证了限速标准确定值的可行性,为穿村镇公路限速标准的确定提供了一种方法。

8.2.2 交通标志前置距离设置

交通标志前置距离设置模拟驾驶试验包括静态试验和模拟驾驶实验2部分。

静态试验,目的是检验穿村镇公路上的交通标志是否会引起驾驶人心理状态的变化,试验记录驾驶人在静止状态下观看幻灯片录像的心电数据。模拟驾驶实验,目的是检验穿村镇公路交通标志前置距离的合理设置,有利于驾驶人在通过交叉口等危险地点的过程中,保持平稳的心态,保证动作的连贯性和有效性。

1. 静态试验数据处理与分析

静态试验中只记录驾驶人的心电数据,在分析心电数据的过程中,保证幻灯片录像播放与心电数据记录时间的同步性。在时间同步的基础上,就可以提取出交通标志出现时段驾驶人的心电数据,与没有交通标志时段的心电数据进行对比,检验穿村镇公路交通标志与驾驶人心理状态的相关性。

1)心电数据与心脏活动关系分析

在整理与分析静态试验心电数据之前,先分析各个心电数据指标与心脏活动的关系特征。

心脏正常活动有赖于交感神经(Sympathetic Nervous System,SNS)和副交感神经(Parasympathetic Nervous System,PNS)的冲动输入的平衡。交感神经的活动主要保证人体紧张状态时的生理需要,当人体处在紧张状态时,交感神经活动增强,交感神经对心脏活动具有兴奋作用,能加速心搏频率、增强心搏力量,从而保证心脏对人体各器官的供血充足;副交感神经与交感神经的作用相反,主要维持安静时的生理需要,当人体度过紧张状态后,副交感神经活动增强,以降低心搏频率和心搏力量,使心脏对人体各器官的供血恢复到正常水平。

交感神经与副交感神经对心脏的综合作用可以采用心率变异性的相关指标来衡量。心率变异性(Heart Rate Variability,HRV)是指逐次心跳间期之间的微小差异。目前对于心率变异性的研究方法主要集中在时域法和频域法上。其中频域法是描述逐次心跳在各频率段上的微小差异,主要研究指标有 LF、HF、LF/HF 等。LF 表示心脏跳动的低频功率,HF 表示心脏跳动的高频功率,LF/HF 表示低频功率与高频功率的比值。

研究表明,LF 的变化主要受到交感神经的影响,交感神经活跃,LF 数值上升,反之下降;HF 的变化主要受副交感神经的影响,副交感神经活跃,HF 数值上升,反之下降。同时,交感神经活跃主要是由于人体处在紧张状态下引起的,而副交感神经活跃则说明人体正在从紧张状态恢复到正常状态。因此,可以用 LF、HF、LF/HF 的变化情况来描述人体所处的状态,进而评价穿村镇公路交通标志前置距离设置的合理性。

2)静态实验数据处理

静态试验共有 12 名试验人员,试验中记录了 12 名驾驶人观看 5min 穿村镇公路场景幻灯片录像的心电数据。录像由 20 张穿村镇公路场景图片重复播放 3 遍组成,其中第 8、13、19 张图片内容为带有交通标志的公路场景。因此,试验整理拟计算每位驾驶人观看录像全过程的标准化低频心跳功率(LFNU)和标准化高频心跳功率(HFNU)的平均值作为对比数据,提取每位驾驶人在观看 9 张带有交通标志的公路场景的平均 LFNU 值和 HFNU 值作为分析数据,以研究穿村镇公路上交通标志的设置是否会引起驾驶人心理状态的变化。

3)静态实验数据分析

根据 LFNU 值和 HFNU 值所代表的实际意义,可知 LFNU 随驾驶人的紧张程度的上升而上升,HFNU 随驾驶人的放松程度的上升而上升。因此,可以通过观察不同驾驶人在发现交通标志后的 LFNU 值和 HFNU 值变化来说明驾驶人心理状态的变化。

根据实验数据可知 LFNU 值在驾驶人发现交通标志时与在一般路况时相比大多有升高趋势,可以说明驾驶人在发现交通标志时心理状态是趋向紧张的;同样 HFNU 值的变化趋势为驾驶人发现交通标志时与在一般路况时相比大多有下降趋势,从相反的角度也说明驾驶人的心态在发现交通标志时是趋向紧张的。

2. 模拟驾驶实验数据处理

模拟驾驶实验所获得数据主要包括心电数据、驾驶舱机械数据和屏幕录像数据等。其中,心电数据和驾驶舱机械数据是用于分析论证穿村镇公路交通标志前置距离的主要数据,屏幕录像数据只起到辅助作用,用于校核心电数据和驾驶舱机械数据的同步性。由于心电数据和驾驶舱机械数据在实验过程中的采集频率过高,导致数据容量太大,因此在这里进行整理,以便于分析论证。

1)心电数据处理

心电数据是通过驾驶人在驾驶车辆时,绑缚在驾驶人胸前的心电监测仪记录的。这些数据能系统连贯地记录下驾驶人在驾驶过程中各种心理活动导致的心肺神经参数的变化,主要是以心电图作为直接数据进行记录,后期经过处理可以得出各种心电指标。

由于心电图只以图形的形式反映实验驾驶人的心理指标变化情况,不利于统计和分析,所以研究借助于心电设备自带的心电图处理和分析软件进行数据整理。

本实验确定的心电指标为标准化低频心跳功率(LFNU)值和标准化高频心跳功率(HFNU)值2种。同时,实验过程为在道路仿真模型上的多人次全程驾驶,因此将每个实验驾驶人的特征路段实验数据提取出来,再做汇总。考虑到实验驾驶人的个体差异,实验数据将针对个人分别整理。交通标志和危险地点之间的距离多在100m以内,驾驶人驾车通过这段距离一般均在10s以内,因此心电指标采用以10s为间隔记录的数据进行整理。

2)驾驶舱机械数据处理

试验中采集的驾驶舱机械数据是在驾驶人驾驶车辆过程中由车辆内部安装的各个传感器记录的。驾驶舱机械数据能直观的表现出车辆在某一时刻的运动状态。

试验中采集的驾驶舱机械数据包括时间、速度、加速度、车辆坐标等,主要分析加速度指标和加速度变化率指标,速度指标作为参考。将时间处理为与心电数据同步的驾驶实际时间。

实验确定的驾驶舱机械指标为加速度(Acceleration)和加速度变化率(Acceleration change rate)2种。同样,实验过程为在道路仿真模型上的多人次全程驾驶,因此将每个实验驾驶人的特征路段实验数据提取出来,再做汇总。与心电指标相对应,驾驶舱机械数据指标也采用以10s为间隔记录的数据进行整理,同时考虑道路交叉口因素和驾驶人的个体差异因素,由于在10s中不一定都是减速过程,所以将上述每一个心电数据对应的实际减速过程的减速度取平均值,减速度变化率取标准差。

3. 模拟驾驶实验数据分析

模拟驾驶实验数据分为心电数据和驾驶舱机械数据2种。心电数据与静态实验相同,分析LFNU值和HFNU值2项指标的变化情况。驾驶舱机械数据主要分析加速度A的均值和加速度变化率δ的方差的变化情况。通过分析心电数据指标和驾驶舱机械数据指标的变化情况来检验穿村镇公路交通标志设置方法的合理性,再通过讨论各项指标数据在正交实验中的稳定性来检验实验方案的可靠性。

1)心电数据分析

模拟驾驶实验心电数据分析包括对LFNU值和HFNU值的分析。实验中共记录12位驾驶人分别在2个模型中连续2次行车的心电数据,以一位驾驶人驾车通过模型中某一交叉口记为一条心电数据,只考虑起点至终点的行程。数据分析中,这些数据将根据驾驶人分类进行对比,然后汇总每位驾驶人在各个道路场景模型中的情况。

汇总12位驾驶人在8个道路模型中交叉口处的心电指标,绘制每位驾驶人随模型变化的心电指标曲线,由于标准化的作用,LFNU值与HFNU值之和为100,同时两者的标准差相同,因此只分析其中一个。具体结果如图8-11和图8-12所示。

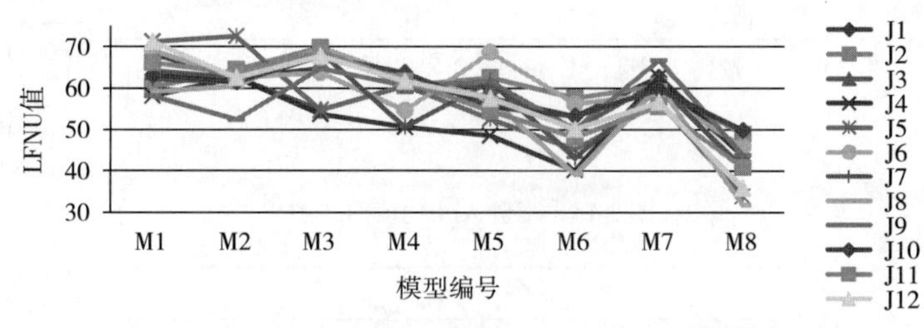

图8-11 驾驶人LFNU均值曲线图

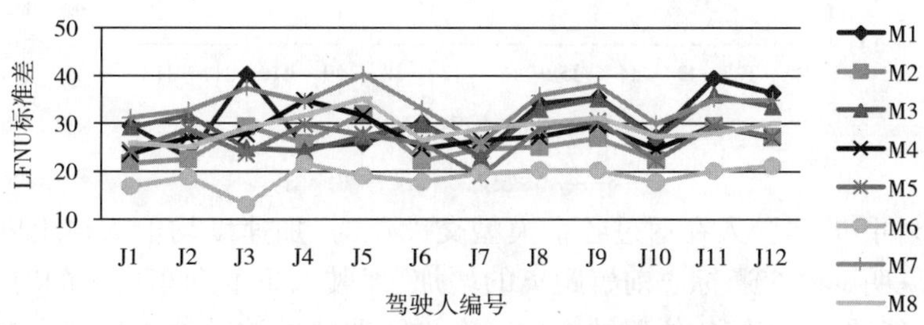

图8-12 驾驶人LFNU标准差曲线图

根据实验设计,奇数编号模型为没有机非隔离带的道路模型,偶数编号模型为设有机非隔离带的道路模型。从曲线总体趋势可以看出,不同的驾驶人在驾驶中,都遵循随模型编号增大LFNU值波动减小的规律,这表明交通标志前置距离的增加有助于降低驾驶人的紧张程度。同时,发现交通标志前置距离相同的情况下,驾驶人通过设置机非隔离带的模型时的LFNU值明显小于没有设置机非隔离带的模型,这说明机非隔离带有效地降低了路侧干扰和横向干扰,降低了驾驶人在通过交叉口的紧张程度。

驾驶人驾车通过各模型交叉口处的LFNU标准差反映了该位驾驶人通过交叉口时心理状态的稳定性。由图8-12可知,每个驾驶人在各模型中驾驶的数据呈现较无规律的波动性,但各位驾驶人通过模型6的交叉口处的LFNU标准差明显低于其他模型,说明模型6中交叉口处的交通标志前置距离更有利于稳定驾驶人的心理状态。

2)驾驶舱机械数据分析

数据分析主要针对实验中获取的各位驾驶人在通过交叉口的减速过程中的加速度均值和加速度变化率标准差。驾驶舱机械数据的提取与心电数据相对应。

汇总12位驾驶人在8个道路模型中交叉口处的机械数据指标，绘制每位驾驶人随模型变化的机械数据指标变化曲线。具体结果如图8-13和图8-14所示。

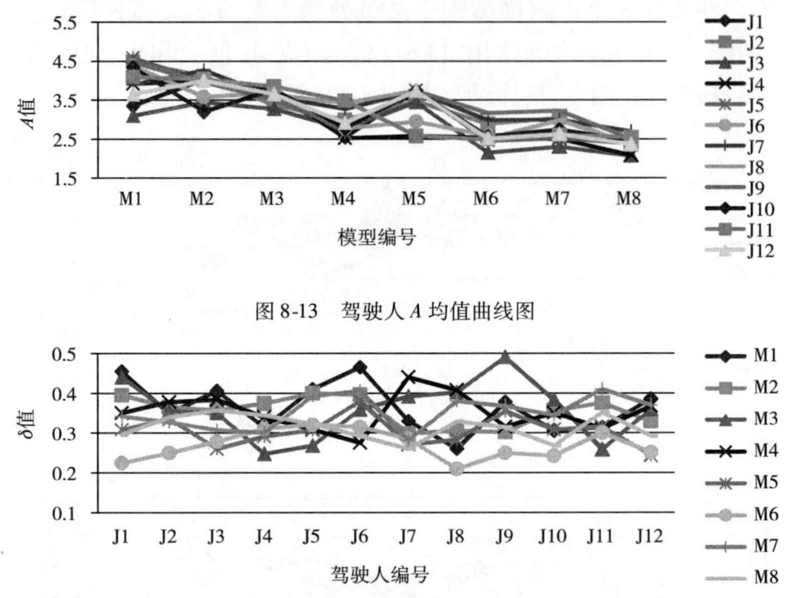

图8-13　驾驶人 A 均值曲线图

图8-14　驾驶人 δ 标准差曲线图

由图8-13可知，驾驶人在通过各个模型交叉口时，加速度均值大体上随模型编号的增加而减小，说明随着交通标志前置距离的增加，驾驶人采取刹车措施的时间更为充裕，刹车动作更为舒缓。同时，各位驾驶人加速度均值曲线的波动性也体现出在没有机非隔离带的交叉口驾驶人刹车动作更加剧烈，说明机非隔离带的设置有助于驾驶人提前判断交叉口情况，保障刹车动作的时间。

驾驶人加速度变化率标准差的变化，体现出驾驶人在交叉口处随着车辆不断靠近交叉口，不断修正车辆速度的显著程度。即交叉口处的加速度变化率标准差变化范围大说明驾驶人更改车辆运行状态的意愿更为强烈，说明驾驶人对交叉口的判断存在一定程度的失误。由图可知，过近和过远的交通标志前置距离都会引发驾驶人对交叉口的错误判断，而多数驾驶人在模型6中的加速度变化率标准差处于较低状态，因此模型6中交叉口处的交通标志前置距离使驾驶人的判断更为准确，从而保障了驾驶人刹车动作的一致性。

本实验针对模拟驾驶实验获得的心电数据和驾驶舱机械数据，分别选取标准化低频心跳功率（LFNU）和标准化高频心跳功率（HFNU）及加速度（A）和加速度变化率（δ）作为指标来进行数据的处理和分析。分析结果表明，70m交通标志前置距离道路模型（编号M6）的实验结果最为理想，驾驶人在此路段的交叉口处于略微紧张的心理状态，表现为LFNU值略有上升，HFNU值略有下降；同时心理波动较小，表现为LFNU标准差水平恒定；驾驶动作时间充裕并且连贯顺畅，表现为加速度均值较小而且加速度变化率标准差恒定。

8.2.3 交叉频密路段改造

由于缺乏有效地规划和管理,穿村镇公路普遍存在着很多问题,例如部分道路密度过高、干支结构不合理,交通环境较差、交通事故率高,路资源被侵占现象严重,配套设施设置不全等。尤其是在穿村镇公路发展的过程中,出现了严重的"街道化"现象,制约了道路的交通功效。许多地段是先建房,后通路,造成道路支路路口开辟的随意性和无序性,曲折、错位的小路多,机动车难以通行。本节将着眼于此问题,应用灰色聚类技术对穿村镇公路的交叉频密路段进行安全评价,并用可接入管理技术对其进行优化。最后利用改进前后的路段冲突率进行比较,验证优化效果。

1. 交叉频密路段实验数据的整合

交通冲突的数据主要有三个方面的来源。其中一个重要来源是在交通模拟实验过程中,驾驶模拟系统记录的驾驶信息,它记录了实验过程中,驾驶模拟车的大量信息。其中有一些重要的驾驶行为信息,如加速(踩加速踏板),减速(踩制动踏板),变化方向(转向盘变化),挡位变化等一系列驾驶行为信息。通过这些信息,可以分析出驾驶模拟车自身的一些交通冲突发生情况。驾驶模拟过程记录是计算机自动记录的,记录的精度高,可靠性高,通过分析它可以完全掌握实验路段的交通冲突信息。

下面是2010年8月12日09:14进行的模拟某穿村镇路段现场非高峰时段的一个驾驶行为,经过驾驶行为信息记录、《冲突情况记录表》和录像3方面资料的综合统计,得到一组准确的单程实验(15次)交通冲突数据,见表8-3。3组数据平均即可得到非高峰时段的交通冲突数据。

交通冲突数据非高峰时段统计表(一组) 表8-3

交通冲突种类 / 交叉口编号	减速(次)	变换车道(次)	停车(次)	碰撞(次)
1	4.3	0	3	0
2	3	0	0	0
3	14	5.3	5	1
4	4	1	0	0
5	3	2	1	1
6	2.3	1	0	0
7	3	2.3	0	0
8	6.3	6	6	2
9	2	0	2	0
10	5	0	1.3	0
11	10.3	12	5	3

续上表

交通冲突种类 / 交叉口编号	减 速（次）	变换车道（次）	停 车（次）	碰 撞（次）
12	6	9	4	3
13	3	2	0	0
14	4.5	2.3	2.3	0
15	2	3	3	0
16	4	0	3	0
17	3	3	2	0
18	3.3	3.3	0	0
19	4	2	2	0
20	2	2	2	0
21	3	3.3	0	0
22	2.3	1	4	0
23	4	1.3	1	0
24	6	1	3	1
25	7.3	11	7	2
26	7	10	8	3

经过相同的程序，也可以得到道路现状模型高峰时段的交通冲突数据，见表8-4。

交通冲突数据高峰时段统计表（一组） 表8-4

交通冲突种类 / 交叉口编号	减 速（次）	变换车道（次）	停 车（次）	碰 撞（次）
1	17	3.3	6	1
2	15.3	4	3	0
3	32	14	11.3	4
4	12	6.3	2	0
5	16	5	1	3
6	14	3	4	0
7	9	7	6	0
8	35	14	12	5
9	11	2	5	0
10	16.3	3	6	1
11	34	17	11	7
12	15	14.3	8	6

续上表

交通冲突种类 / 交叉口编号	减速(次)	变换车道(次)	停车(次)	碰撞(次)
13	8	6	3	0
14	35.3	8	7.3	1
15	7	8	5	0
16	4	2.3	8	0
17	8	8	6	1
18	33.3	7	2	0
19	11	5	4	1.3
20	16	8.3	4.3	0
21	8	12	6	0
22	29	2	3.3	0
23	13	4.3	3	0
24	18.3	5.3	7	4
25	43	16	13	5
26	37	18	15.3	4

2. 交叉频密路段冲突率计算

通过对交通冲突模拟实验进行一系列的数据处理，就能够得到最终的交通冲突数据。这些数据反映了道路在高峰时段和非高峰时段2种交通环境下的交通冲突情况。而根据交通冲突理论，像某穿村镇公路燕落村段具有穿村镇特征的路段的交通冲突情况可以用路段冲突率这一指标进行衡量。

路段冲突率的基础数据是各交叉支路的冲突率，在得到各交叉支路的各类交通冲突数量的情况下，还需要各类交叉支路的交通流量 MPCU，就可以计算出各交叉支路的冲突率，而由于受到实验条件的限制，无法在现场调查各个交叉口的时均流量，只能通过统计交通仿真模型中各个交叉支路的流量，来近似取代时均流量。然后根据公式计算非高峰时段 WTC：

$$\mathrm{WTC}=\sum_{i=1}^{n} TC_i \times f_i \tag{8-1}$$

再根据交通冲突理论，结合穿村镇路段的线形，得出各交叉支路的冲突率修正系数。最后根据路段冲突率的计算公式：

$$\mathrm{SER}=\sum_{i=1}^{n}\frac{\mathrm{WTC}_i \times h_i \times e_i \times l_i}{\mathrm{MPCU}_i} \tag{8-2}$$

可以计算出道路现状条件下非高峰时段的路段冲突率。这样，道路现状条件下非高峰时段的路段冲突率就计算出来了，SER = 3.3829。同理也可以计算出道路现状条件下高峰时段的路段冲突率,SER = 2.9465。

通过对穿村镇公路的路段冲突率的计算,得到了直接描述路段冲突情况的指标,非高峰时段的 SER = 3.3829,高峰时段的 SER = 2.9465,对于描述一个路段的冲突情况,2 个时段缺一不可。SER 是反应路段交通冲突状况的指标,可以看出,非高峰时段的 SER 比高峰时段的 SER 要大,说明由于交通环境和道路线形的影响,随着交通量的增加交通流速度降低,各交通组成部分的速度差异减小,增加的冲突主要是减速等冲突严重程度较弱的交通冲突,整体道路的交通冲突程度反而降低。因此,在判断 2 条公路的交通冲突状况时,需要分别用非高峰时段和高峰时段的 SER 来进行比较。

可以看出,SER 可以成为衡量路段的冲突情况的一个指标。在对一个路段进行优化,确定优化的方案是否优于原方案时,可以应用高峰时段和非高峰时段的 SER 进行比较。

3. 交叉频密路段方案的改进与验证

本节运用灰色聚类理论对穿村镇公路的交叉支路进行评价,找出优评交叉支路,并根据接入管理技术保留这些优评交叉支路,结合道路实际情况对差评交叉支路进行适当的删减合并,并对道路的车道等进行重新划分,从而得出道路的优化方案。然后利用驾驶模拟舱对高峰时段和非高峰时段进行交通模拟试验,通过改造前后路段冲突率的比较验证优化结果。

1)道路改进方案的提出

道路改进方案需要根据灰色聚类理论对穿村镇公路的交叉支路进行评价,找出优评交叉支路,根据接入管理技术保留这些优评交叉支路,结合道路实际情况对差评交叉支路进行适当的删减合并,并对道路的车道等进行重新划分,从而得出道路的优化方案。

根据灰色聚类理论,对穿村镇公路交叉支路进行评价,得出评价结果见表 8-5。

聚类分析及评价表格 表 8-5

交叉口编号	评价结果	交叉口编号	评价结果
1	中	14	中
2	优	15	中
3	差	16	良
4	良	17	优
5	良	18	良
6	良	19	良
7	中	20	中
8	差	21	中
9	优	22	中
10	中	23	优
11	差	24	中
12	差	25	差
13	中	26	差

根据灰色聚类理论对各交叉路口的评价及可接入管理技术的理论，提出了在原有道路现状基础上的优化方案：

(1)根据路段的交通和道路环境，对穿村镇公路交叉支路重新进行整合，只在必需位置保留优评交叉支路，其余的进行合并。

(2)对原有的畸形交叉支路进行改造。

(3)根据穿村镇公路交通组成的特点，将道路的非机动车道宽度增加，并进行机非隔离。

优化方案与道路原状的比较情况见表8-6。

优化前后方案对比表 表8-6

参数	优化前道路模型	优化后道路模型
选择路段	燕落村段(K55+540~K56+400)	燕落村段(K55+540~K56+400)
道路环境	已道路周边实际情况为依据，模拟燕落村段的村镇环境	与优化前道路模型一致
道路长度	1250m(村镇段860m)	1250m(村镇段860m)
道路线形	平、纵线形以设计文件为依据设置	与优化前道路模型一致
道路宽度	单侧3.5m机动车道+3.25m非机动车道	单侧3.75m机动车道+3.5m非机动车道
地面标线	中心黄色虚(实)线，减速标线，人行横道线	与优化前道路模型一致
道路交叉口	根据道路实际情况，在相应地点设置多个(26个)交叉路口	根据优化结果保留4个交叉路口
道路隔离措施	机动车与非机动车道间无隔离设施	机动车道与非机动车道设置隔离护栏
道路交通标志	无	与优化前道路模型基本一致

可以看出，路段的优化都是根据穿村镇公路的特点有针对性地逐一进行优化的。第一条的优化措施，解决的是穿村镇公路交叉支路密集，规划不合理的问题；第二条的优化措施，解决的是穿村镇公路交叉支路，由于道路街道化带来的路口设置随意，形状畸形的问题；第三条优化措施，是针对穿村镇公路交通组成中摩托车数量多而汽车数量较少的特点进行优化的，避免原来由于交通混行引发的大量交通冲突。优化方案的平面如图8-15所示。

根据优化方案建立的交通冲突仿真模型及渲染效果如图8-16及图8-17所示。

2)道路改进方案的验证

优化方案已经提出，需要对优化方案的有效性进行验证。验证指标是路段冲突率，利用软件将优化方案的交通冲突模拟模型建立出来，加载同样的交通流，统计交通冲突数据，计算出非高峰时段和高峰时段的路段冲突率，并分别与道路原状的路段冲突率进行比较，验证优化方案的有效性。

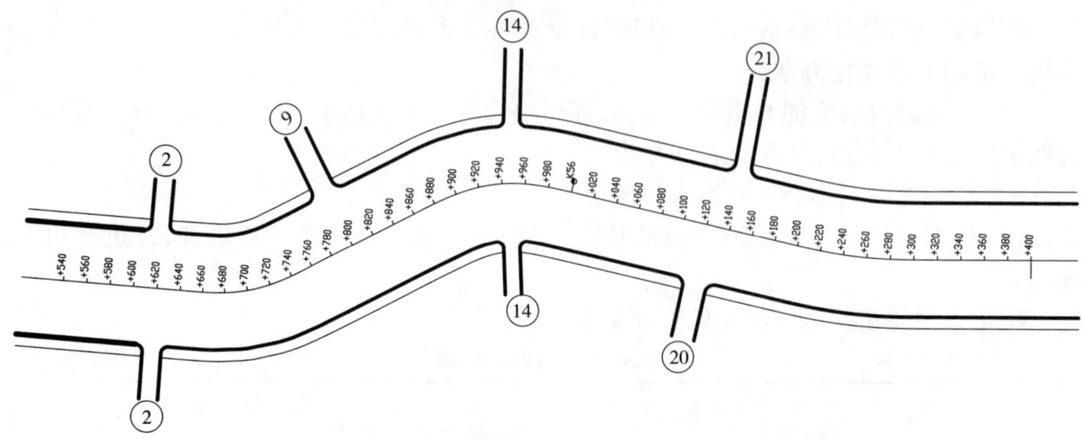

图 8-15　道路优化方案平面示意图

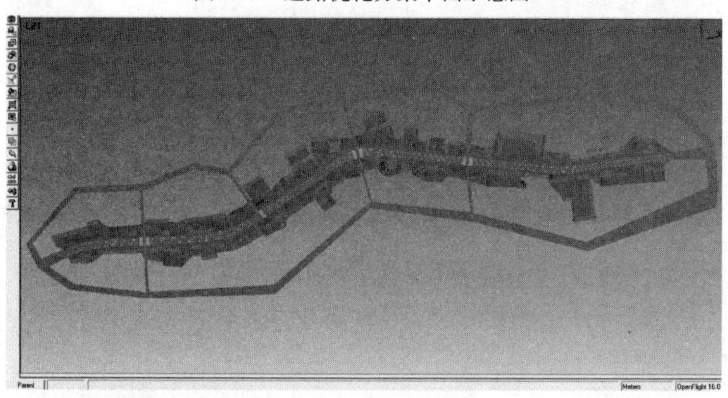

图 8-16　优化后方案交通冲突仿真模型

图 8-17　优化后交通模拟模型渲染效果图

实验的流程基本和道路现状的交通冲突模拟实验一样，交通流的加载分为非高峰时段和高峰时段 2 种情况，分别为 15 辆加载车模型和 40 辆加载车模型。非高峰时段的交通模拟实验完成 45 次单程实验，高峰时段完成 120 次单程实验，在实验过程中统计交通冲突的情况。

由于程序与道路现状实验的程序基本一致，优化交通冲突模拟实验的过程和数据就不一一列举。

经过计算，优化道路的非高峰时段和高峰时段的路段冲突率分别为0.4474和0.5117，与道路原状非高峰时段和高峰时段的SER相比，下降了80%多。可以看出，优化的效果非常明显，从WTC来看，各交叉支路各类交通冲突的绝对数量有所下降是一方面原因。但是，进一步分析表明，优化后的线形使得交通冲突的各种相互叠加的影响减小，是造成优化效果的主要原因。

8.3 设计方案评价

现代道路主要是为满足人的交通需求服务的，设计合理的道路无不体现出与用路者的心理生理特别是驾驶人的心理生理相符合这一特性，与驾驶人的心理生理特性不协调的位置在建成后则有可能成为不舒适路段，甚至是交通事故频发的事故黑点。道路建设完工投入使用以后，通过已发生的交通事故进行统计和分析，能够识别出部分事故多发路段，但改善道路的投入资金高，而且改善之前已经造成很大的交通事故损失。为此，应在设计阶段对设计道路进行三维可视化仿真建模，利用驾驶模拟舱进行驾驶模拟试验，通过分析驾驶人的心理生理突变情况，鉴别出驾驶人心理生理突变段，进而对道路设计方案进行舒适性评价，识别设计道路可能潜在的事故多发路段，并进行改造，具有非常重要的意义。

8.3.1 驾驶人心理生理突变段确定

试验道路驾驶人心理生理突变沿设计道路分布是不均匀的，有一小部分路段突变次数较高，以下运用累计频率曲线法鉴别试验道路的驾驶人心理生理突变段。

累计频率法认为如果一条设计道路上的行车条件处处相同，且驾驶人发生心理生理突变的原因与道路条件无关，则该条设计道路上的驾驶人心理生理突变理论上是均匀分布的；如果在该条设计道路上的某些少数位置上发生的突变率较为突出，且其累计长度在道路设计总里程中所占比例很小，即如果将单位长度路段按发生的突变排序，计算其累计频率，则能分离出累计频率小（一般在5%左右），但突变数（率）很高的位置，作为可能的驾驶人心理生理突变段。该方法以每一单位长度发生的突变次数为横坐标，以发生大于某一突变次数的累计频率为纵坐标，绘制累计频率曲线。

驾驶人心理生理突变主要集中在桩号K1+800～K5+100的设计路段，其他路段均无驾驶人心理生理突变，因此只对K1+800～K5+100的设计路段进行划分单元分析就可满足研究要求。按照试验道路的设计资料及驾驶人心理生理突变的统计分析将K1+

800 ~ K5 +100 的设计路段以 50m 为分段单元,计算单元上的突变次数,从而得到发生小于 n 次突变的频率和累计频率,并据此将突变数大于等于6 次/50m 的路段初步定为驾驶人心理生理突变段,得出以下路段为驾驶人心理生理突变段,见表 8-7。

驾驶人心理生理突变段结果 表 8-7

桩 号	突变次数	桩 号	突变次数
K1 +950 ~ K2 +000	6	K4 +500 ~ K4 +550	7
K2 +000 ~ K2 +050	6	K4 +550 ~ K4 +600	9
K2 +050 ~ K2 +100	6	K4 +600 ~ K4 +650	9
K2 +100 ~ K2 +150	6	K4 +650 ~ K4 +700	9
K2 +150 ~ K2 +200	6	K4 +700 ~ K4 +750	7

对表 8-7 确定的突变段进行分析,可以看出突变段连续的分成两处,集中分布在道路的环岛处和平曲线路段,而直接使用突变次数进行突变累计频率的计算只考虑了突变的数量,而忽略了相邻路段部分的一些心理生理突变段。为了更加精确地确定心理生理突变段,要对试验道路的平面线形进行分析,计算每一个弯道引发驾驶人心理生理突变的引发率,见表 8-8。

弯道引发突变统计表 表 8-8

弯道编号	1	2	3	4	5	6	7	8	9	10	11	12	13	14	15	16
突变次数	0	0	0	0	5	6	2	3	0	3	1	4	9	9	0	0
突变引发率(%)	0	0	0	0	50	60	20	30	0	30	1	40	90	90	0	0

注:13 代表环岛。

由表 8-8 可明显的看出,除了通过计算累计频率已初步定为突变段的弯道 6、14 和环岛 13 外,弯道 5、12 的突变引发率也很高,分别为 50%、40%。进一步对弯道的突变引发对象——驾驶人的基本信息进行分析,结合受试驾驶人对实验的个人感受、建议以及对实验的评价,判定弯道 5、12 应作为驾驶人心理生理突变段。

综合以上对心理生理突变段确定的分析和计算,结合受试驾驶人的突变原始资料的统计分析,以及道路设计改造的协调性,可确定试验道路受试驾驶人心理生理突变段可连续为 2 处,突变段 1:K1 +834.8 ~ K2 +200,突变段 2:K4 +409.8 ~ K4 +750;突变段总长 705.4m ,占整个设计道路总里程的 11.42% ,如图 8-18 所示。

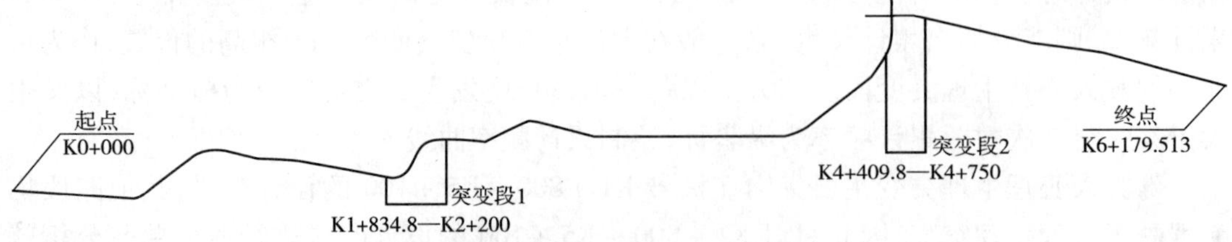

图 8-18 驾驶人心理生理突变段分布图

8.3.2 道路设计方案安全性评价

当驾驶人在驾驶车辆运行过程中,感到不适或紧张时,心理生理指标会发生突变,根据驾驶人的心理生理特性以及驾驶模拟舱的试验特性,从时间和空间上对试验道路设计安全性的评价提出以下指标:

(1)公里心理生理突变率即平均每公里驾驶人的心理生理突变里程,也可以称之为公里突变频数。

$$P_k = \frac{M_k}{K_k} \tag{8-3}$$

式中:P_k——一个试验周期内,所测定的每位受试驾驶人公里突变率(%);

M_k——一个试验周期内,试验道路上每位受试驾驶人的心理生理突变段长度(km);

K_k——一个试验周期内,试验道路上每位受试驾驶人驾驶模拟的有效行驶里程(km)。

(2)小时心理生理突变率即平均每小时驾驶人的心理生理突变时间,也可以称之为小时突变频数。

$$P_h = \frac{M_h}{K_h} \tag{8-4}$$

式中:P_h——一个试验周期内,所测定的每位受试驾驶人小时突变率(%);

M_h——一个试验周期内,试验道路上每位受试驾驶人在其心理生理突变段上的行驶时间(h);

K_h——一个试验周期内,试验道路上每位受试驾驶人驾驶模拟的有效行驶时间(h)。

(3)人公里心理生理突变率是指在一定的道路里程内,按所有受试驾驶人行驶的公里数总和所平均的驾驶人心理生理突变数。

$$P_{tm} = \frac{M_{tm}}{K_{tm}} \tag{8-5}$$

式中:P_{tm}——一个试验周期内,所测定的驾驶人公里突变率(%);

M_{tm}——一个试验周期内,试验道路上受试驾驶人公里突变总数(km);

K_{tm}——一个试验周期内,试验道路上受试驾驶人运行总里程(km)。

(4)人小时心理生理突变率是指在一定的道路里程内,按所有受试驾驶人行驶的时间总和所平均的驾驶人心理生理突变时长。

$$P_{th} = \frac{M_{th}}{K_{th}} \tag{8-6}$$

式中:P_{th}——一个试验周期内,所测定的驾驶人小时突变率(%);

M_{th}——一个试验周期内,试验道路上受试驾驶人的小时突变总时长(h);

K_{th}——一个试验周期内,试验道路上受试驾驶人运行总时长(h)。

根据假设检验理论,试验道路的安全性评价置信水平 $1-\alpha=0.95$,即设计道路的各项舒适性评价指标在5%以下,可认为设计方案是可接受的。

1. 突变累计频率

对整条试验道路以50m为分段单元,计算单元上的突变次数,从而得到整条试验道路上受试驾驶人心理生理指标发生小于 n 次突变的频率和累计频率,计算结果见表8-9、图8-19。

突变次数的累计频率 表8-9

突变次数 n	发生 n 次突变的单元数	频率(%)	累计频率(%)
0	69	55.65	55.65
1	16	12.90	68.55
2	17	13.71	82.26
3	7	5.65	87.90
4	2	1.61	89.55
5	3	2.42	91.94
6	5	4.03	95.97
7	2	1.61	97.58
8	0	0.00	97.58
9	3	2.42	100.00

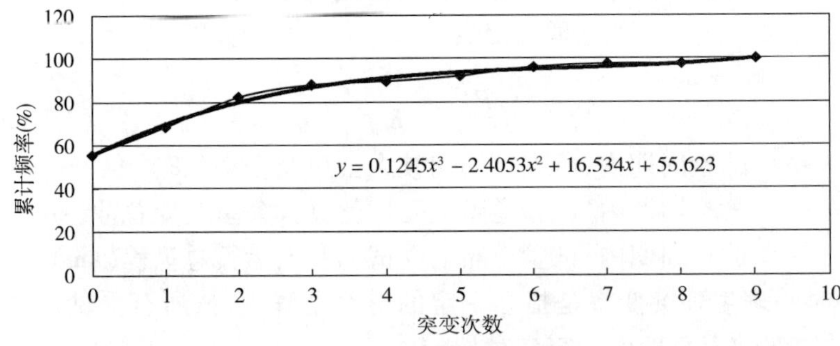

图8-19 突变累计频率曲线与拟合曲线

对高次多项式拟合曲线进行求导计算,可得其突变点,"突变点"处的突变累计频率为95.60% >95%,即整条设计道路有95.60%的路段处于驾驶人心理生理突变的舒适性范围内。

2. 公里心理生理突变率 P_k

由式(8-3)可计算出每位受试驾驶人的公里心理生理突变率,见表8-10。

公里心理生理突变率表 表8-10

驾驶人编号	行驶总里程(m)	心理生理突变段里程(m)	公里心理生理突变率(%)
1	6179.513	1287.5	20.8
2	6179.513	387.0	6.3
3	6179.513	32.3	0.5
4	6179.513	1157.4	18.7
5	6179.513	840.7	13.6
6	6179.513	359.9	5.8
7	6179.513	1080.5	17.5
8	6179.513	717.0	11.6
9	6179.513	852.5	13.8
10	6179.513	530.8	8.6
平均值	—	—	11.72

由表8-10可计算出单体受试驾驶人的安全行驶里程均值比率为88.28%，此值低于95%安全性置信水平。

3. 小时心理生理突变率 P_h

由式(8-4)可计算出每位受试驾驶人的小时心理生理突变率，见表8-11。

小时心理生理突变率表 表8-11

驾驶人编号	行驶总时间(s)	心理生理突变段时长(s)	小时心理生理突变率(%)
1	685	132	19.2
2	652	42	6.4
3	630	5	0.8
4	566	105	18.6
5	728	98	13.4
6	654	43	6.5
7	569	115	20.2
8	700	88	12.6
9	680	92	13.5
10	638	60	9.4
平均值	—	—	12.06

由表8-11可计算出单体受试驾驶人的安全行驶时间均值比率为87.94%，此值低于95%安全性置信水平。

4. 人公里心理生理突变率 P_{tm} 与人小时心理生理突变率 P_{th}

由受试驾驶人的突变指标基础资料可得表8-12。

驾驶人心理生理突变指标统计表　　表 8-12

所有受试驾驶人行驶里程总和(km)	所有受试驾驶人突变段总里程(km)	所有受试驾驶人行驶时间总和(h)	所有受试驾驶人突变段总时长(h)
61.7951	7.2456	1.8061	0.2167

根据表 8-12,由式(8-5)、式(8-6)可计算出

$$P_{tm} = \frac{7.2456}{61.7951} = 11.73\% \tag{8-7}$$

$$P_{th} = \frac{0.2167}{1.8061} = 12.00\% \tag{8-8}$$

则人公里心理生理非突变率为 88.27% <95%,人小时心理生理非突变率为 88% <95%。

由以上对试验道路的安全性评价指标的计算分析可以看出,驾驶人的心理生理突变累计频率为95.60%,大于设计安全性评价的置信水平95%,即试验道路的整体设计舒适性对于驾驶人的行车安全是可以接受的。

但将驾驶人的心理生理突变数用单体驾驶人、单位时间、单位里程等个体化指标衡量,即通过对公里心理生理突变率、小时心理生理突变率、人公里心理生理突变率、人小时心理生理突变率的计算分析可以看出其非突变比率均在88%左右浮动,远远小于设计安全性评价的置信水平95%,这是由驾驶人心理生理突变相对于整体的离散性和不均匀性,相对路局部的集中性决定的。但是突变的这种局部集中性对于驾驶人行车安全的危害是很大的,所以要对鉴别出的驾驶人心理生理突变段进行设计改造,消除不安全因素,以提高设计道路的整体安全水平。

8.3.3　道路设计改造方案验证

通过上一节对设计道路突变段的鉴别和道路的安全性评价分析可知,凡是驾驶人心理生理产生突变比较多、比较集中的路段,往往道路也存在安全隐患,甚至会成为道路建成使用后交通事故的多发点。因此,必须从道路交通安全的角度对道路的设计提出改造方案,并验证其可行性。

突变段 1 的设计改造方案如下:

(1)通过对“S 弯”内的 2 个平曲线设计指标的调整,使其 2 个反向回旋线径相衔接。消除 2 个平曲线之间的短直线。

(2)“S 弯”弯道桩号 K1 +835 ~ K2 +010 和 K2 +010 ~ K2 +203 的外侧机非隔离带里按原设计方案栽植柳树,起到线形诱导的作用,以引导行车方向,使驾驶人有一种心理安全感。桩号 K1 +835 ~ K2 +010 和 K2 +010 ~ K2 +203 的弯道内侧机非隔离带内的绿化应保证视线畅通, 种植高 0.5 ~0.8m 的灌木,这样既防止了行车时产生的眩光,又增加了“S 弯”处的行车视距。在桩号 K2 +125 和 K2 +212 的两处“T”型交叉口的机非隔

离带应按满足驾驶人安全视距的要求，在桩号 K2 +090 ~ K2 +265 外侧机非隔离带内栽植0.5 ~0.8m 的低矮灌木。

(3)由于距离“S 弯”末端 127.5m 处进入另一 $R = 112$m 的弯道，考虑实际行车速度高于设计车速，在时间上缩短了此弯道与“S 弯”的距离，所以可将此弯与“S 弯”构成一个连续弯进行交通工程设计。因此在桩号 K1 +805 处设置预告道路平面线形的警告标志—“连续弯路”标志，在进入“S 弯”之前，提前预告驾驶人道路的线形，使驾驶人能够正确的判断路况，采取正确的驾驶操作。

在机非隔离带端头处，将车道边缘线沿路缘石施划至非机动车道边缘。突变段 1 改造后的具体设计方案如图 8-20 所示。

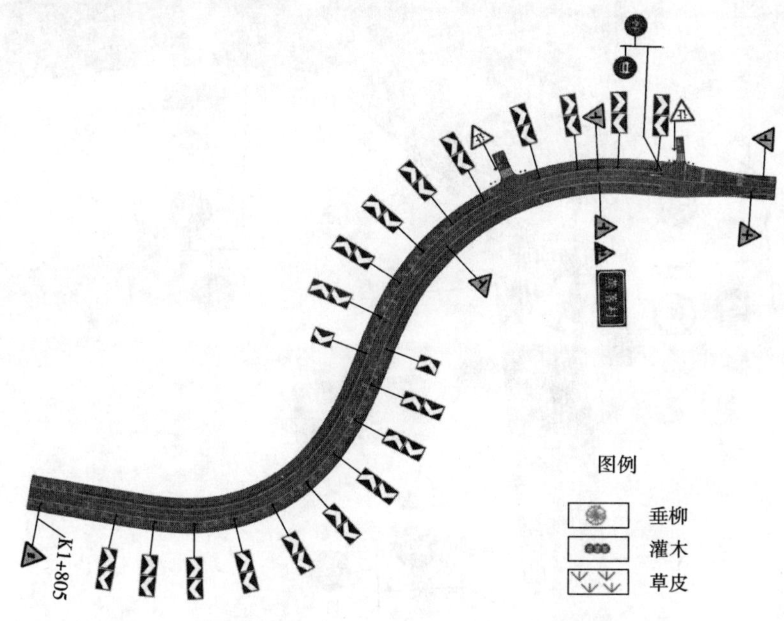

图 8-20 突变段 1 道路设计改造方案图

突变段 2 的设计改造方案如下：

(1)在突变段 2 中桩号 K4 +420 ~ K4 +464 处的交叉口内施划车道导向线，将出口道的车道边缘线延伸至人行横道线处，并将道路左侧的机非隔离带的端头迁移至人行横道线处。

(2)对于桩号 K4 +596.465 处环岛的设计，有以下 2 种方案：

①方案一。

a. 环岛内的车道边缘线结合车辆右转的行驶轨迹、环岛最外侧的道路路缘石的几何线形以及交织车道的特性进行设计，并与路段内的车道边缘线接顺。

b. 环岛进出口车道处的机非隔离带端头处进行导流线的设计，使驾驶人更易于辨别行驶车道和行驶方向。环岛东出口的机非隔离带根据渠化的车道边缘线及导流线向后退让。

c. 为了使用路者能够及时掌握自己所处的道路位置，在环岛交叉口的相交道路上，设置路名牌标志。

具体设计改造方案一，如图 8-21 所示。

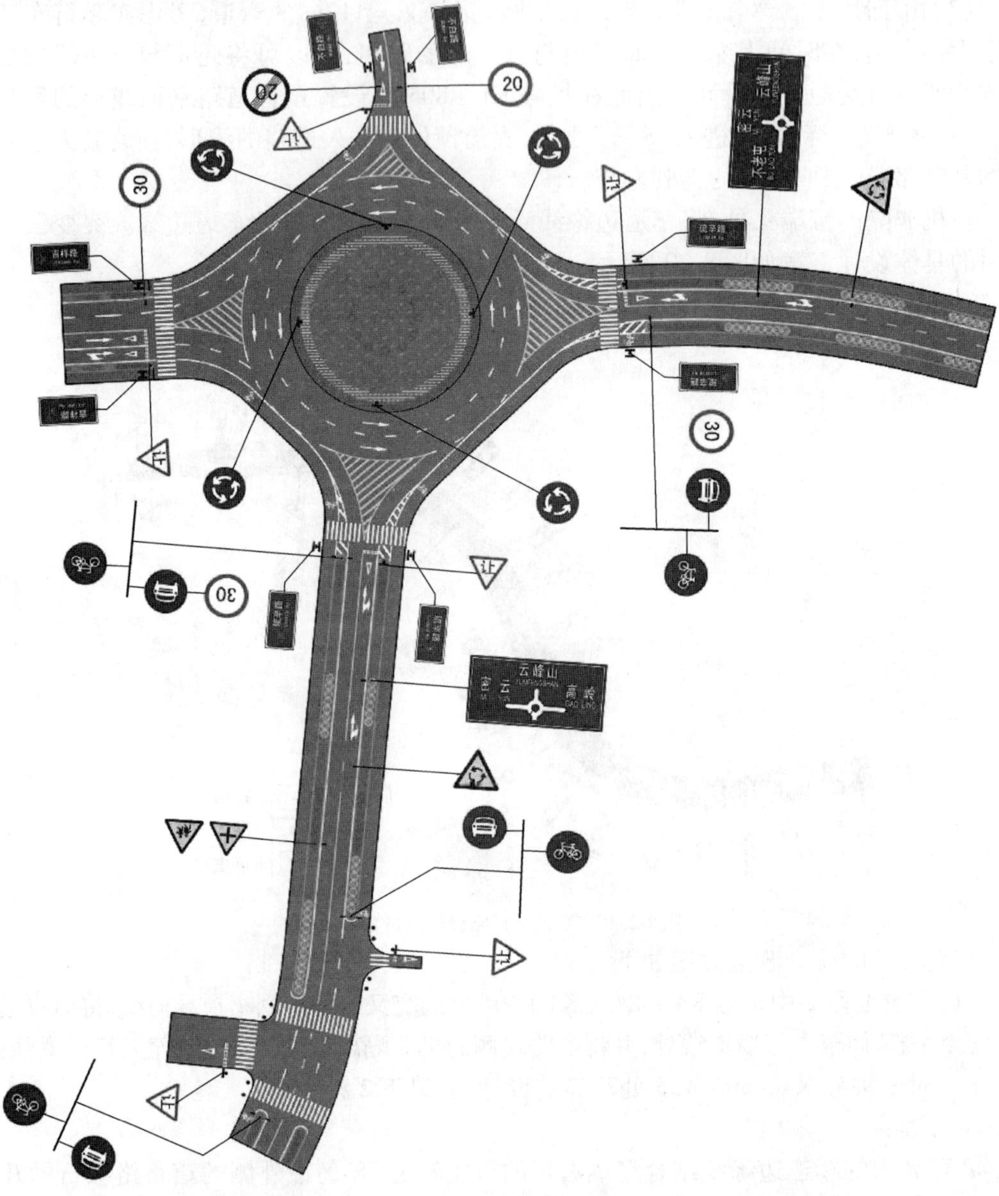

图 8-21　突变段 2 道路设计改造方案一

②方案二。

a、b、c 的改造方案同方案一。

d. 由于在试验的过程中，车辆经常跨越黄实线和黄色导流线行驶，同时考虑此环岛为无信号控制交叉口,行人的一次过街困难,因此在方案二中将环岛进出口处的交通岛设计为实体的交通岛,并将人行横道线与交通岛连接,行人在通过交叉口避让机动车时,可以在交通岛等待过街,并对减速让行标线、导向箭头及环岛行驶标志等标志标线做相应的调整。

e. 在环岛边缘面向来车方向的适当位置增设线形诱导组合标志。用于引导驾驶人改变行驶方向,促使安全运行。

具体设计改造方案二如图 8-22 所示。

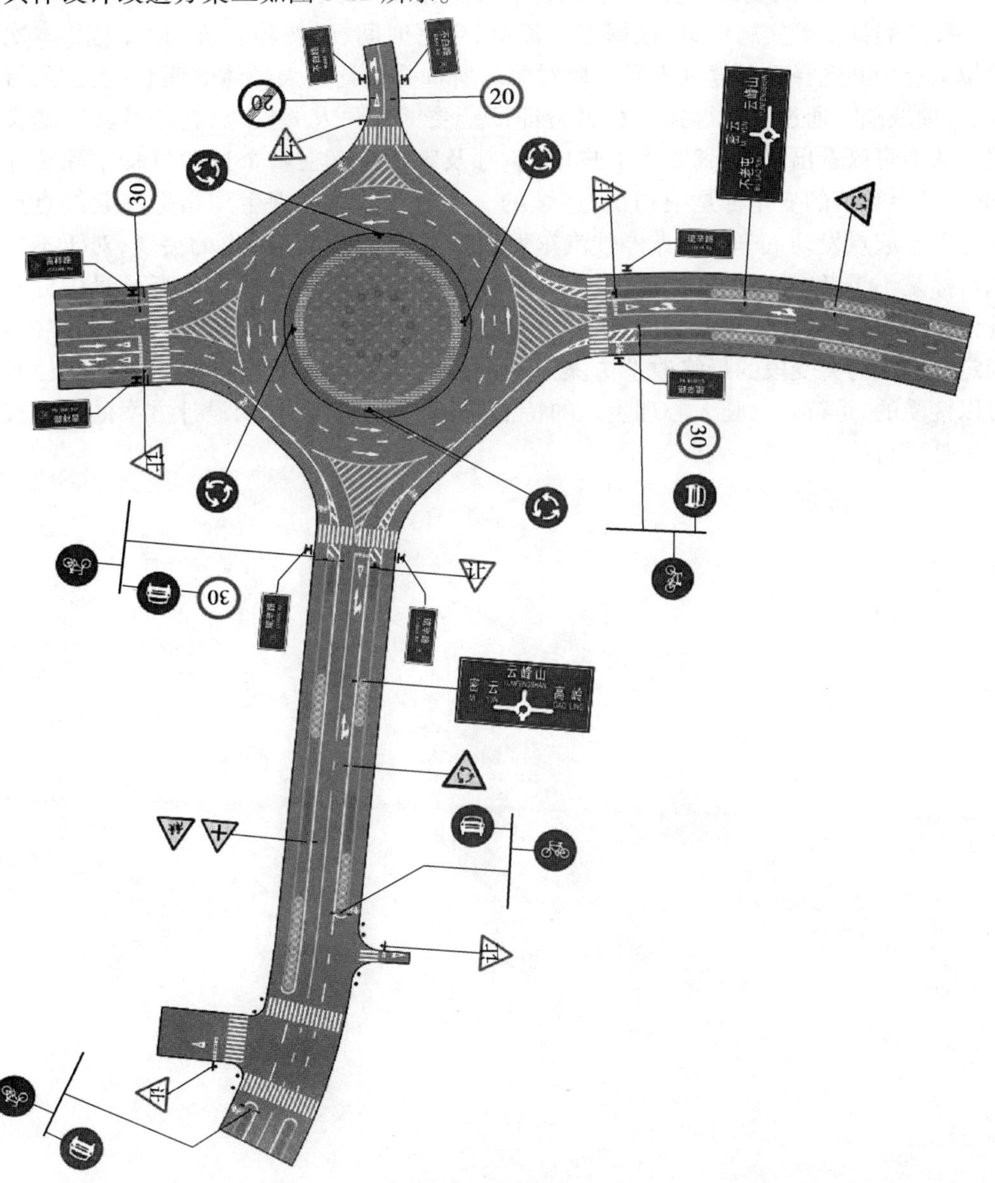

图 8-22　突变段 2 道路设计改造方案二

按照上文的设计方案对道路的三维可视化仿真模型进行修改,并按方案一和方案二对环岛的做2个三维可视化仿真模型,分别进行试验,以验证方案的可行性。

在此次验证试验中,受试驾驶人的选择是重点,是验证改造方案是否可行的关键。为此我们对驾驶人的选择遵循以下原则:

(1)受试驾驶人要满足正式实验时对驾驶人的选择要求。

(2)验证试验的受试驾驶人中要有一定比例的驾驶人参与了正式试验。

按照验证实验实施构思,根据以上原则,考虑时间、经费等各方面的因素,本次驾驶模拟试验中共选择6名驾驶人做实验对象。所选受试驾驶人身体健康状况良好,皆无生理、心理缺陷。通过实验得到了6名验证试验受试驾驶人的皮电、胸呼及腹呼的实验数据。从中可以看出,受试驾驶人的皮电、胸呼及腹呼指标在整个试验过程中除了起终点部分,其余数值的变化都是很均衡、连续的。部分驾驶人心理生理指标在起终点产生突变是由于起点发动汽车和终点停驶汽车驾驶技术上的影响而产生的突变,对于本次试验的目标是不予考虑的。通过对在方案一和方案二2个三维可视化仿真场景中分别进行验证试验所获得的实验结果分析对比、专家的技术分析以及受试驾驶人对实验的评价,确定方案二为突变段的最终改造方案。因此可以认为改造后设计方案的安全性水平是可以接受的,是符合驾驶人心理生理的特征的。本研究所确立的设计方案的安全性评价指标是可行的。

第 4 篇　道路环境实验研究

第 9 章　道路环境单调性

9.1　道路环境单调性

9.1.1　道路环境单调性定义

众所周知道路环境的单调性与在特定环境下是否出现视觉刺激有关，然而对于道路单调性的含义人们却有着不同的定义。其中一些学者从环境本身出发，认为当刺激不发生改变或者在一个可预测范围内变化的状态称为单调性。而另一方面有人则认为单调性是驾驶人的一种状态，这发生在当视觉刺激是一个常量或高重复性时。还有人认为缺乏警觉性刺激就是单调性，较少的刺激或刺激变化导致较低的觉醒。但是，无论何种定义道路的单调性不仅是道路本身的问题，更是与驾驶人密不可分的，而且对于交通安全也有着极其重要的影响。

9.1.2　道路环境单调性引发的交通安全问题

1. 道路单调性对驾驶人的影响及交通事故

道路环境单调性被人们认为是驾驶疲劳中最为常见且重要的外部诱发因素，关于这方面的研究也是由来已久。目前，通过模拟实验方法对比分析在环境正常和环境单调情况下驾驶操作的变化情况，是一种较为有效并相对安全的研究手段。研究发现在单调性环境中驾驶人驾驶操作能力下降更快，驾驶疲劳状态更容易出现。但是，道路环境单调性对驾驶疲劳影响研究并不深入。一方面道路环境单调性很难定量分析，往往都是人为确定，在研究方法上，往往选取差别很大的环境，采用对比实验的方法进行分析；另一方面，进行此类研究需要不同单调程度的道路环境，现实生活中很难找到完全符合条件的实验场景，同时在实际环境中进行此类实验比较危险。

该类研究的核心问题是如何用相对精确的数学方法描述道路环境单调性对驾驶疲劳的影响过程，确定道路环境单调性评价标准，实现通过分析驾驶人对道路场景的感知特点，确定与单调性有关的危险路段和危险程度，进而为道路规划建设、道路景观设计提供借鉴和参考。

2. 道路单调性引发的驾驶疲劳问题

在驾驶过程中，驾驶操控能力、驾驶人状态和道路环境 3 者相互作用，共同影响驾驶的质量。特别指出这里的驾驶人状态是指驾驶过程中的状态，而不考虑在驾驶之前的状态。不同的道路环境会对驾驶人状态产生影响，当道路环境单调时，驾驶人由于负荷不足，从外界环境中不能获取足够的有效信息，很快进入疲劳状态，导致驾驶操控能力降低；相反，如果道路环境过于复杂，外界环境信息超出驾驶人能够处理的范围，驾驶人会处于负荷过载状态，同样会加快进入疲劳状态，引起驾驶操控能力下降。

为了保证驾驶操控能力在一个合理的区间内，在其他因素不变的情况下，要求驾驶人的状态要维持在合理的水平，这就对道路环境提出了要求。从驾驶疲劳生成角度来说，评价道路环境好坏的依据是刺激设置是否合理，合理刺激的设置可以延缓驾驶疲劳的生成。这里引入一种对外部刺激的定义并用质量和数量两个维度来表示。为了分析的方便，这里提出采用刺激密度作为外部刺激的衡量指标，刺激密度是指道路环境中单位长度上刺激点的个数。刺激点是指能够对驾驶人产生生理心理改变的道路环境变化，这体现了刺激的质量维度信息；而刺激点的个数则体现了刺激的数量维度信息。

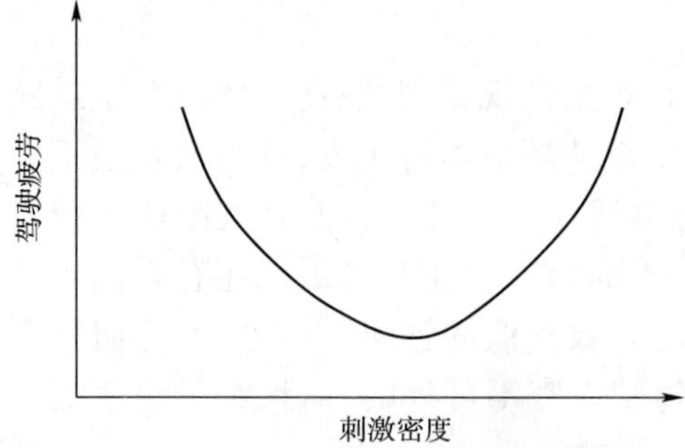

图 9-1　道路环境单调性对驾驶疲劳影响机理的示意图

道路环境单调性对驾驶疲劳的影响过程可以采用图 9-1 来表征。当刺激密度过小时，驾驶人不能获得足够的外界刺激，导致驾驶警觉性降低,过快地进入疲劳状态;相反,当刺激密度过大时,由于驾驶人会逐渐适应频繁的外界刺激,刺激的敏锐度不断降低,所以当外界刺激过大时,驾驶人因适应外界刺激的变化也会较快地进入疲劳状态。因此,外界刺激应该有一个合理的范围,在该范围内外界环境对驾驶疲劳的影响是最小的,该范围称为最佳范围。这与 Hancock 和 Warm 的 U 型模型理论解释是一致的。

9.1.3　道路环境单调性成因及作用机理

资源理论(Resource Theories)认为人能够提供一定容量限制的资源来处理注意过程,当没有足够可利用的资源与任务需要的资源相匹配时,出现操作效率降低。同时对多个过程进行资源分配是机能下降的根本原因。例如,当一个过负荷的驾驶人为了维持车辆控制,将会降低对交通环境的注意程度。基于任务需求适应性的动态模型(Dynamic Models of Stress and Sustained Performance)可以有效地说明了这一问题,如图 9-2 所示。当负荷改变时驾驶人能够维持一定水平的操作,但是在低负荷或高负荷时,适应性很差。疲劳的可能危害是任务需求的精力或许被损伤,因为疲劳降低调节精力策略的范围和效率。对于任务需求的调节是普遍存在,因为驾驶包括驾驶负荷的快速改变,如图 9-3 所示。一般情况下,驾驶任务在正常状态下,驾驶的需求量低于驾驶人最佳注意能力,如图 9-3a)所示;但是当发生紧急情况时,驾驶人对紧急情况做出反应,把所有的注意力都集中在紧急情况上,这就是所谓的“注意力变窄”现象,如图 9-3b)所示。模拟实验的结果也表明动态模型与结果相一致,疲劳能够损伤负荷不足情况下的适应能力。

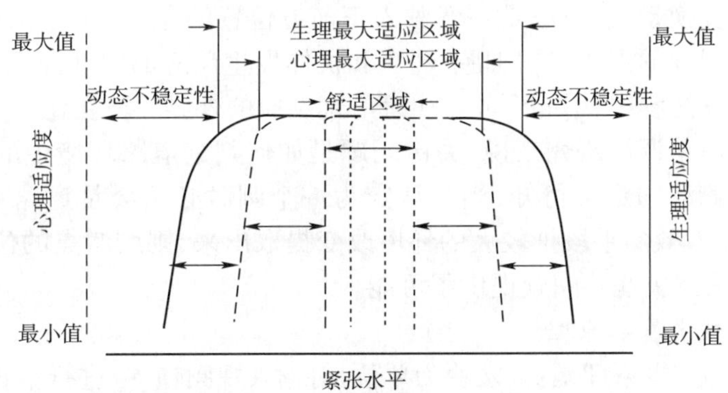

图 9-2　动态 U 型扩展模型

驾驶操作是驾驶人状态和环境需求量的函数。驾驶人状态用驾驶适应(Fitness to Drive)表示,环境需求量是一系列连续的信息流或者驾驶人必须处理的不确定状态。当环境需求量高(例如复杂的交通环境下),驾驶人不适合驾驶时(例如驾驶人是初学者或驾驶操作能力下降),驾驶人处于超负荷状态;当需求量较低(例如在单调性场景中),驾驶人非常适合驾驶时(例如驾驶人经验丰富),驾驶人处于负荷不足状态。在这 2 种极端

情况之间是最优操作区域,如图 9-4 所示。

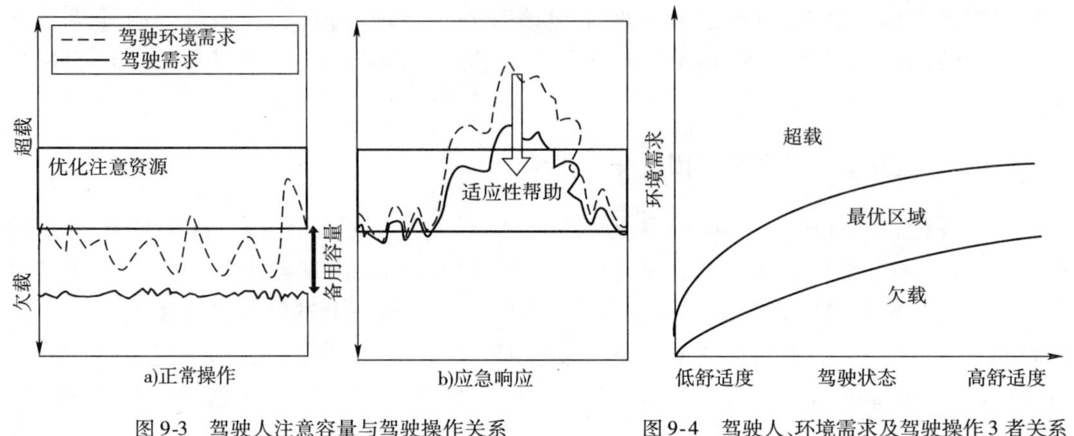

图 9-3　驾驶人注意容量与驾驶操作关系

图 9-4　驾驶人、环境需求及驾驶操作 3 者关系

9.2　道路环境单调性判别

9.2.1　道路环境单调性判别

道路环境中没有刺激或刺激变化在一个可预测的范围内则认为该道路环境是单调的。该定义包含两个概念,一是道路环境的界定,这里是指系列式景观,即驾驶过程中驾驶人感知的连续变换景观,一般是在驾驶人正前方位置的左右 20°范围内。二是刺激的概念。刺激是指引起的人体组织细胞、器官和机体发生反应的内外环境变化。这里所说的刺激是指在驾驶过程中,引起驾驶人生理心理反应的外界环境变化。

对于道路环境单调性研究来说,关键问题是如何判定道路环境中的刺激点,即刺激点的位置。根据刺激的定义可知,当被认定为一个刺激必然会是道路环境中的较大改变,因此如果采用有效的手段把较大的环境改变提取出来,则刺激点的位置就能确定,而 MPEG 压缩技术为解决这一问题提供了可能。

1. 图像判别技术基本原理

MPEG 编码的基本原理是:以宏块为单位,对输入视频帧 F_n 进行编码;通过运动估计函数从参考帧(如重建帧或子采样后的 F'_{n-1})中寻找当前宏块的匹配区域(相似区域),计算区域和当前宏块的位置偏移,定义为运动矢量 MV;根据 MV 生成运动补偿的预测 P;用当前宏块减去 P 生成残差宏块 D;将 D 划成 8×8 或 4×4 的子块,然后分别进行离散余弦变换(DCT);采用 run-level 游程编码重新排列子块的 DCT 系数;编码后的系数、运动矢量和相关的宏块头信息经过熵编码后生成压缩比特流。一般过程如图 9-5 所示。

MPEG 压缩一般采用 3 种图像格式,分别为内帧(I 帧)、预测帧(P 帧)及双向帧(B

帧)。下面简单介绍一下 3 类帧的具体含义,以及运动补偿和离散余弦变换的基本原理。

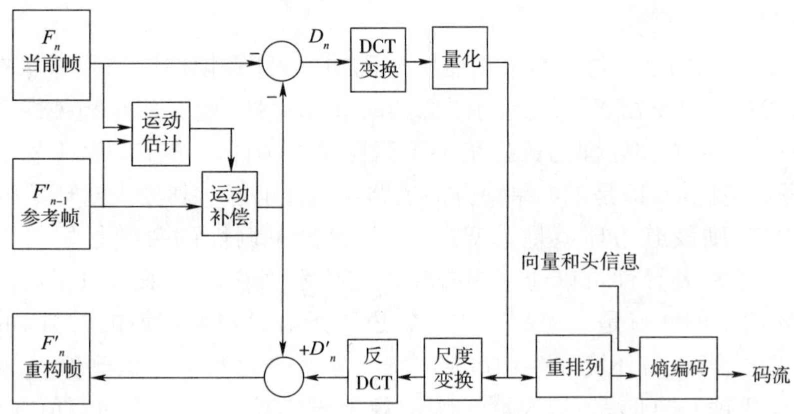

图 9-5　MPEG 编码过程

I 帧是基准帧,特点是:数据量最大;没有运动预测,帧内相邻位置属性具有渐变的空间相关性;图像可随机进入压缩图像数据序列进行编码。P 帧是以前 1 个 I 帧或 P 帧为基准,采用运动补偿预测得到的前向预测值。与 I 帧相比,P 帧具有更大的压缩比,但如果前 1 个 I 帧或 P 帧存在误码,则后面误差将积累并传递下去。B 帧有 2 种计算方法:一是同时采用前面和后面的 I 帧或 P 帧为基准,采用运动补偿进行预测;二是通过前面的 I 帧或 P 帧及代表运动的位移信息预测出当前帧,称为前向预测(FP),然后根据后面的图像及反应位移信息的运动矢量,预测前一时刻的图像,成为后项预测(BP),B 帧是将前向预测和后向预测同时使用并取其平均值而得到的。

运动补偿预测是为了压缩视频信号的时间冗余度,MPEG 采用了运动补偿预测(Motion Compensated Prediction),预测假定是:尽管画面内每个地方的幅度和方向可以是不同的,但仍然可以通过画面以一定的提前时间平移,局部地预测出当前画面。所谓预测,就是由前一图像帧计算出当前图像帧的预测值,采用运动估计进行运动补偿,以便尽可能减少预测误差,然后由运动矢量编码传输当前帧与其预测值之间的差值。

离散余弦变换是为了降低视频信号的空间冗余度,可离散余弦变换(DCT)压缩算法。离散余弦变换是将运动补偿误差或原画面信息转换成不同频率分量的系数集。离散余弦变换具体过程为:将 $N \times N$ 的原图像或残差图像样本 X,变换成 $N \times N$ 的系数矩阵 Y,变换过程采用变换矩阵 C 来描述,这里简单介绍一下正向变换过程。$N \times N$ 样本块的正向 DCT 变换如下:

$$Y = C \times C^{T} \tag{9-1}$$

式中:X 是样本矩阵,Y 是系数矩阵,C 是 N × N 的变换矩阵。C 中的各个元素如下:

$$C_{ij} = A_i \cos\frac{(2j+1)i\pi}{2N},(i > 0) \tag{9-2}$$

式中：$A_i = \sqrt{\frac{1}{N}}(i = 0), A_i = \sqrt{\frac{2}{N}}$

2. 道路环境单调性判别

MPEG 图像压缩的基本过程是采用压缩编码技术，计算帧内图像相邻像素间及相邻行间的空间相关性，以及相邻帧间运动图像的时间相关性，剔除那些相关性强的冗余成分，进而减少存储、传输和处理的数据量。单调性是指道路环境中刺激不发生改变或改变在一个可预测范围内，即是说如果前方的道路环境能够通过驾驶人对环境的“感知”很容易地预测出来，则该道路环境是单调的，因此评价单调性的关键是如何衡量道路环境的差异性，而这种差异性可以通过 MPEG 压缩技术来获取。采用 MPEG 视频压缩原理评价道路环境单调性就是以视频方式采集道路景观，以帧与帧图像之间的差异表征道路环境的变化，当道路环境发生改变越大时，得到的运动补偿预测值（P 帧和 B 帧）和实际像素值（I 帧）之间差值以及同一帧图像上不同位置像素之间幅值变化越大，即图像的时间冗余度和空间冗余度都较小，对应的压缩文件也越大；相应地，当道路环境改变越小时，图像的时间冗余度和空间冗余度较大，对应的压缩文件也越小。那么，采集驾驶过程中道路环境视频，采用 MPEG 压缩技术基本原理，对道路环境视频进行解码，采用运动补偿预测和离散余弦变换计算时间冗余度和空间冗余度，提取道路环境中的改变量，并以文件尺寸来表征环境改变量的大小这种方法可以判别道路环境的单调性。

9.2.2 判别指标及参数选取

1. 图像参数的选取及相关指标

驾驶人在环境单调的道路上长时间驾驶必然会导致驾驶疲劳，引发交通事故。而打破单调性无疑是有益的，可以通过增加刺激量和增加环境多样性来实现，但当中存在诸多问题：视觉刺激简单有规律的变化是否有效，为了减少疲劳添加多少视觉刺激是足够的，对于驾驶人来说什么样的刺激形式和方式是最有效的。这些问题的研究都需要基于对刺激量的合理量化和单调性的客观评价为基础。而目前道路环境是否单调以及单调程度如何往往都是人为确定的，缺少合理的评价指标和评价体系。MPEG 压缩技术中采样频率、序列长度等参数的合理设置，针对驾驶人不同区域关注程度不同，对不同区域的信息变化根据注视时间赋予不同的权重，确定考虑驾驶人注视点的道路环境单调性检测指标。主要是确定压缩过程中采样频率、序列长度和评价长度等参数。定义评价长度是指进行景观单调性评价的最短道路长度，该长度可以通过模拟实验进行确定，这里只对采样频率和序列长度进行分析。

以新疆奎屯到克拉玛依的奎克公路一段视频为例，评价长度定为 5min。如图 9-6 所示，固定序列长度为 10s，分别在采样频率为 5 帧/s、10 帧/s、15 帧/s、20 帧/s 和 25 帧/s

下计算压缩结果,结果表明采样频率对压缩结果的绝对量有很大影响,但相对量的影响不大,即图形的变化趋势基本一致,但考虑到采样频率越大,计算量越大,建议采样频率采用 15 帧/s。同样,固定采样频率 15 帧/s,分别计算在序列长度是 5s、10s、20s 下的压缩结果,结果如图 9-6 所示,理论上序列长度越小对道路环境信息量的改变越灵敏,但考虑到计算量的问题,建议序列长度选择 10s,从图上也可以看到,10s 序列长度的压缩结果与 5s 序列长度的压缩结果基本近似。

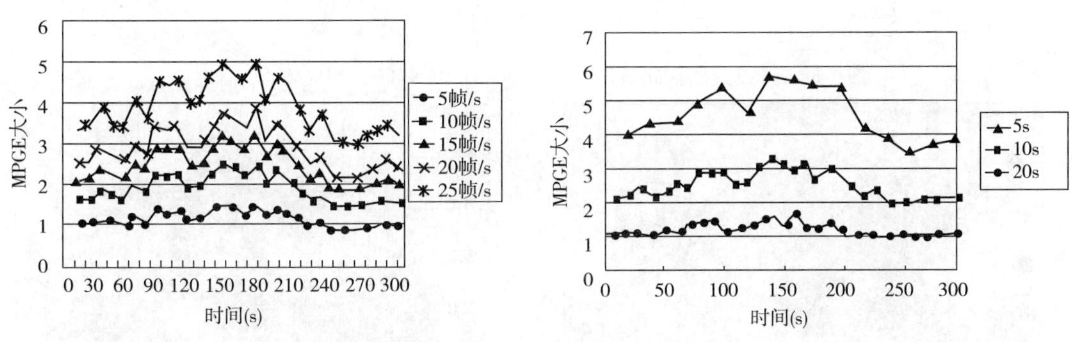

图 9-6 不同采样频率和序列长度下的压缩结果

2. 驾驶人关注区域的修正

绝大多数驾驶人对道路中心区域的注视时间都是最高的约占总时间的 80%。因此,驾驶人视野中不同区域的改变对驾驶人的影响程度是不同的。驾驶人注视区间可划分为左、中、右、上、下 5 部分,如图 9-7 所示。在水平方向上,将 -20 ~ -10 度区域定义为左边侧区域,10 ~ 20 角度区域定义为右边侧区域,将中间部分从(-10, -7.5)点到(10, 7.5)点所包含的 20 × 15 的矩形作为道路中心区域,中心区域又将垂直方向注视区域分隔成上方和下方。

驾驶过程中,驾驶人对不同区域的关注程度不同,由于驾驶人通过视觉获取信息超过 80% 以上,所以对不同区域驾驶人的注视特征直接决定对该区域的关注程度。因此,驾驶人在不同区域的注视特征决定着注视区域的权重。

1)注视区域的平面转化

在 Victor 区域划分中,划分边界是以度为单位表征的,反映出的是一个球面。而眼动仪记录的 x 坐标和 y 坐标,其单位是像素,反映出的是一个平面,视频的大小是 752 × 480 像素。在此基础上,通过三角函数的运算(如图 9-8 所示,垂直方向坐标计算方法亦然),将前述的区域划分落实到了眼动仪拍摄的平面:左边侧是从(0,0)点到(194,480)点的区域;右边侧是从(558,0)到(752,480)的区域;上方是从(194,326.8)到(558,480)的区域;下方是从(194,0)到(558,153.2)的区域;最后是中间区域,(194,153.2)到(558,326.8)。图 9-9 展示了驾驶人注视点按注视区域划分平面后的散点图。

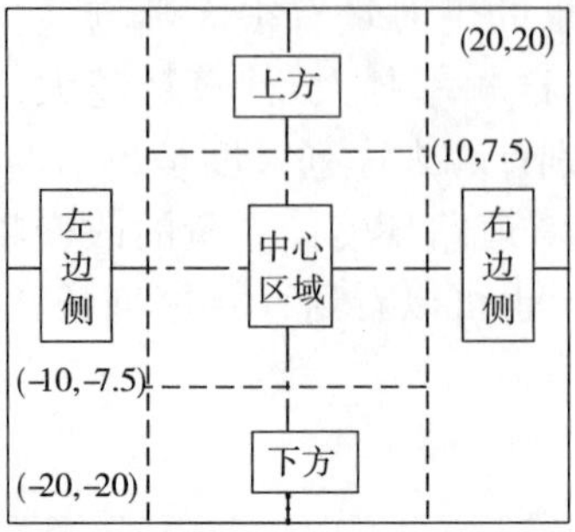

图 9-7　驾驶人注视区间划分图

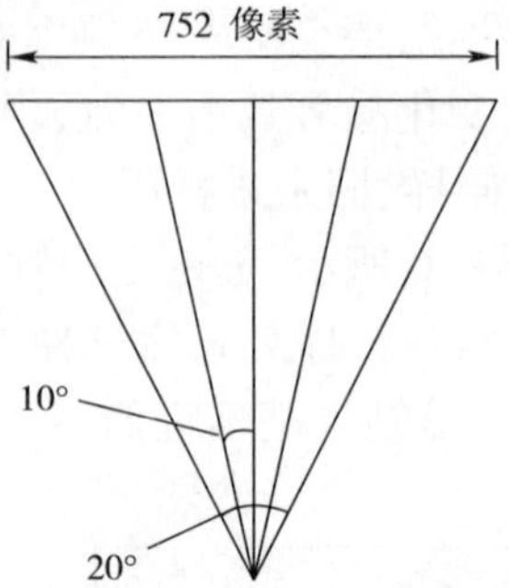

图 9-8　注视区域的平面化

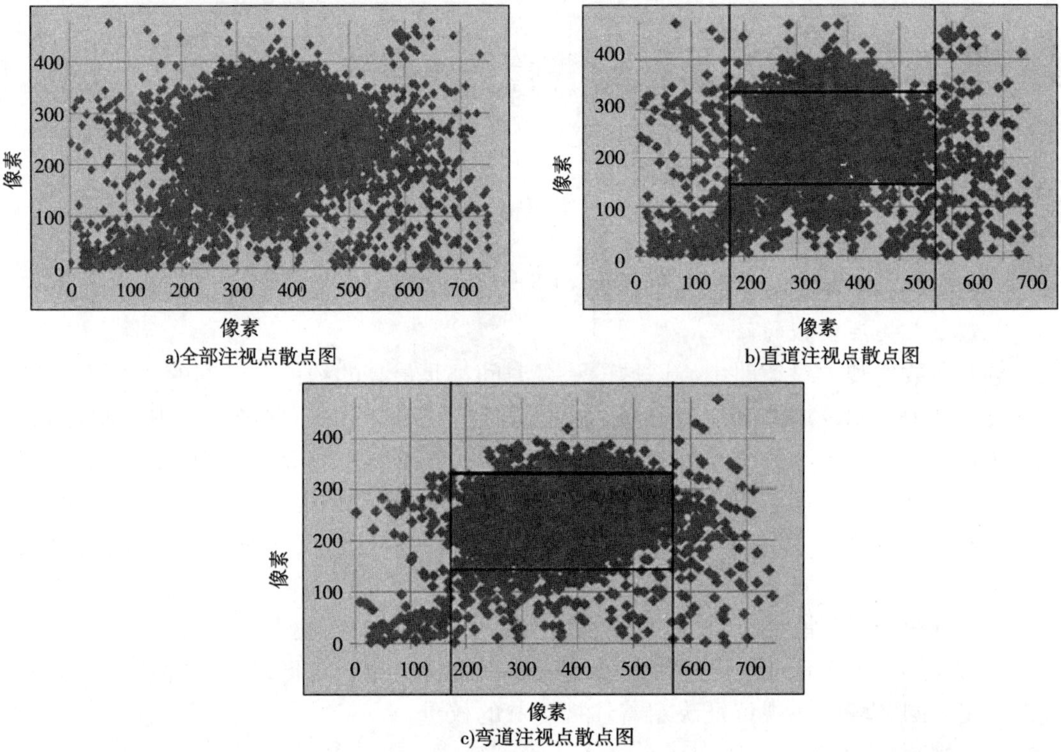

a)全部注视点散点图

b)直道注视点散点图

c)弯道注视点散点图

图 9-9　驾驶人注视点散点图

2)不同区域注视规律

根据注视区域划分方法,直道和弯道中驾驶人的注视点分布百分比和注视持续时间百分比的统计分析结果如图 9-10 所示。

中间区域无论是注视点个数还是注视持续时间达到 80% 左右;与直道相比,弯道上中心区域比重略有下降,但没有显著性差异;弯道时上、下区域的注视比重几乎不变,左右区域略有不同;无论直道还是弯道,右区域的注视指标一般是左区域的 2 ~ 3 倍。因此,这里确定不同区域权重如下,中心区域∶左区域∶右区域 = 0.8∶0.05∶0.15。

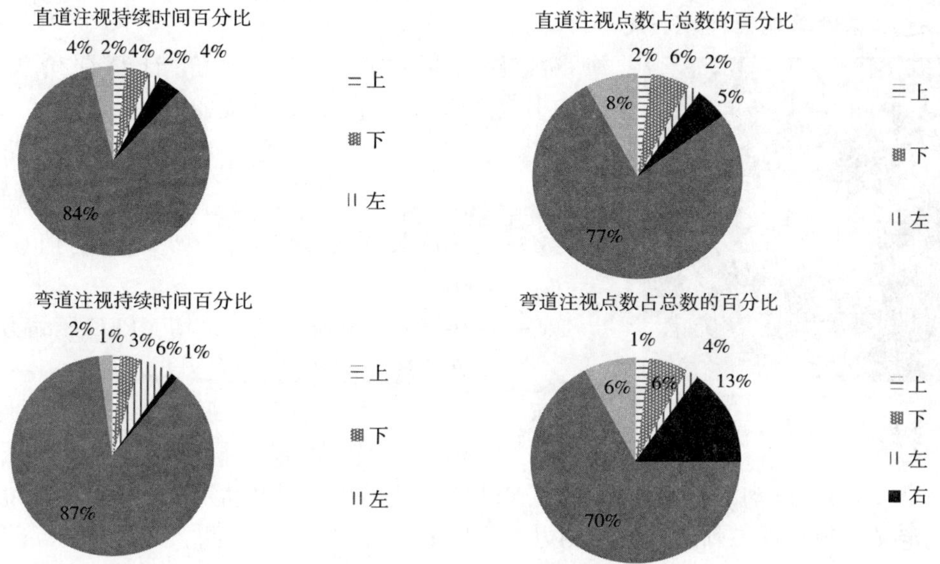

图9-10 注视点分布和注视持续时间百分比

3)修正前后对比效果

不同的注视区域,对不同注视区域赋予的权重比例为,中心区域:左边侧区域:右边侧区域=0.8:0.05:0.15。图9-11分别是加权重和未加权重压缩结果对比,虽然变化趋势基本一致,但每个序列长度内的环境信息改变量并不相同,在该段时间内道路前方中心区域存在车辆,中心区域环境改变量变大,导致加权的环境改变量比未加权的环境改变量要大,视频截图如图9-12所示。

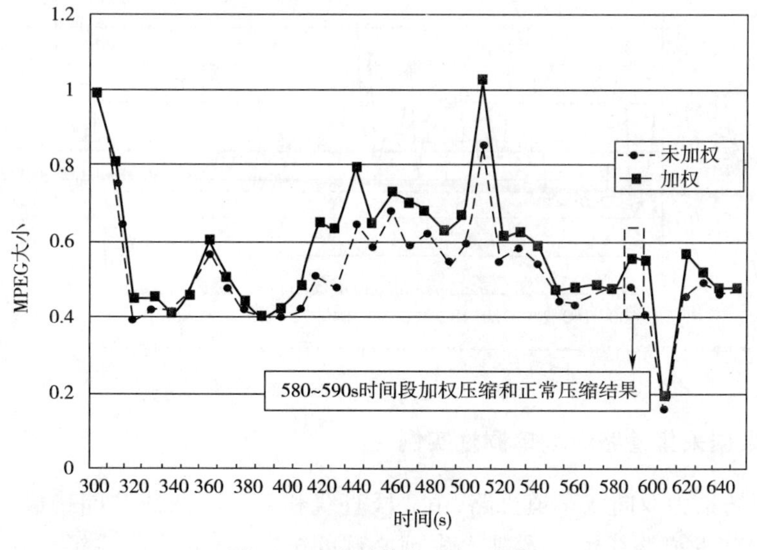

图9-11 加权计算前后对比结果

3. 道路环境单调性检测指标

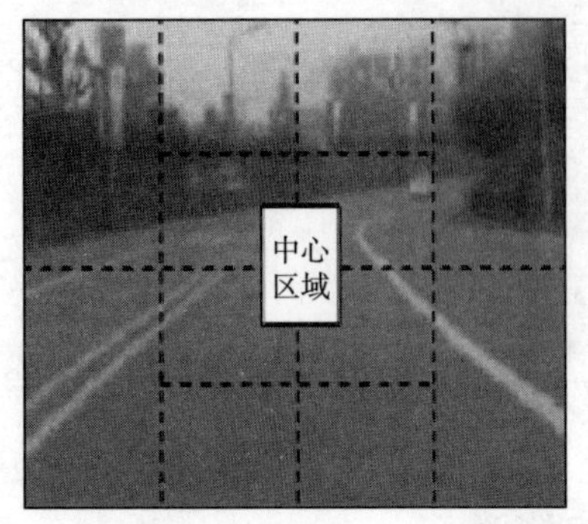

图 9-12 实际路段截图

对道路环境单调性进行评价，计算评价长度内 MPEG 压缩结果的均值，计算公式如下：

$$M = \frac{\sum_{x_i \in E} x_i}{n} \tag{9-3}$$

式中：M——评价长度 E 内环境改变量的均值（单位：kb）；

x_i——在第 i 个序列长度下采用 MPEG 压缩方法计算的环境改变量（单位：kb）；

n——评价长度 E 内序列长度的个数。

当道路环境发生较大改变时，相对于 MPEG 压缩结果有一个较大的"波动"，环境改变越大，MPEG 压缩结果波动越大，因此把这种环境较大的改变定义为刺激点。刺激点的检测方法采用如下公式：

$$X = \{x_i \mid x_i > M + \sigma, x_i \in E\} \tag{9-4}$$

式中：X——刺激点的集合；

a——评价长度 E 环境改变量的标准差（单位：kb）。

以上面有效性分析的视频为例，采用式（9-3）计算得到 20min 内道路环境平均改变量 0.77（与第一个 10s 的文件大小之比后取平均），对应的环境改变（或刺激点）位置如图 9-13 圆形区域所示。

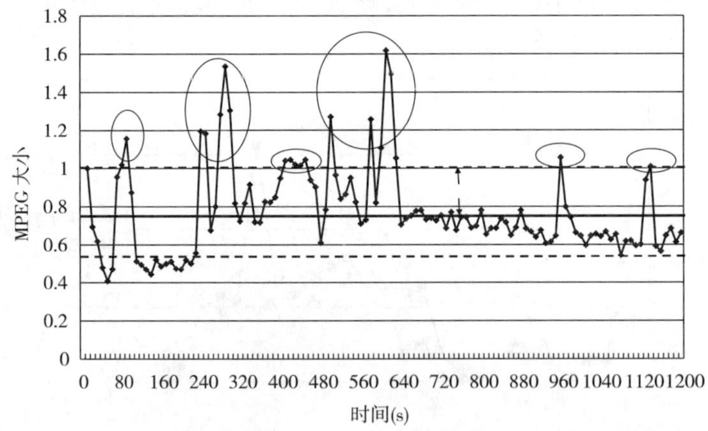

图 9-13 道路环境单调性评价

9.2.3 数据采集道路环境单调性实例

数据采集场景为双向双车道公路，由 2 段直线和 2 段圆曲线共同构成。每段直线长度 10km，为了减少道路线形对驾驶人生理心理的影响，选取圆曲线半径 3138m，符合公路路线技术规范中要求的不设超高平曲线半径值。道路宽度3.5m,路肩宽度1.5m。该方案的平面设计图如图9-14所示 。

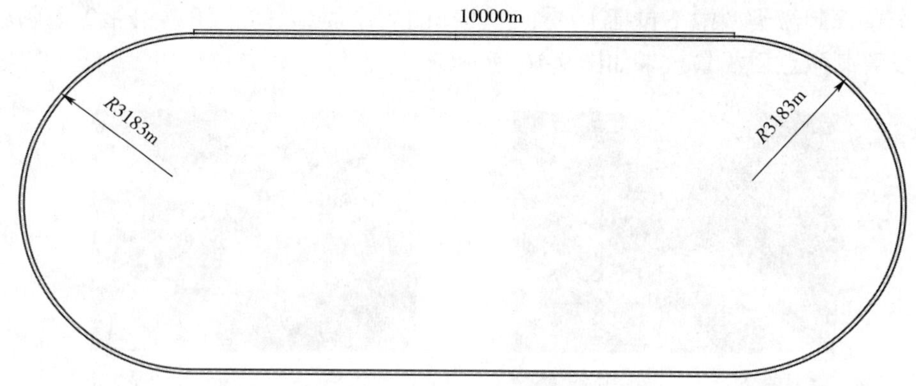

图9-14　场景平面设计图

场景中的树种为西北、华北地区具有代表性常绿针叶类乔木(马尾松、侧柏)和落叶阔叶类乔木(杨树、榆树)。栽植形式采用北方干线公路常采用的半封闭式栽植形式。特点是单行、疏植、树冠不相连;以乔木为主,具有一定的通透性,林荫化效果好。对于半封闭式栽植形式,株距的确定依据是树木成树后冠径的大小,一般以株距是树冠的1.5~2倍,间距(树冠间距离)与树冠直径相同时效果最佳,栽植密度表见表9-1。取成树杨树冠径5m,榆树冠径6m,马尾松冠径3.5m,侧柏冠径2.5m,不同树种选择的冠径大小以及对应的株距、间距见表9-1。以侧柏为例,栽植形式如图9-15所示,其他种类的树种栽植形式相同。

栽植密度表　　表9-1

树　　名	冠径(m)	株距(m)	间距(m)	高矮(m)
杨树	5	7.5	2.5	10
榆树	6	9	3	8
马尾松	3.5	5.25	1.75	6
侧柏	2.5	5	2.5	5

告示标志牌选择2类,分别是防止驾驶疲劳和限速的告示标志牌,采用门架式支撑方式。标志牌的设计尺寸以及设置方式按照《道路交通标志和标线》(GB5768.2)设计。

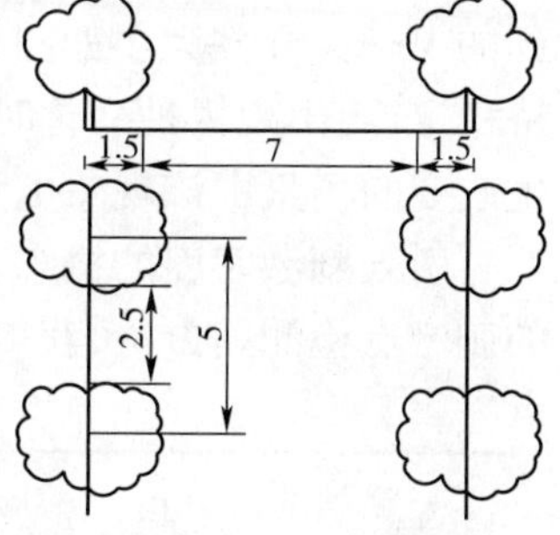

图9-15　栽种形式示意图(以侧柏为例,单位m)

心理学研究表明人在一定时间内刺激过多会明显减弱这种刺激的作用,即经过一段时间驾驶人就不会因景观视觉的变化而产生敏锐反应。因此,场景中刺激的设置间隔有一个合理的范围。参考以往的研究结果,选择0~40min作为刺激设置间隔的研究范围,根据行车速度60km/h,对应的刺激设置距离范围是0~40km。按照刺激设置间隔设计5个实验场景,分别为 40km、20km、10km、5km 和 1km。其中,40km 表示整个场景中没有设置任何刺激点(1km 表示刺激点设置间隔是 1km,其他数字意义同理)。刺激类型随机选择,且保证下一个备选刺激类型中不包括上一个已选择的刺激类型,防止任意相邻 2 个刺激类型重复。设置刺激点后场景效果如图 9-16 所示。

图 9-16 设置刺激点前后场景视觉效果对比

选取采样频率为 15 帧/s,序列长度为 10s,采用 MPEG 压缩技术和关注点修正后得到的 MPEG 文件大小如图 9-17 所示,发现路侧树木不发生变化时 MPEG 文件大小基本保持稳定,当出现树种变化时,MPEG 文件大小会出现突然的波动,其中树种每 1km 间隔发生改变的场景中该现象更为明显,每一次明显波动可以看成一次显著的刺激。

引入刺激密度的概念,即单位长度上刺激点的个数来表征道路环境。根据前面提到的刺激点检测的方法,获得数据采集不同场景的刺激密度见表 9-2。

不同场景下刺激密度 表 9-2

实验场景	1km	5km	10km	20km	不变化
刺激密度(次数/km)	40/40	8/40	4/40	2/40	1/40

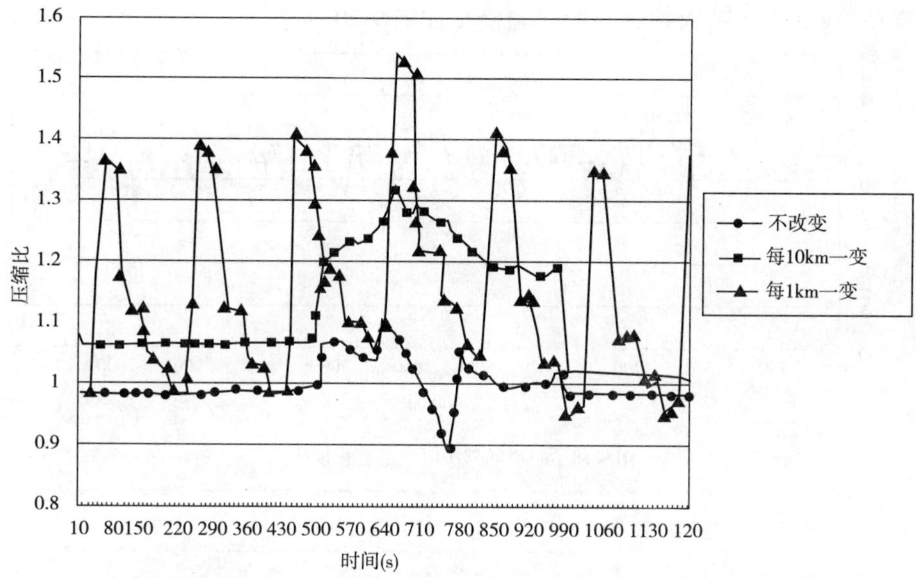

图9-17 采用MPEG压缩技术计算不同场景环境的改变量

9.3 道路环境单调性对驾驶人的影响特征

9.3.1 生理特征

在一段时间内,行车过程中驾驶人心率变化可近似看成具有各态历经性的平稳随机序列。图9-18(以1km刺激实验的一段数据为例)中心率在驾驶过程中规律并不明显,很难确定刺激出现对驾驶人心率是否呈显著影响。心率信号同时受到自身生理节律、驾驶操作和刺激3部分的共同影响。已有研究表明驾驶人在安静时心率的相关函数曲线很快趋近于0,说明自身生理因素引起的心率值之间相关性很差,可以看成纯随机过程。因此计算驾驶过程中心电信号的自相关函数,可以去除自身节律的影响,把由于驾驶和刺激对心率的影响凸现出来。从图9-19中可以看到,由于受到驾驶和刺激的影响,心率会出现非自身心跳节律引起的较大周期的波动现象,驾驶和刺激同时作用下(刺激1km)波动性比单纯驾驶下(没有刺激)要大,说明在有刺激的情况下,被试的心率会随着刺激的出现而发生有规律的变化。

另外,心率在驾驶疲劳形成过程中有显著的下降过程,可以用来作为驾驶疲劳的评价指标。虽然心率的变化受到驾驶人状态、驾驶时间和道路环境等多种因素的影响,即便是同一个驾驶人在不同时间的驾驶过程中心率也有很大的差别,但仍然能够通过心率下降速率大小来表征不同环境对驾驶人状态的影响,在每一个实验场景中统计每分钟驾驶人心率值，建立心率随驾驶时间的回归模型如图 9-20 所示。

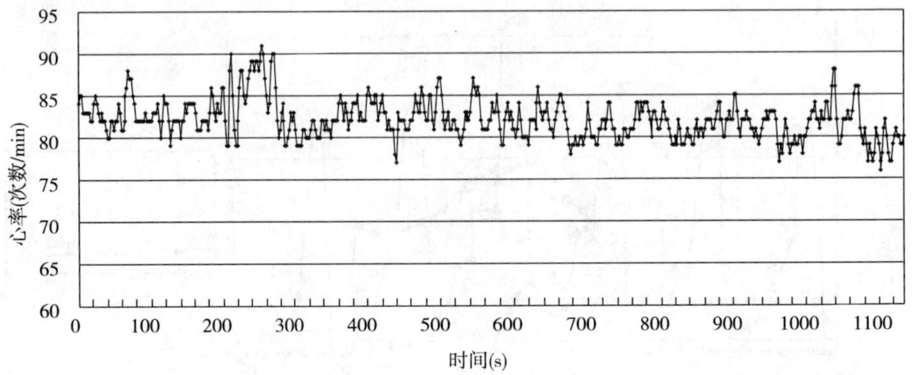

图 9-18　心率随驾驶时间的变化规律

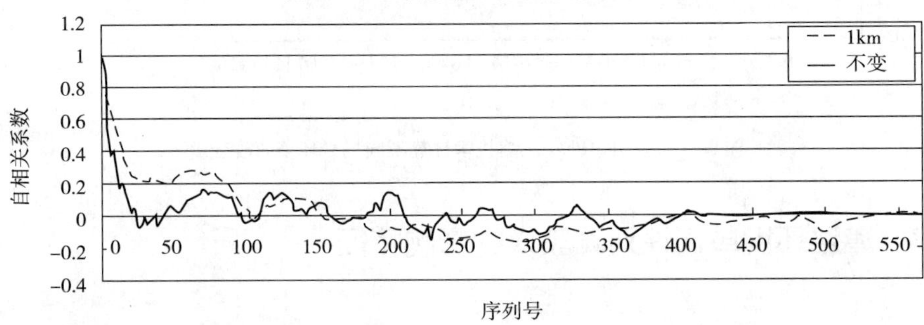

图 9-19　刺激 1km 和没有刺激的实验中心率自相关函数波形图

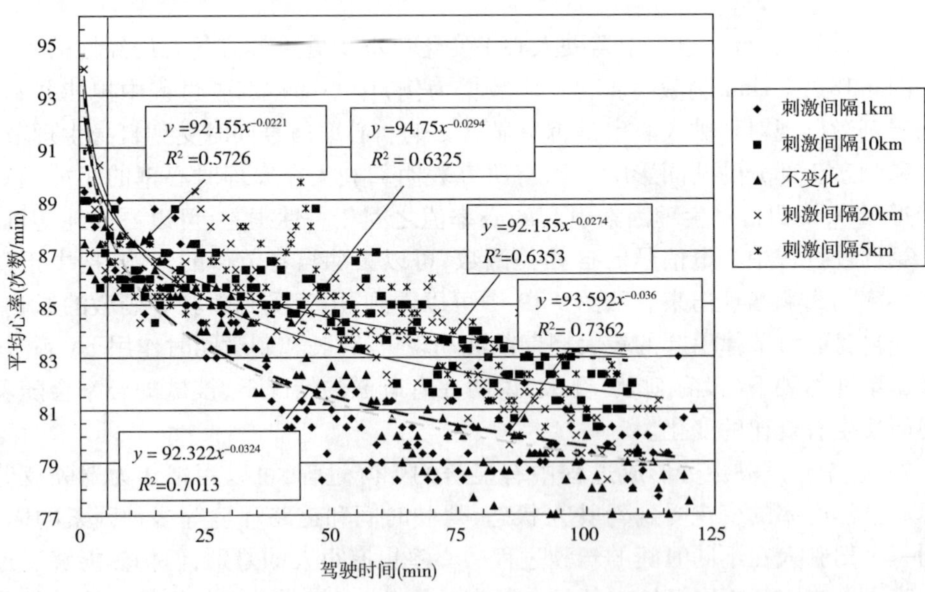

图 9-20　不同场景下心率随时间变化规律

另外,不同场景下心率变化趋势基本相同,但下降幅度却有所不同,说明不同刺激间隔对疲劳形成作用是不同的,刺激间隔与疲劳形成的这种关系为确定道路环境单调性判定标准的确定提供了依据。不同场景下心率变化的拟合曲线见表 9-3。

不同刺激间隔下心率下降拟合曲线　　表 9-3

刺激间隔	拟合曲线	刺激间隔	拟合曲线
40km(无变化)	$y=93.592x^{-0.036}, R^2=0.7362$	5km	$y=94.155x^{-0.0221}, R^2=0.5726$
20km	$y=94.75x^{-0.0294}, R^2=0.6325$	1km	$y=92.322x^{-0.0324}, R^2=0.7013$
10km	$y=92.15x^{-0.0274}, R^2=0.6325$		

9.3.2　心理特征

从前面分析可以知道,驾驶疲劳致因可以分成内因和外因 2 类,为了更准确地分析单调性环境对驾驶疲劳的影响,必须保证内因对驾驶疲劳影响没有显著性差异。在实验设计过程中,要求被试人员在实验之前尽量保证相同的精神状态。为了验证被试人员是否遵守实验设计要求和保证后期数据处理的准确度,这里采用 SOFI-C 主观评价分析不同场景实验前驾驶人状态是否存在显著性差异。

SOFI-C 主观评价刻划被试人员的疲劳程度,刻度从 0(程度极少)到 10(程度极大)排列。调查主观评价结果在 0.5 附近,如图 9-21 所示,这说明了 5 次实验之前被试人员的状态很好。配对 t 检验表明任意 2 个实验之前被试人员的精神状态没有显著差异(以 10km 刺激间隔和没有刺激 2 个实验为例,配对 t 检验结果为 $t=1.149, P=0.369>0.01$)。

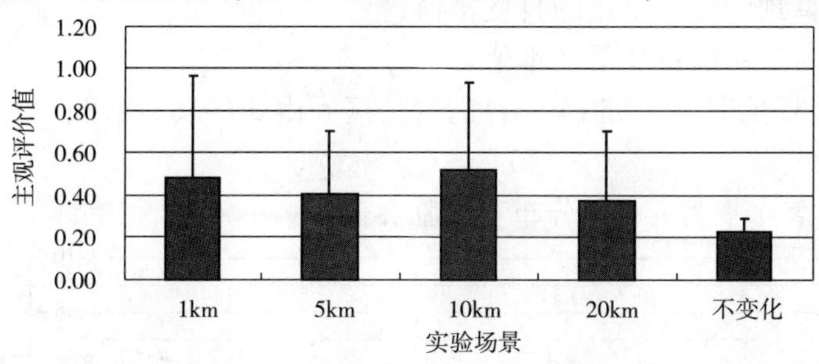

图 9-21　驾驶前被试疲劳状态主观评价

心理学研究表明人在一定时间内接受的刺激会有一个合理的范围,即在一段时间内刺激过多会明显减弱这种刺激的作用,即经过一段时间驾驶人就不会因景观视觉的变化而产生敏锐反应;如果在一段时间内,刺激过少,也不能对驾驶人形成有效的作用。因此,刺激间隔应该在一个合理范围内。采用拟合曲线上心率下降率(单位时间内心率下降)表示驾驶人疲劳程度,计算时间段是从开始驾驶 5min 到驾驶 115min 结束,因为有些被试人员在驾驶后期不能保证以 60km 速度行车,驾驶结束时不能达到 120min。计算得到不同实验场景下刺激密度和心率下降率见表9-4。

不同实验环境下刺激密度和心率下降率 表9-4

参　数	1km	5km	10km	20km	不变化
刺激密度(次数/km)	40/40	8/40	4/40	2/40	1/40
开始驾驶5分钟心率(次数/km)	88	88.8	88	89	88
连续驾驶115分钟心率(次数/km)	79.2	83	82.8	81.5	78.5
心率下降率(%)	8.8	5.8	5.2	7.5	9.5

对刺激密度取对数坐标,建立心率下降率和刺激密度关系曲线,根据基于任务需求的自适应概念提出的Hancock和Warm U型模型可知,在一定负荷范围内驾驶人能够维持一定水平的操作,在低负荷或高负荷水平下驾驶人的适应性降低。因此,在其他因素相同条件下,外界环境成为影响负荷高低的重要方面,外界环境对驾驶疲劳性能影响也应该符合U型模型规律。通过建立心率下降率与刺激密度关系可以看到,从5km刺激间隔场景到没有变化场景中心率下降幅度越来越大,与Hancock和Warm的U型模型描述一致,由于刺激间隔从5km到1km之间实验次数较少,从理论上分析心率下降幅度也应该越来越大,从1km刺激间隔场景中实验结果可以验证这一点,如图9-22所示。

按照该拟合曲线,以心率下降率5%为准,可以确定最佳的刺激密度。因为是二次拟合曲线,可以把x^2,x看成2个变量,把该拟合曲线转变成二元线性回归模型。对于每一个刺激密度值,可以按照式(9-5)计算二元线性回归预测标准误差。

$$S_{cf} = S\sqrt{1 + X_f'(X'X)X_f} \tag{9-5}$$

式中:S——回归方程估计的标准误差;

X_f——待计算预测标准误差的自变量值;

X——拟合时采用的自变量样本值。

由此,可以计算预测值Y_f的$(1-\alpha)$的置信区间由式(9-6)给出:

$$Y_f = t_{\alpha/2} \times S_{cf} \tag{9-6}$$

式中:$t_{\alpha/2}$——显著水平为α的t分布双侧临界值。

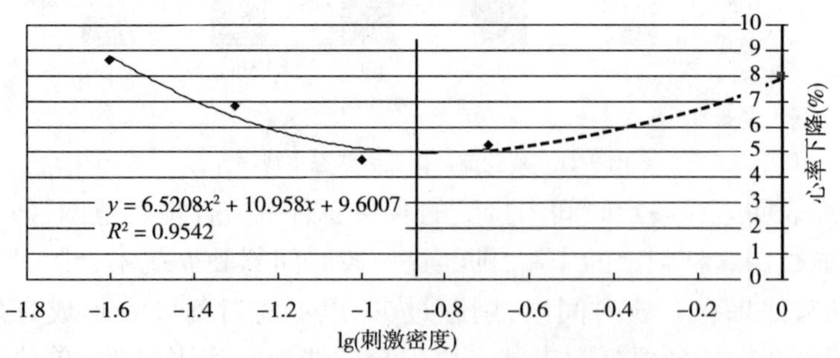

图9-22　单调性与心率拟合曲线图

这里采用试算的原则,基本思路是给定一个刺激密度值,取$\alpha=0.05$,按照式(9-5)、式(9-6)计算预测值 Y_f 的置信区间,如果心率下降率5%在预测值 Y_f 的置信区间内,则可以理解为该刺激密度值满足要求的概率是95%。通过该方法,可以计算刺激密度区间为[4.0,7.9]。按照行驶速度60km/h计算,对应时间间隔为5~10min。在其他条件允许的情况下,从安全驾驶的角度选取刺激间隔临界值为5min,作为道路环境单调性评价标准,即如果在5min间隔内没有刺激点可以认为该道路环境单调。

9.4 道路环境单调性评价的应用对策

9.4.1 概述

常见的改善道路单调性的对策是通过添加视觉刺激、改善道路环境来应对负荷过载或负荷不足的问题。当负荷过载情况下,驾驶人需要增加经验;当负荷不足情况下,可以通过增加与驾驶任务无关的附加任务。

通过定性分析道路环境和驾驶行为之间的关系,可以确定改进后道路环境或驾驶人操作行为从而提高安全性。有关道路景观设置研究指出为了防止交叉口交通事故,不但要求驾驶人时刻保持较高的注意力和判断力,更应该致力于道路环境的改善,为此分析了道路环境对驾驶人认知和行为特性的影响,说明了容易发生事故的道路环境。针对道路环境单调性,公路绿化与施工质量管理中提到为避免防眩设施单调,长距离设置防眩设施时,应当把防眩设施和植树防眩相结合,每隔5km变换一次方式,或防眩改变颜色或树木改变品种或种植方式。在景观单调地区,单一景观的长度为5km左右,这个长度可以对驾驶人产生适当的刺激。而视觉刺激点设置应该与行车速度建立联系,大约每5~10min提供给驾驶人新的视觉吸引点,让驾驶人适当转移一下注意活动。

9.4.2 道路环境单调性应用

1. 确定单调道路环境下的驾驶时长

驾驶时间是驾驶疲劳形成的一个重要因素,也是驾驶疲劳研究的一个重要方面。国内外的交通安全部门都对驾驶人的连续驾驶时间制定了相应的法规进行限制,并且对其每天工作时间和平均周工作时间以及工作时间和驾驶时间控制等做出明确的规定。欧洲交通安全委员制定的道路交通工作时间指南修订扩充版(COM(2000)754)规定最大周工作时间限制是60h,4个月内平均最大周工作限制为48h,同时限制了夜间工作时间为8h,最多不能超过10h。

我国道路交通安全法对连续驾驶时长也有明确规定,一般要求从事公路客运的驾驶人一次连续驾驶不得超过4h。从与疲劳有关的事故分析来看,1h驾驶时间太长,休息区间隔应该保证在30min内到达,这个距离应该在48km(30英里)以内。借助数据采集实验,建立驾驶时间与平均心率之间关系曲线,如图9-23所示。心率在驾驶过程中逐渐减

低,可以作为驾驶绩效降低、驾驶疲劳程度的一个重要生理心理指标。通过数据拟合建立驾驶疲劳与驾驶时间的关系:

$$y = 93.592x^{-0.036}, R^2 = 0.7362 \tag{9-7}$$

式中:y——平均心率(2min 内),表示驾驶过程中疲劳程度;

x——驾驶时间(min)。

从数据拟合曲线来看,驾驶过程中平均心率随驾驶时间呈现下降趋势,说明驾驶人注意力不集中,疲劳程度逐渐增加。同时心率变化呈现先迅速下降后缓慢下降的规律。单调性环境中,疲劳形成过程可以分成两个阶段:第一阶段疲劳形成阶段,在单调的环境中,由于外界信息刺激较少,驾驶操作简单,驾驶人思想放松,很快进入疲劳状态;第二阶段是疲劳增加阶段,驾驶人随驾驶时间疲劳程度逐渐增加的过程。从图 9-23 可以看到,第一阶段心率降低速度相对较快,而第二阶段心率降低速度相对较慢,说明在单调的环境中,驾驶疲劳在第一阶段迅速形成,达到一定水平后,疲劳累积速度减缓,这时已经进入深度疲劳。因此,两个阶段的分界点可以作为驾驶时长的临界点。

采用曲率公式(9-8)计算每一点处的曲率,结果如图 9-24 所示。

$$k = \left|\frac{d\alpha}{ds}\right| = \frac{|y''|}{(1 + y'^2)^{3/2}} \tag{9-8}$$

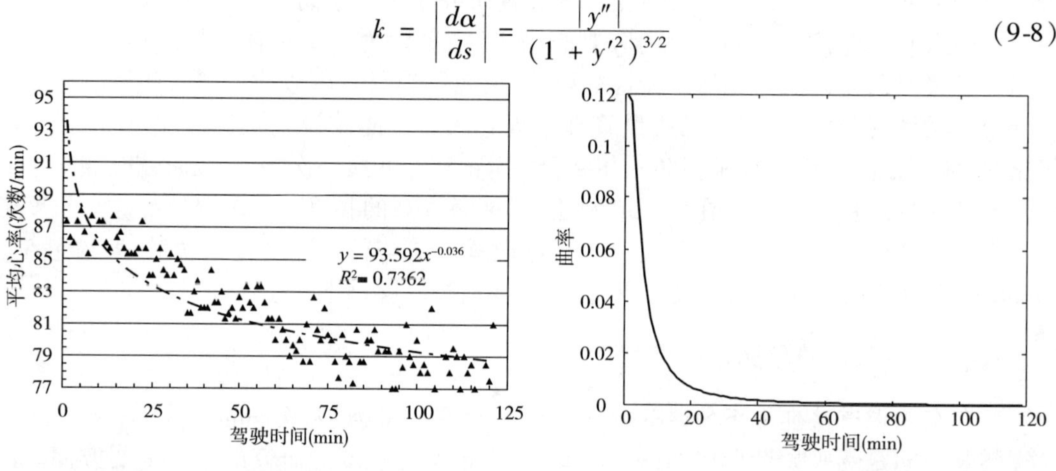

图 9-23 心率随驾驶时间变化规律

图 9-24 随驾驶时间心率下降曲率

从图 9-24 可知,心率的下降呈现先陡后缓的规律,20min 是两个阶段的分界点。20min 以前心率快速下降,疲劳迅速形成;而 20min 以后心率下降速度变缓,驾驶人进入疲劳状态,疲劳程度随着驾驶时间缓慢增加。因此,在单调环境中,20min 是驾驶人驾驶时限的阈值,按照行车速度 100km/h 计算,大约连续驾驶 30 ~ 35km 后需要进行短暂的调整。这里需要强调的是该结论应用于单调性环境中,同时 20min 连续驾驶后并不是要求驾驶人需要停车休息或不允许继续驾驶,而是建议在 20min 连续驾驶后驾驶人应该调整驾驶状态,如和别人交谈、听一下广播或打开窗户吹吹风等,提高自己的警觉性水平,维持正常驾驶状态。

2. 确定顺长直线后圆曲线半径

单调性环境由于缺少一定的外部刺激，驾驶人在驾驶过程中容易注意力不集中，驾驶操作能力下降，往往导致被动疲劳的形成。例如在公路技术规范中指出当采用长的直线线形时，为了弥补景观单调的缺陷，应结合沿线具体情况采用相应的措施。

驾驶疲劳形成过程导致了驾驶人生理心理指标—心率有显著的下降过程。外界刺激的设置应该能够提高驾驶人的紧张性，确保驾驶人维持正常的驾驶操作水平。以长直线路段接小半径弯道时，小弯道的形状转变成视觉刺激进入驾驶人的脑中枢，脑中枢按照刺激的强弱经处理传至脊髓上的交感神经，从而使驾驶人产生兴奋。交感神经兴奋会引起心肌细胞内外离子浓度发生改变，因此导致对心肌细胞的生物电活动和生理特征产生影响，影响驾驶人心率变化的快慢。因此，顺直路段后的圆曲线设置最好能够满足驾驶人生理心理特征的变化。在顺直路段导致的驾驶人心率下降应该能够通过圆曲线上驾驶人紧张引起心率增加来弥补，保证驾驶人在生理心理上保证平衡。基于这一思想确定了圆曲线符合驾驶人生理心理反应的半径指标过程如下：

(1)心率增量和速度、半径之间的关系式如下：

$$N = 2.483 \cdot \frac{V^{0.756}}{R^{0.203}} \tag{9-9}$$

式中：N——心率增量(次/min)；

V——速度(km/h)；

R——半径(m)。

(2)取研究对象的设计速度 $V=60$km/h，代入式(9-9)得到半径与心率增量关系式如下：

$$N = 54.86 \cdot R^{-0.203} \tag{9-10}$$

驾驶人在驾驶20min后，心率由88次/min降低到83.5次/min。为了让驾驶人保持正常的驾驶水平，设置的圆曲线半径应该提高驾驶人紧张性，确保驾驶人心率达到88次/min左右。根据基准心率是70次/min，计算心率增量为18次/min，通过上式反算得到，对应的圆曲线半径为250m(图9-25)。这里需要说明两点，一是该半径对应的设计速度是60km/h，对应其他速度下的半径值可以通过该方法计算获得；二是在工程条件许可的情况下，半径值的选择应尽量是250m左右，但不是说选择半径越小越好，半径太小，虽然能够提高驾驶人紧张性，但也增加驾驶操作的难度，影响驾驶人安全驾驶。

3. 确定刺激点设置间隔

从道路景观设计方面，打破单调性基本思路是增加环境刺激量和提高道路环境多样性，而设置合理的刺激点则是这一基本思路最常采用的方法。以往研究中往往通过定性分析的方法给出刺激点设置间距，一般认为合理间隔应该在5km左右。如在公路绿化与施工质量管理中也提到为避免防眩设施单调，长距离设置防眩设施时，应当把防眩设施和植树防眩相结合，每隔5km变换一次方式，或防眩改变颜色或树木改变品种或改变种植方式。

同时,一些研究中指出在单调性环境中,刺激设置间隔应该与行车速度建立联系。事实上,刺激设置间隔计算应该考虑行车速度这一因素,才能满足驾驶人在不同速度下对视觉刺激的需求,确保视觉刺激的效果。基于这一思路,通过研究道路环境单调性对驾驶疲劳影响机理,建立心率下降率和刺激密度对数关系模型进行预测,提出在单调性环境中,满足行车安全的刺激间隔区间为 5 ~ 10min。

以国道 217 奎屯至克拉玛依段为例说明刺激设置间隔研究成果应用过程。首先得到道路环境单调性检测结果,通过式(9-7)和式(9-8)计算得到刺激点位置,结果表明在 260 ~ 800s 之间道路环境是单调的,按照行车速度 60km/h 计算,单调路段为 4.3km 至 13.3km。通过观察该段道路视频,线形简单,路侧景观单一,交通量稀少,典型景观断面如图 9-26 所示。根据刺激设置间隔区间 5 ~ 10min,按照速度 60km/h,刺激点设置距离为 5 ~ 10km。在实例分析中,从交通安全角度,选取下限值 5km 作为刺激点设置间距。因此在该路段中应该设置 2 个刺激点,以改善该段道路环境的单调性。

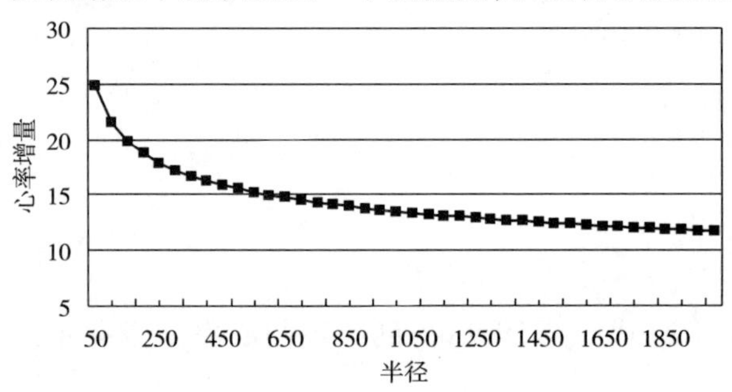

图 9-25　心率增量与圆曲线半径关系(基准心率:70 次/min)

图 9-26　典型景观断面

第 10 章　急弯处警告标志

10.1　急弯处警告标志概述

统计结果显示每公里急弯处的单车事故频发率比直线道路高 34%。急弯路段之所以成为事故多发地段，是由于弯道处对驾驶人的感知、视认和操作等方面具有较高的要求。相比直线路段，车辆在曲线路段行驶中受到视距、曲率、横向力等因素的影响程度增加大，容易使驾驶人因信息接收不全面、操作反应不及时、操作舒适感减弱而发生紧急制动、侧滑、倾翻等意外状况，极大地降低车辆在弯道处的稳定性和安全性。

警告标志作为急弯这一复杂路段降速行驶的有效措施，一直以来，研究人员对于标志的尺寸、版面、色彩、形状、位置等方面开展了大量的研究，提出了一些优化设计方法。

10.1.1　警告标志简介

警告标志，是一种告知驾驶人或行人前方道路有危险的道路交通标志，在交通标志中占有重要地位。工程实施中，警告标志的设置往往依据国家相关的设计、设置规范标准实施。道路标志标线标准对警告标志的规范主要涉及到设计和设置 2 个方面，如颜色、字符、形状、位置、安装方法等。不同国家对警告标志的设置规范要求存在一定的差异性，其所发挥的作用也有所不同。

1. 颜色

大部分国家的警告标志以白色作为底色并搭配粗的红色边框，如图 10-1 所示。然而每个国家的底色以及边框的颜色和粗细皆有不同。比如在瑞典、塞尔维亚、波斯尼亚、克罗地亚、芬兰、冰岛、希腊、马其顿共和国及波兰，警告标志是红色边框搭配琥珀色底。这种颜色的选择一般由气候所致，在这些经常下雪的地区，比起红色配白色的标志，红色配琥珀色的标志较容易引起注意。

a)三角形，白底

b)三角形，橘黄色底

c)三角形，黄底

图 10-1　其他国家不同颜色的警告标志

中华人民共和国国家标准《道路交通标志和标线第 2 部分:道路交通标志》(GB5768.2—2009)规定,我国(香港与澳门除外)警告标志是黑色边框搭配黄底板,“注意信号灯”、“叉形符号”、“斜杠符号”警告标志除外。

2. 形状

对于大多数国家警告标志为三角形,但有些国家的警告标志是菱形的。比如在美国、加拿大、墨西哥、泰国、澳大利亚、日本、菲律宾和马来西亚,警告标志是黄色的底搭配黑色的边框和图案,而且通常都是菱形的。此外还有部分地区使用矩形警告标志,如图 10-2 所示。

根据我国道路标志标线的规范,我国警告标志的形状为正三角形,我国国标中急弯路警告标志如图 10-3 所示。

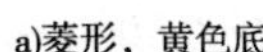
a)菱形,黄色底

b)矩形,黄色底

图 10-2　其他国家不同形状的警告标志

a)向左急弯路

b)向右急弯路

图 10-3　急弯路警告标志

3. 位置

弯道路段作为公路主要线形之一,事故的高发使之成为道路安全问题的研究重点,对于急弯处警告标志,我国和美国在位置设置方面存在一定的差异性。

目前,中华人民共和国国家标准《道路交通标志和标线第 2 部分:道路交通标志》(GB5768.2—2009)中有关急弯警告标志位置的具体设置方法规定如下:

(1)警告标志不宜多设,同一地点需要设 2 个以上警告标志时,原则上只设置其中最需要的。

(2)警告标志用以警告车辆驾驶人减速慢行。设计车速小于 60km/h 的道路上,平曲线半径及停车视距小于表 10-1 规定时应设急弯路标志。设置位置为曲线起点的外面,但不应进入相邻的圆曲线内。

平曲线和停车视距值　　表 10-1

设计速度(km/h)	20	30	40
平曲线半径(m)	20	45	80
停车视距(m)	20	30	40

(3)警告标志前置距离一般根据道路的设计速度按表 10-2 选取。也可考虑所处路段的最高限制速度或运行速度等按表 10-2 进行适当的调整。

警告标志前置距离一般值　　　　表 10-2

速度(km/h)	减速到下列速度(km/h)											
	条件 A	条件 B										
	0	10	20	30	40	50	60	70	80	90	100	110
40	*	*	*	*	—	—	—	—	—	—	—	—
50	*	*	*	*	*	—	—	—	—	—	—	—
60	30	*	*	*	*	—	—	—	—	—	—	—
70	50	40	30	*	*	*	*	—	—	—	—	—
80	80	60	55	50	40	30	*	*	—	—	—	—
90	110	90	80	70	60	40	*	*	*	—	—	—
100	130	120	115	110	100	90	70	60	40	*	—	—
110	170	160	150	140	130	120	110	90	70	50	*	—
120	200	190	185	180	170	160	140	130	110	90	60	40

注:1. 条件 A—道路使用者有可能停车后通过警告地点,典型的标志如注意信号灯标志,交叉口警告标志、铁路道口标志等。

2. 条件 B—道路使用者应减速后通过警告地点,典型的标志如急弯路标志、连续弯路标志、陡坡标志等。

3. *—不提供具体建议值,视当地具体条件确定。

在美国 MUTCD 中,警告标志前置距离的设置除了有类似表 10-2 的具体设置规范要求外,还对特殊路段情况以及不同曲率弯道时所使用的警告标志类型进行详细规定,并结合弯道道路警告标志布置图直观展现弯道前警告标志的位置、种类及个数等具体情况,标准规范具体、清晰。

从警告标志 3 个特征的对比可以看出,国内外对警告标志的具体要求有不同程度的规范。国内外警告标志颜色、形状设计的差异主要来源于不同地区的气候以及当地的传统习俗、驾驶习惯等因素,但不同地区对警告标志这 2 方面特征的设计均是以警示驾驶人、引起驾驶人注意为主。

而警告标志位置这一因素,在实际设置当中并不会受到气候、习俗等方面影响,理论上各国标准中的相关规范差异应该较小。但从美国与我国有关急弯警告标志位置设置方法的相关规范中发现,我国现行标准(GB 5768—2009)对急弯警告标志的前置距离的规范缺乏明确规定和说明,比如规范中提到的小半径弯道仅指出标志位置在曲线起点外。事实上,在实际道路行驶中,由于存在外界环境、个体特征等多种因素的影响,驾驶人在急弯路段的行驶情况无确定规律,加上我国标准中相关规范的模糊性,使得工程中对标准规范运用缺乏一定的可行性,存在一定的盲目性,因此,我国道路环境中随意设置警告标志的现象随处可见。

为了提高道路中警告标志的效用,对于美国 MUTCD 中有关急弯警示标志的位置设置方法我们可以部分借鉴,如弯道处不同类型警示标志的选取及其设置顺序;但由于各国地区标志设计、驾驶习惯、道路规范等各方面的差异性存在,国外的很多研究成果我们并不能直接用于我国急弯警示标志位置的优化设置。因此,为了规范和优化我国急弯前常用警告标志的设置方法,指导工程实践应用,需要深入研究弯道前警告标志的设置对驾驶人的影响,寻找弯道前警告标志的优化设置方法。

10.1.2 国内外有关急弯警告标志的研究

近年来,急弯处交通事故居高不下,而警告标志作为急弯路段有效的降速措施,其减速、警示效用的发挥对弯道通行安全显得尤为重要。

1. 提高急弯安全性的措施

为提高过弯的安全性,实际应用过程中,常在急弯路段采取相应的警告引导、提示降速等管理或工程措施。急弯处设置警告标志作为目前最有成效的安全措施之一,受到道路建设者的高度青睐。但由于我国现行标准对急弯处警告标志规范的不完善,容易导致实际运用中设置的不当;轻者引起急弯处警告标志的有效性下降,重者诱发潜在的危险事故,惨重的代价让人们已经意识到完善急弯处警告标志的重要性。国内外学者开展了许多有关标志尺寸、版面、色彩、逆反射材料等设计因素对驾驶人视认性影响,同时标志设置角度、位置、方位等设置因素对驾驶人决策、操作行为影响的研究,探讨如何通过完善交通标志的设计、设置,提高驾驶人在道路行驶中的安全性。比如国外曾测试交通标志的灯光和亮度对用户和驾驶人反应时间的影响;我国学者研究交通版面对驾驶人眩目影响的情况,为减少眩目的影响将标志设置倾角进行细化分组。此外,标志版面设计与标志有效性间的影响关系国外也进行了部分研究,而国内主要从驾驶人短时记忆容量出发对标志版面信息量大小提出建议。1997 年国外学者曾探讨弯道警示与线性诱导标志对驾驶人的影响作用,我国学者对限速标志和警告标志作用下驾驶行为特性进行更细致的影响分析,推动警告标志影响机理的研究。

2. 急弯警告标志位置的作用

在标志诸多的特性中,标志位置不当引起的不易被观察、注意等现象将首先降低驾驶人对目标标志的视认性。行驶过程中如果目标标志没有被视认,驾驶人将不能深入完成对其他标志特征如色彩、版面信息等标志特性的认知,那么驾驶人无法接收标志传递的重要信息,极大地影响了驾驶人在行驶过程中能否进行正确的决策和操作。

此外,驾驶是一个多任务过程,标志的设置位置决定着驾驶人对标志的感知时间,决定着驾驶人是否采取即时的操控和决策。特别是在交通状况复杂路段,如在急弯路段,驾驶人需要完成更复杂的驾驶任务,合理设置标志位置,使得驾驶人能够及时感知前方道路信息,从而采取正确的驾驶操作行为。因此,急弯处警告标志位置设置的合理性是影响其效用发挥的重要因素。

国外学者早期曾探索警告标志设置位置对驾驶人的影响关系；根据驾驶人"理解—反应"时间以及认读距离来研究警告标志位置设置的方法；新西兰学者 Charlton 为研究不同警告标志标线种类和设置方式对驾驶人通过弯道速度的影响，进行一系列有关弯道警告标志标线的驾驶模拟实验。

近年来随着交通问题的不断涌现，我国已有部分学者逐渐开始关注标志位置的有效性设置方法。但总体上我国在有关警告标志设置位置方面的研究较少，也基本上没有形成体系，研究内容和研究方法均比较分散。有研究人员 2006 年运用概率论的知识简单建立了标志设置位置的计算公式；2007 年结合国外标志设置方法，基于前视距离对路侧交通标志设置方法进行深一步的研究；2010 年有人从驾驶人视觉反应和认知特性角度出发，对普通公路路侧限速标志设置位置方法进行研究，并给出标志设置的最佳前置距离。

事实上，驾驶行为作为直接诱发交通事故的主要原因，国内有关急弯标志位置对驾驶行为影响的研究成果并不多。现有成果研究大多从驾驶人的生理反应和视认特性的角度研究标志位置对驾驶人的影响，对标志位置与驾驶人行为之间关系的研究甚少。加上我国标准对急弯警告标志位置规范的笼统性以及急弯道路安全的需要，有关急弯处警告标志设置位置与驾驶人行驶状态的影响关系研究更值得深入探讨。

10.2　急弯处警告标志位置与驾驶行为的影响

为探讨急弯前警示标志的设置位置与驾驶人行驶状态的关系，进一步明确我国标准中有关急弯警告标志位置设置的规范，作者利用模拟实验手段，在避免外界影响因素的干扰情况下获取相关数据。

10.2.1　数据来源

招募驾驶能力相当的 30 名被试人员，年龄分布在 20 ~ 50 岁（平均年龄 = 26.3，速度方差 SD = 2.13），均有 2 年及以上驾龄（平均驾龄 = 3.28，SD = 1.15），身体状况良好，无色弱、色盲。为确保被试人员实验当天具有良好精神状态，要求被试人员实验前一天保证 8h 的正常睡眠，禁止饮酒。此外，实验开始前禁止被试人员饮用茶或咖啡等刺激物，以减少其他因素对实验造成的影响。

实验过程搭建相对真实的道路环境，动态采集驾驶人驾驶行为和操控行为数据，包括行驶速度、加速度、偏移中心线位置等车辆行驶状态数据，踩加速踏板、踩制动踏板、转向盘转角等操控行为数据。数据采集模拟道路为乡村单车道（3.5m）道路，道路中包含 5 种不同半径（R = 20m，30m，40m，50m，60m）的弯道，各弯道之间由 800m 的直线段相连，道路场景设计详情如图 10-4 所示。

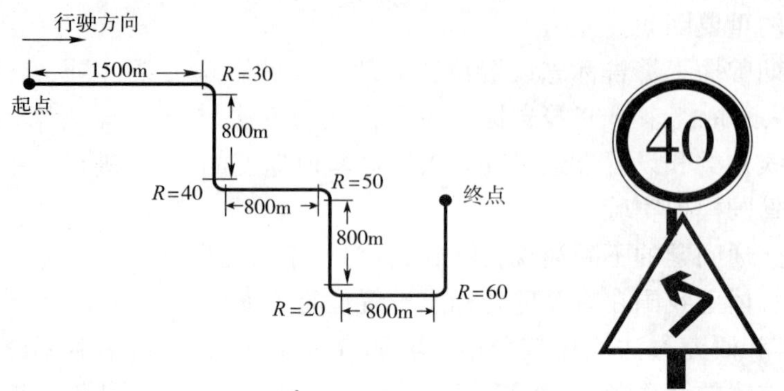

a)实验模拟道路设计　　b)模拟道路急弯处设置标志

图 10-4　实验场景

实验场景包括 5 条模拟道路(表 10-3 中的 A、B、C、D、E),每条长约 6km;道路基本情况相同如图 10-4a)所示,不同的是急弯处警告标志的前置距离。5 条模拟道路弯道前各警告标志位置随机排列,基本情况见表 10-3。

每组道路弯道标志设置位置　　表 10-3

半径(m)	A	B	C	D	E
30	400	200	100	50	0
40	50	0	100	200	400
50	200	100	0	400	50
20	200	100	400	50	0
60	400	100	0	50	200

研究分析对象主要为弯道前 600m(点 a)至出弯点(点 b)。将弯道前 600m 直线段 12 等分,弯道路段 5 等分,等分段根据车辆行驶方向依次排列编号,整个实验测试路段为第 1 – 17 等分段之间的路段,即全直弯路段,如图 10-5 所示。

实验分 2 个阶段,驾驶能力测试阶段和正式实验阶段。驾驶能力测试阶段旨在削弱驾驶人自身驾驶能力对实验结果的影响。

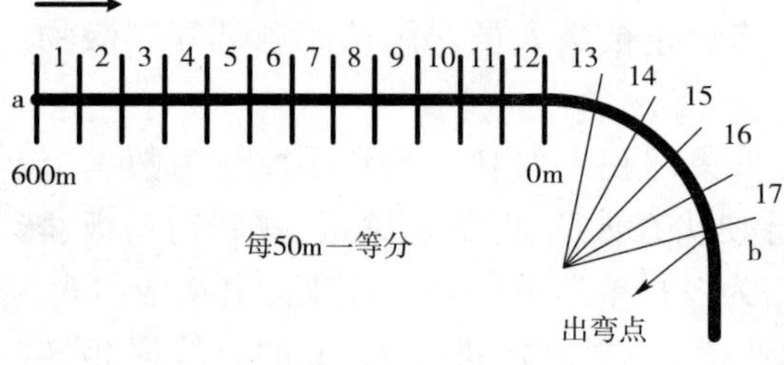

图 10-5　弯道前 600m 划分情况

测试阶段记录所有被试人员在测试场景中的 3 次驾驶数据,计算直线道路中各驾驶人的平均速度,以最大速度与最小速度之差(用 a 表示)为指标反映驾驶人控制速度的能力。按照控制速度能力将所有驾驶人分成 3 组(每组 10 人,3 组人的速度差值分别为:$a \leqslant 3$;$3 < a < 6$;$a \geqslant 6$),最终从每组随机抽取 2 人组成一个新的实验组(每组 6

人),分别命名 G1, G2, G3, G4, G5(5 组成员分别对应正实验中驾驶模拟场景 A, B, C, D,E)。正式实验开始之前,被试人员选择在其他道路场景下练习驾驶 5 ~ 10min。为避免其他因素对驾驶人的影响,正式实验在上午(8:00 - 12:00)完成,要求每位被试人员驾驶 5 次实验场景,驾驶前接受指导要求被试人员确保安全情况下尽快完成实验道路。每次驾驶时间约 5min,驾驶之后有 2min 的休息时间。实验具体流程如图 10-6 所示。

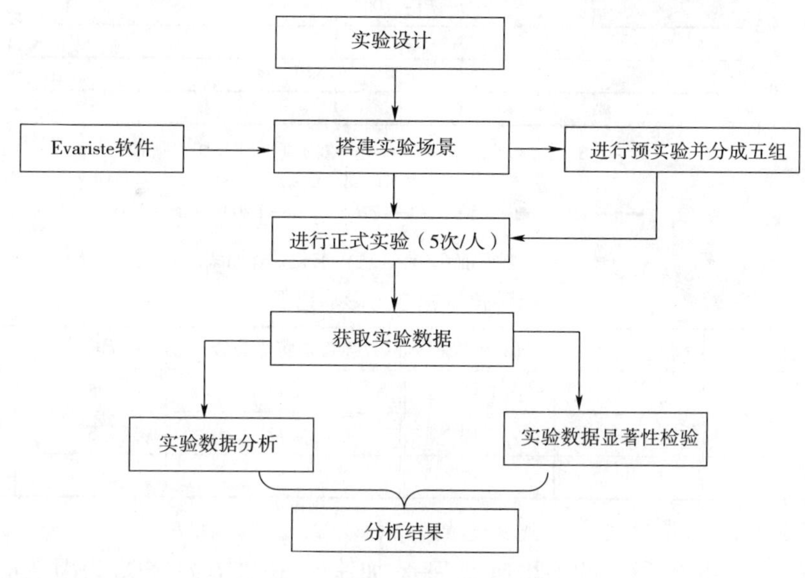

图 10-6　数据采集实验流程

10.2.2　急弯处警告标志位置对驾驶行为的影响

1. 急弯前警示标志影响范围的确定

图 10-7 为急弯前 600m 直线路段的速度曲线,不同警告标志位置的速度曲线均有呈开口向下的抛物线特征,每条曲线存在最大速度 V_{max}。为了查看编号为 1 - 12 路段内 5 种位置速度曲线的变化趋势,将该范围内速度进行标准化处理,结果如图 10-7 所示。

警告标志位置对急弯前直线路段内的最大速度 V_{max} 呈显著影响,$F(4,145) = 13.132$,$\rho < 0.05$。用 PV_{max} 表示 V_{max} 所在路段位置编号,定义 PV_{max} 为驾驶人受警告标志影响起始点,急弯前不同位置警告标志对驾驶人的影响范围见表 10-4。

此外,用过弯整体路段(编号为 PV_{max}-17)表示急弯前不同位置警告标志对驾驶人影响的整个范围路段;过弯直线路段(编号为 PV_{max}-12)表示影响范围内的直线路段;过弯弯道路段(编号为 13-17)表示影响范围内的弯道路段。除去逐段行驶状态的数据分析,其他分析数据均从各种位置警告标志影响下的过弯整体路段、过弯直线路段、过弯弯道路段内提取。

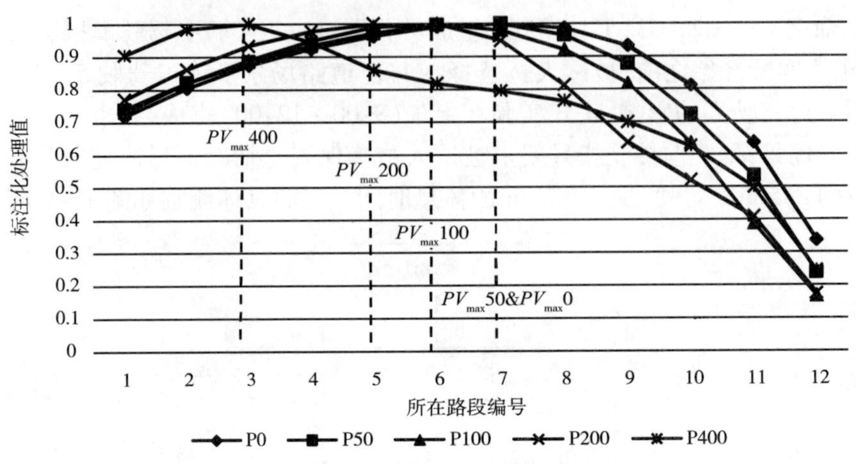

图 10-7 弯道前 600m 速度标准化处理曲线

每种位置标志的影响范围

表 10-4

急弯前标志位置	PV_{max}	影响范围	急弯前标志位置	PV_{max}	影响范围
0	7	7-17	200	5	5-17
50	7	7-17	400	3	3-17
100	7	6-17			

2. 急弯前标志位置对过弯行驶状态的影响

分别以过弯整体路段内的平均速度、平均加速度、速度方差(SD)为因变量,警告标志位置为自变量,分析急弯处警告标志位置对车辆行驶状态的影响。

方差分析结果显示过弯整体路段、过弯弯道路段内的平均速度未受标志位置的显著影响($\rho>0.05$)。图 10-8a)所示,随着标志设置位置远离弯道,过弯直线路段的平均速度呈下降趋势,过弯直线路段的平均速度受到标志位置的显著影响,$F(4,145)=4.155$,$\rho<0.05$。经 Bonferroni 多重比较,标志位置为弯前 400m 时,过弯直线路段平均速度明显低于其他位置($\rho<0.05$)。

加速度是表示速度变化快慢的物理量,体现驾驶人对当前行驶状态未来发展趋势的控制。急弯前警告标志影响下,过弯整体路段的平均加速度与标志位置无显著影响($\rho>0.05$)。

图 10-8b)中,过弯直线路段、过弯弯道路段的平均加速度均小于 0m/s^2。其中,在警告标志影响下,过弯直线路段平均加速度相比过弯弯道路段有较小幅度波动,标志位置在 0m 时加速度绝对值最小,标志位置在 100m 时加速度绝对值最大。过弯直线路段平均加速度受标志位置影响显著,$F(4,145)=4.960$,$\rho<0.05$,Bonferroni 多重比较也说明了平均加速度差异主要是由位置在 0m 时的警告标志引起的($\rho<0.05$)。过弯弯道路段平均加速度 a 随着标志位置距离增大有增加趋势,如图 10-8b)所示,标志位置在 0m 时加速

度绝对值最大，标志位置在 400m 时加速度绝对值最小。路段平均加速度 a 受到标志位置的显著影响，$F(4,145)=8.519, \rho<0.05$，Bonferroni 多重比较发现，当标志位置为 0m 时与其他位置标志的平均加速度有显著差异（$\rho<0.05$）。

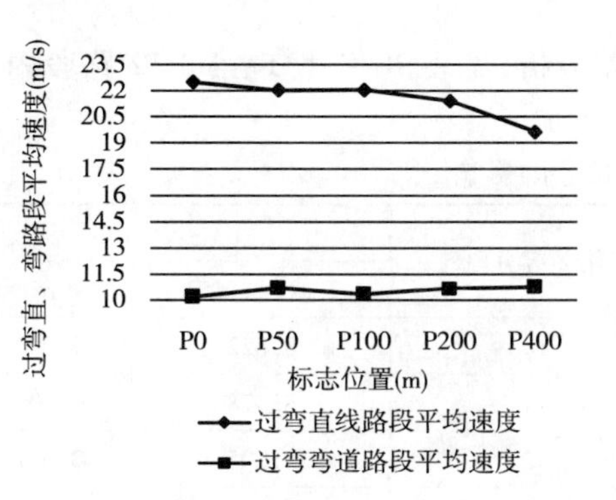

a)不同位置标志影响下过弯直、弯路段平均速度

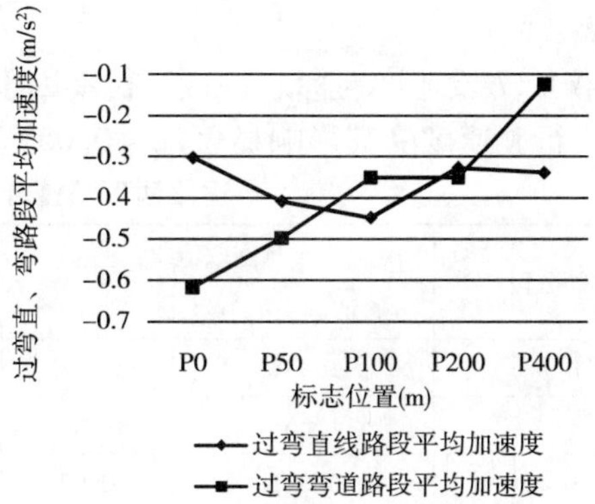

b)不同位置标志影响下过弯直、弯路段平均加速度

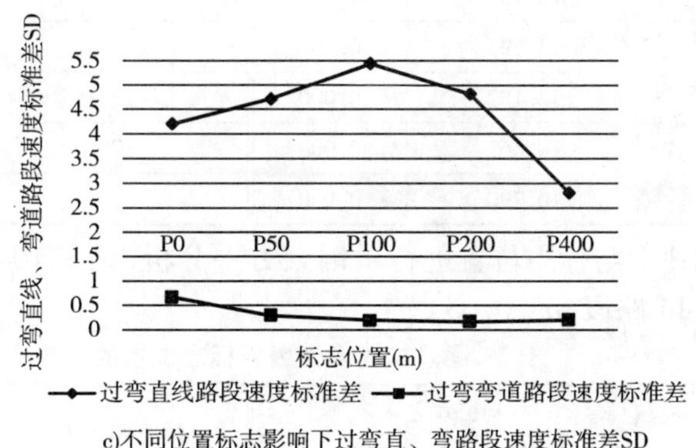

c)不同位置标志影响下过弯直、弯路段速度标准差SD

图 10-8　过弯直线、弯道部分行驶状态各个指标曲线图

速度标准差 SD 表示速度数据偏离平均速度大小的平均数，速度标准差值越小表明驾驶人对行驶速度整体控制的相对稳定性越好。警告标志位置影响下过弯整体路段速度标准差 SD 受到标志位置的显著影响，$F(4,145)=12.189, \rho<0.05$。图 10-8c）中，急弯前警告标志影响下，过弯直线路段速度标准差 SD 曲线类似开口向下的抛物线形状，过弯直线路段中标志位置 400m 时速度 SD 最小。显著性检验得出过弯直线路段内速度标准差 SD 受到警告标志位置的显著影响，$F(4,145)=10.425, \rho<0.05$；Bonferroni 多重比较结果说明标志位置为 400m 时与其他标志位置的速度标准差存在显著差异（$\rho<0.05$）。从过弯弯道路段速度 SD 曲线可以看出，标志位置在 0m 时速度标准差值最大，如图 10-8c）中所示。研究结果得出过弯弯道路段速度标准差受到警告标志位置显著影响，$F(4,145)=2.509, \rho<0.05$。

3. 急弯前标志位置对直弯路段逐段行驶状态影响

警告标志的位置对于驾驶人的影响在整个过弯过程的不同位置会存在不同的差异，也就是说标志位置会对一些关键路段或者关键点存在一定的影响，比如，入弯点、出弯点等关键点。

将第 1-17 段速度与标志位置进行单因素方差分析，见表 10-5，发现第 3-12 路段内驾驶人逐段行驶速度受其影响显著($\rho<0.05$)。

逐段速度受警告标志位置的影响 表 10-5

第 n 等分段	P 主效应 V		第 n 等分段	P 主效应 V	
	F 值(4,145)	ρ		F 值(4,145)	ρ
1	1.335	0.260	10	8.822	0.000
2	1.668	0.161	11	8.978	0.000
3	3.031	0.02	12	5.205	0.001
4	7.073	0.000	13	0.575	0.681
5	12.159	0.000	14	0.294	0.882
6	13.595	0.000	15	0.973	0.424
7	12.182	0.000	16	1.449	0.221
8	10.667	0.000	17	1.396	0.238
9	10.790	0.000			

将逐段加速度与标志位置进行单因素方差分析，见表 10-6，受警告标志位置显著影响路段为第 2-14 路段($\rho<0.05$)。

逐段加速度受警告标志位置的影响 表 10-6

第 n 等分段	P 主效应 a		第 n 等分段	P 主效应 a	
	F 值(4,145)	ρ		F 值(4,145)	ρ
1	1.524	0.109	10	7.4	0.000
2	3.967	0.004	11	6.921	0.000
3	10.725	0.000	12	6.359	0.000
4	16.278	0.000	13	6.389	0.000
5	18.364	0.000	14	7.467	0.000
6	6.153	0.000	15	2.096	0.084
7	5.376	0.000	16	1.028	0.395
8	10.319	0.000	17	0.378	0.831
9	7.496	0.000			

可见，驾驶人在急弯处 1-17 路段每个等分段的行驶速度、加速度受不同警告标志位置显著性影响情况并不相同。

4. 急弯半径与标志位置对过弯行驶状态的影响

将设有警告标志的弯道半径作为另一自变量，考虑驾驶人在过弯时，行驶时可能受到外部环境的干扰，对于急弯半径是否会干扰警告标志对驾驶人的影响是研究仍需探讨的问题。

从图 10-9 可以看出，不同弯道半径情况下，在过弯直线路段、过弯弯道路段的平均速度曲线有不同的变化趋势，前者 5 组半径情况下速度曲线相互交叉，后者接近平行。一定程度上说明，过弯直线路段行驶速度可能受到急弯半径与标志位置交互作用的影响。

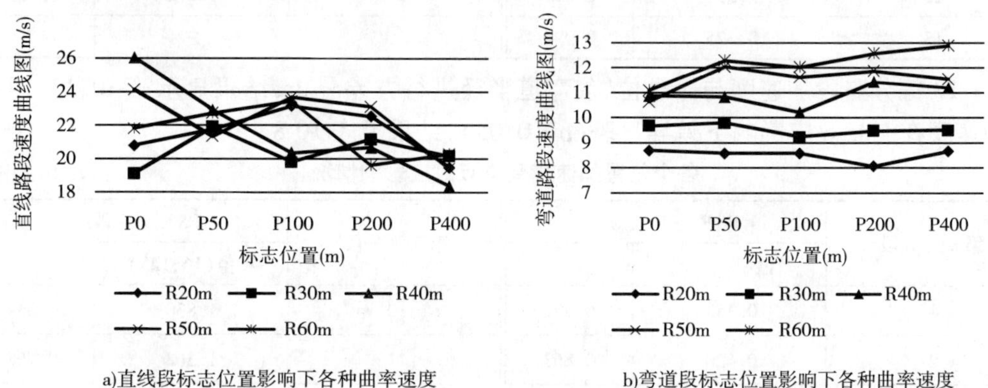

图 10-9　过弯直、弯路段不同曲率速度曲线图

过弯整体路段、过弯弯道路段平均速度受到交互效应影响并不显著($\rho>0.05$)，过弯直线段平均速度受到交互效应的显著影响，$F(16,125)=1.959$，$\rho<0.05$。

过弯整体路段、过弯弯道路段平均加速度没有受到标志位置与弯道半径交互效应的显著影响($\rho>0.05$)；而过弯弯道路段在不同标志位置和弯道半径交互效应影响下平均加速度具有显著差异，$F(16,125)=2.094$，$\rho<0.05$。

过弯整体路段内的速度标准差受交互效应的影响显著，$F=1.916$，$\rho<0.05$，对过弯整体路段、过弯弯道路段速度标准差受交互效应的影响不显著($\rho>0.05$)。

5. 急弯半径与标志位置对直弯路段逐点行驶状态影响

对标志位置、弯道半径与 1-17 路段内各等分路段速度进行双因素方差分析，发现第 11 段速度受到交互效应的显著影响，$F(16,125)=2.187$，$\rho<0.05$，具体检验情况见表 10-7。

全直弯逐段速度受交互效应的影响情况　　表 10-7

第 n 等分段	P&R 交互效应 V		第 n 等分段	P&R 交互效应 V	
	F 值(16,125)	ρ		F 值(16,125)	ρ
1	1.269	0.227	5	1.372	0.166
2	1.247	0.243	6	1.324	0.193
3	1.218	0.263	7	1.382	0.161
4	1.403	0.151	8	1.714	0.052

续上表

第 n 等分段	P&R 交互效应 V		第 n 等分段	P&R 交互效应 V	
	F 值(16,125)	ρ		F 值(16,125)	ρ
9	1.555	0.091	14	0.562	0.907
10	1.692	0.056	15	1.197	0.280
11	2.187	0.009	16	1.498	0.111
12	1.294	0.211	17	1.275	0.223
13	0.325	0.994			

1-17 等分路段加速度与标志位置、弯道半径进行方差分析，结果显示第 10、13、14 路段加速度在交互效应影响下差异显著($\rho<0.05$)，结果见表 10-8。

各个位置加速度受交互效应影响情况 表 10-8

第 n 等分段	P&R 交互效应 a		第 n 等分段	P&R 交互效应 a	
	F 值(16,125)	ρ		F 值(16,125)	ρ
1	0.357	0.921	10	1.830	0.034
2	0.620	0.863	11	1.368	0.168
3	0.735	0.754	12	1.423	0.141
4	1.717	0.051	13	1.828	0.034
5	0.498	0.944	14	2.700	0.001
6	1.099	0.363	15	0.926	0.541
7	1.404	0.150	16	0.697	0.792
8	0.585	0.890	17	0.961	0.503
9	1.684	0.058			

10.2.3 影响特征

以急弯前警告标志位置与急弯半径为自变量，以过弯整体路段、过弯直线路段、过弯弯道路段的平均速度、平均加速度、速度标准差以及全直弯路段逐段速度、加速度为因变量，进行显著性检验，结合前面的分析结果，将其汇总如下(见表 10-9)。

平均速度与警告标志位置仅过弯直线路段平均速度受到标志位置的显著影响，该现象说明了弯道前置警告标志主要影响弯道前直线路段的行驶速度。多重比较的结果发现，标志设置在弯道前 400m 时，其平均速度明显低于其他标志位置的情况。分析其原因，说明标志位置离弯道较远，对驾驶人的警示、降速作用发挥较早，驾驶人采取制动的位置明显提前。过弯弯道路段的平均速度没有受到标志位置的显著影响，但受弯道半径的影响显著，$F_{(4,145)}=40.750$，$\rho<0.05$，也就是说弯道路段的平均速度仅与弯道半径有关，与标志位置的设置关系不大，标志位置影响驾驶人入弯前的驾驶行为。

显著性检验汇总结果　表10-9

检验对象		标志位置P主效应检验结果呈显著	P与R交互效应检验结果呈显著
平均速度	过弯整体路段		
	过弯直线路段	√	√
	过弯弯道路段		
平均加速度	过弯整体路段		
	过弯直线路段	√	
	过弯弯道路段	√	√
速度标准差SD	过弯整体路段	√	√
	过弯直线路段	√	
	过弯弯道路段	√	
全直弯路段	逐段速度	3-12段	11段
	逐段加速度	2-14段	10、13、14段

注：表中检验结果呈显著性的用"√"标出，对于全直弯路段检验结果直接写出受显著影响路段。

平均加速度的检验结果说明过弯直、弯路段平均加速度均受到标志位置的显著影响，说明不同位置标志影响驾驶人在过弯直、弯路段中对速度变化趋势的控制能力。多重比较的分析说明不同位置间平均加速度的差异来源于位置为0m时的情况。直线段为0m时加速度绝对值最小，而100m时最大，这说明标志设置在直线段的末端，驾驶人在直线段基本不进行速度的调整，而速度大幅度调整主要集中在入弯点附近；因此曲线路段在位置为0m时，加速度最大。标志位置为100m时，驾驶人提前感知前方道路情况，因此大部分速度的调整在直线路段完成。而标志位置远离弯道时驾驶人过早调节速度，因此在直线路段的加速度较大，而弯道部分基本处于平稳。但过弯弯道的速度波动还与弯道半径存在一定关系，这一点也说明在考虑标志位置设置时，应一定程度上考虑前方弯道的急缓程度。

速度标准差的分析结果说明标志位置直接影响驾驶人速度的平稳性。标志位置为400m时，通过弯道路段的速度平稳性最好；对于过弯速度的波动性，标志位置为0m时最为波动。这也说明标志位置离弯道入口越远，驾驶人具有足够的准备时间，平稳性提高，而这种稳定性同时也和前方弯道半径存在一定的关系。

对直弯路段的分析结果可以看出标志位置对速度和加速度的显著影响路段主要集中在弯道前直线路段和入弯点附近。第11段速度的变化明显受到标志位置和弯道半径的交互作用,这也主要是因为在 11 段左右,驾驶人可以感知前方道路的线形,开始对车辆采取一定的操控动作,因此该路段存在显著性的交互影响。对于加速度的变化在第 10、13、14 段,在这些入弯路段处驾驶人调整速度以确保顺利过弯,因此这些点受到标志位置和弯道半径的交互效应影响存在一定的合理性。

10.3 研究分析对工程实践的指导意义

作者对于急弯前不同标志位置对过弯路段行驶状态影响的研究采用驾驶模拟技术,分别通过对急弯前直线路段、弯道路段以及关键路段速度、加速度和速度标准差的分析,剖析前方急弯道路存在下警告标志位置对驾驶人行驶状态的影响。研究结果对工程实践的指导意义主要包括以下几个方面:

(1)急弯前警告标志的位置对驾驶人过弯行驶状态的影响存在一定的范围,该影响范围应该在驾驶人感知标志的位置到急弯出弯处。

(2)急弯前警告标志位置主要对过弯直线路段的速度存在明显影响,驾驶人对速度的调整也主要集中在标志影响范围内的直线段以及入弯点处。

(3)前方弯道存在下,驾驶人接近弯道时能预先感知弯道并对速度做出相应的调整。因此,设置弯道前警告标志时,应考虑前方弯道的急缓情况。

(4)标志位置的设置存在最优点。标志设置在过于靠近入弯点、过于远离入弯点的位置时,驾驶人的过弯行驶状态均存在一定的安全隐患,标志位置选取时应考虑其设置的合理性。

由于以上应用结果采用模拟实验研究手段得出,在控制影响因素、实验条件方面存在一定的优势。但是由于模拟环境与真实环境相比有一定的差异性,因此驾驶人在行驶过程中,在绝对行驶速度数值方面与实际检测存在一定的差异性,但在相对影响的有效性方面具有一定的合理性。

第 11 章　线形诱导标

11.1　线形诱导标简介

11.1.1　定义及分类

中华人民共和国国家标准《道路交通标志和标线第 2 部分：道路交通标志》（GB5768.2—2009）规定：线形诱导标分为指示性线形诱导标和警告性线形诱导标 2 种。其中，指示性线形诱导标设于一般道路上易发生事故的弯道、小半径匝道曲线外侧、视线不好的 T 型交叉口等处，为蓝底白图案，如图 11-1a）所示；用于高速公路时，版面颜色为绿底白图案。而警告性线形诱导标设于中央隔离设施端部、渠化设施端部、桥头等处，为红底白图案，如图 11-1b）所示。本书仅针对指示性线形诱导标进行说明。

由于国内外实际情况的差别，各国的线形诱导标也不完全一样。在中国，指示性线形诱导标是视线诱导设施的一种，属于指示标志的范畴。而在美国，线形诱导标为黄底黑图案，属于警告标志，如图 11-1c）所示。

a)中国指示性线形诱导标

b)中国警告性线形诱导标

c)美国线形诱导标

图 11-1　中美线形诱导标对比

11.1.2　设置方法

国家标准 GB5768.2—2009 规定："线形诱导标的设置应根据曲线半径、曲线长度、偏角大小确定。偏角小于或等于 7°的曲线路段，可在曲线中点位置设一块线形诱导标；偏角大于 7°，曲线较长的弯道，可根据需要设置若干块线形诱导标，并应保证驾驶人员在曲线范围内连续看到不少于3块诱导标。”

由以上规定可以看出,国标对诱导标设置方法的规定较笼统,可操作性并不强。因此,在实际工程实践中,工程人员主要根据施工经验设置诱导标,主要遵循的要点如下:

(1)应设于行驶方向发生变化的路线,如小半径曲线路段、匝道、急弯路段等。

(2)应设置在主曲线半径较小或通视较差、对行车安全不利的曲线外侧。

(3)应按驾驶人从150m远就能看见诱导标的位置开始设置,设置间距保证驾驶人至少能看到3块线形诱导标或能辨明前方进入弯道运行。

(4)任何曲线,只要设置了线形诱导标,则至少设置3块。

(5)设置角度应和线形一致,并垂直于车辆行驶方向。

(6)设置高度保证诱导标下缘距地面1.2~2m。

11.1.3 线形诱导标的作用

国标GB5768.2—2009规定,线形诱导标的主要作用是引导行车方向,提示道路使用者前方线形变化,注意谨慎驾驶。然而,目前国内研究现状表明,线形诱导标实际所起到的作用并不十分明确。另外,由于国标对线形诱导标使用条件的规定也较粗略,指示性线形诱导标虽在中国各种等级道路上广泛应用,但乱用、滥用现象突出,严重缺乏规范性和合理性。

相比之下,美国对线形诱导标的研究较为成熟,使用方法也更明确。美国《交通控制设施统一手册》(MUTCD)对线形诱导标的使用条件和设置方法进行了统一规定。而且,不少研究者在20世纪末针对诱导标对驾驶行为的影响展开了大量研究,并在此基础上提出了优化设置方法。在线形诱导标的影响研究方面,国外研究主要集中在探讨诱导标对车辆运行速度和侧向位移的影响2个方面。

对车速的影响方面,国外大多数研究均表明线形诱导标具有降低车辆过弯速度的功能,但车速降低的程度并不完全一致。相反,也有研究表明弯道设置线形诱导标后,部分车辆的速度反而会增加。总体来看,线形诱导标会少量降低车辆过弯速度,部分速度减小量并不具有统计学意义。

侧向位移是反应车辆弯道行驶状态的另一重要指标,车辆过大或过小的偏离车道中心线行驶均会产生交通事故的危险。因此,侧向位移同样是国外进行线形诱导标影响研究的重要指标。从研究结果看,几乎所有的研究均表明线形诱导标有助于使车辆过弯时的侧向位移更加合理。

然而,国内对线形诱导标作用的认识还不够深入,诱导标对弯道行车过程产生的影响也缺乏系统和深入研究。目前的研究主要集中在探讨线形诱导标的设置间距方面,研究主要从道路几何角度和车辆行驶特性出发,很少考虑驾驶人这一关键因素。

11.2 线形诱导标影响特征

11.2.1 数据获取

线形诱导标是视线诱导设施的一种,主要通过对驾驶人视觉产生影响进而影响驾驶人的行车安全。驾驶人行车是"感知—决策—操控"的过程,最终体现为车辆的行驶状态。从驾驶人视觉感知、操控行为、车辆运行状态 3 个方面刻划线形诱导标对驾驶人行车过程的影响存在一定的必要性。另外,驾驶人在小半径弯道行驶会产生一定的紧张感,诱导标有助于减轻驾驶人弯道行车时的心理紧张程度,线形诱导标对驾驶人的影响组成如图 11-2 所示。

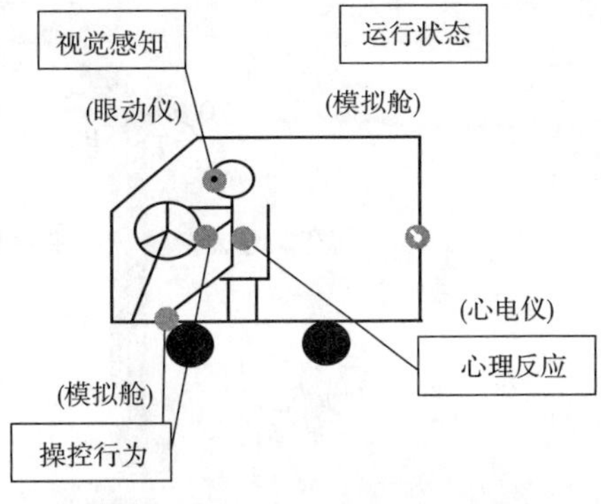

图 11-2 线形诱导标影响特征示意图

根据数据要求和实验设备功能特性,利用眼动仪采集眼动数据反映驾驶人的视觉感知行为;用模拟舱采集驾驶行为数据反映驾驶人的操控行为和车辆运行状态,其中操控行为主要由转向盘数据和踩制动踏板及加速踏板数据刻划,车辆运行状态由速度和侧向位移数据刻划;用动态心电仪采集心电数据反映驾驶人的心理反应。

实验共选取 30 名男性驾驶人进行驾驶模拟实验,选取北京市四环快速路上的四方桥右转出口匝道作为实验场(图 11-3)。场景 a 中,诱导标以平均 9m 的间距设置在匝道护栏外侧,起点和终点分别为图 11-4 中的 O 点和 P 点。

a)场景a 匝道上设置诱导标

b)场景b 匝道上不设置诱导标

图 11-3 实验场景核心段场景截图

实验过程包括实验整体介绍、试驾、正式实验前的信息采集、正式实验和完成驾驶任务后的主管调查问卷 5 个部分。驾驶实验过程中,驾驶人分别在设置和不设置诱导标的 2 个实验场景(图 11-3)中完成驾驶任务,实验顺序随机生成。眼动仪、模拟舱和心电仪同步采集并记录实验数据。在模拟舱完成驾驶任务后,驾驶人完成与客观数据相对应的主管调查问卷,并对模拟舱的有效性进行评价。

场景核心路段共设 7 个关键点(见图 11-4),以详细说明匝道行车过程中诱导标对驾驶人的影响特征。其中 PC 点和 PT 点分别为匝道的起、终点,在 PC 点之前设有分界控制点 CP 和接近弯道点 AC。在 CP 点驾驶人刚好能看见诱导标,AC 点处道路开始设置减速入弯车道。MC 点为匝道中点,并分别在 PC 点和 MC 点的 1/2 处,以及 MC 点和 PT 点的 1/2 处增设关键点 C/4 和 3C/4。

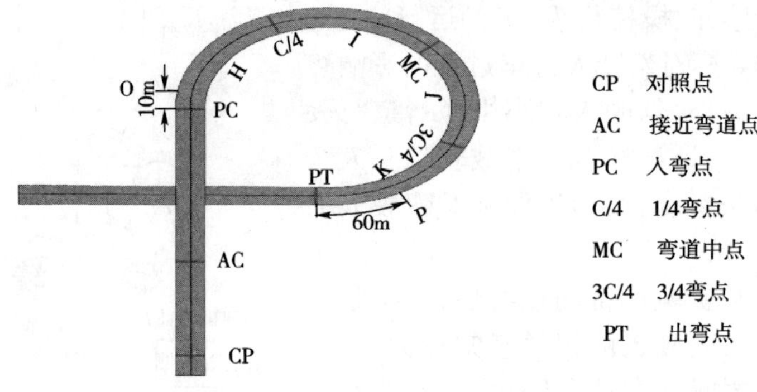

图 11-4 场景关键点示意图

11.2.2 影特征

1. 视觉感知特征

截取驾驶人在 PC 至 PT 之间行驶时眼动数据中注视点的横、纵坐标值,并绘制散点图,得到行车过程中被试注视点分布情况如图 11-5 所示,其中实心菱形点代表有诱导标时的注视点,空心圆点代表无诱导标时的注视点。

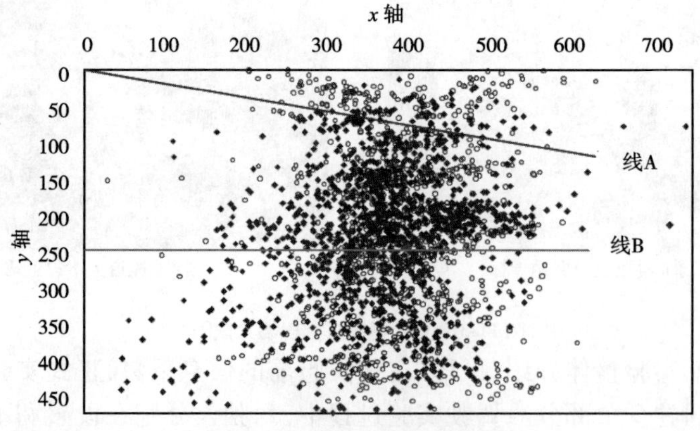

图 11-5 驾驶人眼动数据分布图

由于车辆行驶过程中驾驶人和诱导标区域的相对位置不断变化，首先刻划诱导标区域和驾驶人注视点之间的相对静止位置（即诱导标在图 11-5 中的位置），以方便阐释诱导标对驾驶人视觉影响特征。因此，对驾驶人眼动数据进行以下四个步骤的处理。

步骤一：播放并仔细观察每名驾驶人的眼动视频文件，每 5s 截屏一次；

步骤二：将每张截图中每一诱导标的位置以打点的方式记录在一张白纸上，确保纸张大小与屏幕大小一致；

步骤三：对每名被试的眼动视频文件按步骤一和步骤二处理，最终用 2 条直线确定纸张上所有诱导标所处位置点的边界；

步骤四：分别将步骤三确定的 2 条线按比例反应在图 11-5 中，并分别命名为线 A 和线 B，线 A 和线 B 之间的区域即为行车过程中诱导标区域（AOC）在注视散点图中的位置。

由图 11-5 可知，有诱导标时落在诱导标区域内的注视点数要多于无诱导标的情况。同时，主观问卷表明所有被试人员均认为诱导标有助于增强对弯道的认知程度，因此，从驾驶人注视点个数和持续时间 2 方面验证和分析匝道行车过程中诱导标对驾驶人视觉感知行为的影响。由于驾驶人在 2 种场景中的注视点个数和注视时间本身存在差异，选用注视点百分比和注视时间百分比作为分析指标。

其中，注视点百分比定义为某区域内的注视点数与总注视点数之比，公式为：

$$\alpha_j = \frac{N_j}{\sum_j N_j} \times 100\% \tag{11-1}$$

式中：α_j ——区域 j 中注视点百分比；

N_j ——区域 j 中注视点数。

注视时间百分比定义为某区域内注视点的持续时间和与所有注视点的持续时间和之比，公式为：

$$\beta_j = \frac{\sum_j t_{ij}}{\sum_j \sum_i t_{ij}} \times 100\% \tag{11-2}$$

式中：β_j ——区域 j 的注视时间百分比；

t_{ij} ——区域 j 中第 i 个注视点的持续时间。

分别计算“有”和“无”诱导标两场景中，驾驶人注视诱导标区域内和区域外的注视点百分比和注视时间百分比，结果见表 11-1。横向比较，有诱导标时，诱导标区域的注视点百分比和注视时间百分比分别为 52. % 和 54.8%，均相应地高于无诱导标的情况；纵向比较，有诱导标时，诱导标区域内的注视点百分比和注视时间百分比均高于诱导标区域外，而无诱导标时的情况正好相反。横纵两种比较表明，线形诱导标的确改变了驾驶人在匝道行车过程中的注视行为，吸引了驾驶人更多的注意力。

注视点在诱导标区域内、外分布情况　　表 11-1

参　数	区　域	有诱导标	无诱导标
α_j	诱导标区域内	52.0%	39.7%
	诱导标区域外	48.0%	60.3%
β_j	诱导标区域内	54.8%	48.6%
	诱导标区域外	45.2%	51.4%

2. 操控行为特征

选取驾驶行为数据中的转向盘转角数据、踩制动踏板和加速踏板数据反映驾驶人的操控行为特征。驾驶人对转向盘的操作是一个不断调整的连续过程，转向盘转角标准差体现了驾驶人对转向盘操控的稳定程度，计算得到驾驶人在两场景中从点 PC 至 PT 整个匝道行驶过程的转向盘转角标准差，结果见表 11-2。

由于弯道会使驾驶人减速行驶，利用踩制动踏板和松加速踏板数据反映驾驶人对速度的控制。另外，由于驾驶人一看到诱导标后可能采取控速措施，制动踏板、加速踏板有效数据段为场景 CP 点至 PT 点之间。表 11-2 统计出了驾驶人在两场景中，从点 CP 到 PT 点整个行驶过程的踩制动踏板和松加速踏板次数。

操控行为描述性统计结果　　表 11-2

有/无诱导标	转向盘转角（标准差）	制动踏板（次数）	加速踏板（次数）
有	0.06	68	98
无	0.05	57	77

1）转向盘转角特征

驾驶人对转向盘的操控水平直接反映了驾驶人的操纵能力，主要体现为操作转向盘的频率和幅度 2 个方面。主观问卷表明，62% 的被试人员认为匝道上的诱导标有助于使转向盘的操作更加顺畅，但表 11-2 表明，总体转向盘转角标准差在两种场景下并无明显差别（$SD_{with}=0.06$，$SD_{without}=0.05$），进而对所有被试人员在两种场景下的转向转角标准差进行配对样本 T 检验，其结果同样不存在显著性差异（$P=0.12>0.05$）。因此，线形诱导标不会影响驾驶人操控转向盘的平稳性。

行车过程中，驾驶人对转向盘的操作主要体现在转动频率和转动幅度 2 个方面，因此，提出能同时反映操作频率和幅度的指标——转向盘转角紧急程度，以进一步说明诱导标对驾驶人操作转向盘的影响特征。

$$S=\frac{1}{n-1}\sum_{i=1}^{n}\frac{|s(i)-s(i-1)|}{\Delta t}(i=1,2,3\cdots n) \tag{11-3}$$

式中：S——转向盘转角紧急程度；

N——操控转向盘的总次数；

s——转向盘转角值；

Δt ——相邻 2 次操作的时间间隔。

表 11-3 为所有被试人员在两种场景中，通过匝道时的转向盘转角紧急程度总体均值和标准差，其差别并不明显。对所有被试人员在两种情况下的转向盘转角紧急程度进行配对样本 T 检验，结果也不存在显著性差异（$P = 0.129 > 0.05$）。该结果进一步说明线形诱导标不会影响驾驶人对转向盘的操作，这也与诱导标的功能相符——引导行车方向，而非转动转向盘的基准参照。

转向盘转角紧急程度 表 11-3

有/无诱导标	有	无
均值	0.05	0.04
标准差	0.05	0.02

2）制动踏板和加速踏板特征

表 11-2 表明，有诱导标时踩制动踏板和松加速踏板的次数均要高于无诱导标的情况，诱导标会影响驾驶人对制动踏板和加速踏板的操控。由于模拟舱系统制动踏板和加速踏板的量级为[0,1]，将量级平均划分为极差为 0.1 的 10 个等级，并分别与制动踏板和加速踏板程度相对应，以进一步量化诱导标对驾驶人操控制动踏板和加速踏板的影响，不同等级下的踩制动踏板和松加速踏板次数见表 11-4。不难看出，有诱导标时不同等级下的踩制动踏板和松加速踏板次数大多高于无诱导标的情况。

踩制动踏板和松加速踏板均能获得减速效果，但将不同等级下的踩制动踏板（松加速踏板）次数直接求和来反应诱导标的减速效果并不准确。因此，提出减速程度指标刻划诱导标的减速效果。定义减速程度为不同等级下的踩制动踏板（松加速踏板）次数和与之相对应的制动踏板（加速踏板）等级为权重的加权求和值，结果见表 11-4：有诱导标时的踩制动踏板和松加速踏板程度均要高于无诱导标的情况。

减速程度（有/无诱导标） 表 11-4

制动踏板/加速踏板等级		0.1	0.2	0.3	0.4	0.5	0.6	0.7	0.8	0.9	1.0	减速程度	调整系数	减速意愿
加速踏板	有标志	53	26	12	6	0	1	0	0	0	0	17.1	1	17.1
	无标志	42	29	4	2	0	0	0	0	0	0	12		12
制动踏板	有标志	16	15	12	10	8	6	1	0	0	0	20.5	2.5	51.25
	无标志	13	11	10	8	9	6	0	0	0	0	17.8		44.5

踩制动踏板和松加速踏板均是减速的 2 种操作行为，但所达到的减速效果并不相同，测试模拟舱系统发现，1 个单位的踩制动踏板和 2.5 个单位的松加速踏板具有同样的减速效果。经加权处理，提出反映驾驶人减速意识的指标——减速意愿（即减速程度和调整系数的乘积），见表 11-4：有诱导标时驾驶人的减速意愿值为 68.35（17.1 +51.25），无诱导标时为 56.50（12 +44.5）。有诱导标时的减速意愿强于无诱导标的情况，匝道上的线形诱导标有助于让驾驶人进行控速操控的作用。

3. 车辆运行状态特征

车辆行驶过程中,驾驶人会不断采取操控措施来调整车辆的运行状态以适应道路条件,表现为车辆运行速度和侧向位移的改变。表 11-5 描述了“有”和“无”线形诱导标情况下,驾驶人驾驶车辆驶过同一匝道时运行状态的总体情况。其中,速度有效数据段为控制点(CP)至弯道终点(PT),因为驾驶人一看到诱导标便可能采取控速措施;而对于侧向位移,数据有效段则为匝道起点(PC)至弯道终点(PT)。值得注意的是,侧向位移值是指车辆中心偏离匝道左侧边缘的距离。

驾驶行为总体情况 表 11-5

有/无诱导标	速度(km/h)		侧位移(m)	
	均值	标准差	均值	标准差
有	42.26	2.56	6.74	0.50
无	42.88	2.21	6.44	0.44

1)速度特征

表 11-5 表明,“有”和“无”诱导标 2 种情况下,车辆从控制点(CP)到驶离匝道点(PT)整个过程中,速度的整体均值和标准差无明显改变。为更加细致地分析线形诱导标对速度变化过程的影响,分别以图 11-4 所示各关键点为中心,取该点前后各 1s 内所有速度值的均值作为该关键点的速度,所有被试在各关键点的平均速度和标准差见表 11-6。

各关键点平均车速和标准差 表 11-6

关键点	有诱导标		无诱导标	
	均值(km/h)	标准差	均值 (km/h)	标准差
CP	59.26	3.43	58.31	3.20
AC	50.51	3.37	48.67	2.15
PC	33.18	2.88	35.73	1.88
C/4	37.65	1.85	38.56	1.25
MC	36.52	1.36	37.61	1.26
3C/4	39.31	1.77	39.72	1.21
DC	39.43	2.45	41.56	1.27

图 11-6 直观地反映了车辆在各关键点速度的均值和标准差的大小,分别对“有”和“无”诱导标情况下关键点车速均值及标准差进行配对样本 T 检验,结果表明 2 种情况下速度均值无显著性差异($P = 0.342 > 0.05$),而速度标准差有显著性差异($P = 0.006 < 0.05$)。

对比图 11-6 中 a）和 b）可知：诱导标对车速大小无显著性影响，但对车速波动情况有显著性影响，有诱导标时的速度均值要略小，而标准差却更高。线形诱导标让驾驶人对车速进行了更多的控制，尽管这种控制并不会显著改变车速大小，但线形诱导标的确影响了驾驶人的减速意愿。

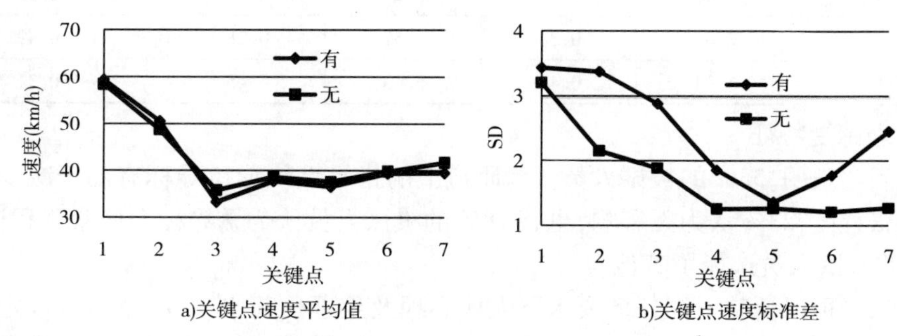

图 11-6　关键点速度均值和标准差

2）侧向位移特征

主观问卷表明，54% 的被试人员认为诱导标的存在会使车辆向右偏离车道中心线的距离增大，有 33% 的被试人员持相反观点，也有 13% 的被试人员认为诱导标不会影响车辆偏离中心线的距离。表 11-5 的数据表明，诱导标的存在虽对侧向位移（图 11-7）的波动情况无显著影响，但车辆向右偏离道路中心线的距离会增大。

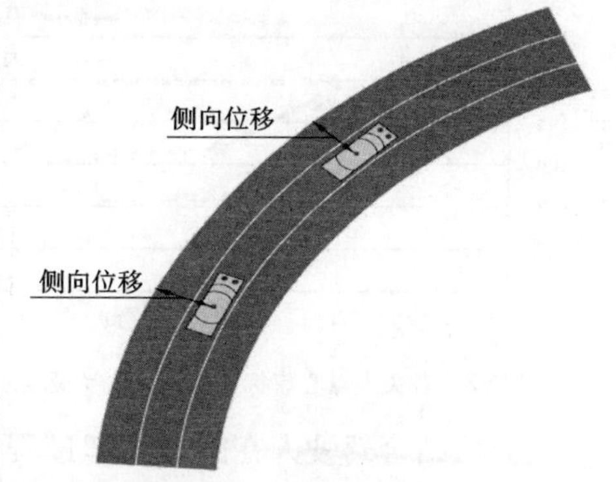

图 11-7　侧向位移示意图

由于匝道不同区段对车辆偏离车道中心线的影响程度存在一定差别，将匝道均分为 H、I、J、K 四段，车辆在各区段内侧向位移均值和标准差的统计结果见表 11-7。分别对“有”和“无”诱导标情况下车辆在各区段的侧位移均值和标准差进行配对样本 T 检验，结果表明两种情况下侧向位移均值存在显著性差异（$P = 0.016 < 0.05$），而标准差不存在显著性差异（$P = 0.748 > 0.05$）。

线形诱导标设置在匝道外侧边缘具有指示道路轮廓的作用，驾驶人出于安全考虑会控制车辆远离诱导标以免撞上护栏，因此线形诱导标会使车辆向右偏离道路中心线的距离增大。值得注意的是，车辆在匝道不同区段的侧向位移之差也不相同（表 11-7），同一匝道上不同位置处的诱导标对驾驶人的影响并不一致。另外，在驾驶人熟悉道路条件后，线形诱导标对车辆侧向位移的波动情况无影响，即诱导标不会影响车辆行驶轨迹的顺畅性。

各区段侧向位移均值及标准差　　表 11-7

场景关键段	有标志		无标志		侧位移差
	均值(m)	标准差	均值(m)	标准差	
H	6.58	0.24	6.31	0.49	0.27
I	6.46	0.39	6.27	0.33	0.19
J	7.00	0.38	6.51	0.28	0.49
K	6.94	0.43	6.63	0.45	0.31

3）心理感受特征

主观问卷表明，53% 的被试人员认为匝道上的指示性线形诱导标有助于减少行车过程中的紧张程度，23% 认为无影响，也有 18% 的被试人员认为诱导标会使紧张程度加大，还有 6% 的被试人员选择了其他。

心率信号可以反映不同任务要求下人体心理及生理负荷水平，心率值可以定量衡量驾驶人行车时的心理生理反应状况。因此，将车辆驶过场景关键点时的模拟舱系统记录时间与心电仪时间相匹配，截取出从 PC 点到 PT 点间的心率数据。以关键点处前后各 5s 内的数据平均值作为该点处的心率值，由于不同人的心率处于不同水平，对心率值进行标准化处理。

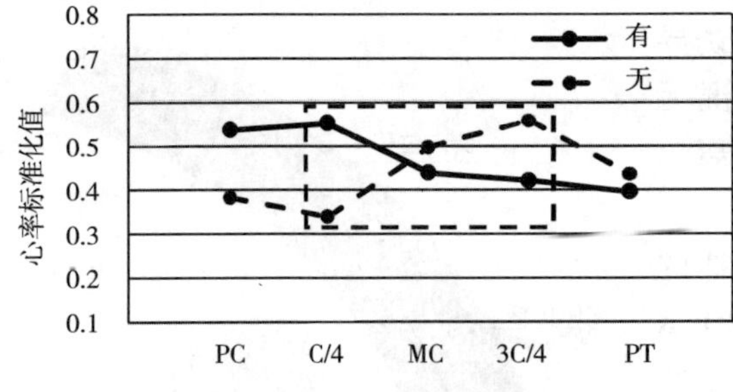

图 11-8　各关键点心率标准化值（有/无诱导标）

将处理后的各关键点处心率标准化值做折线图（图 11-8），以直观反映被试心率变化趋势。图 11-8 表明，进入弯道后，驾驶人心率发生了明显变化：有诱导标时心率逐渐下降，无诱导标时却急剧上升，这是由于诱导标增强了驾驶人对弯道的认知程度，对匝道线形的判断更准确，进而紧张程度有所降低。

另外，结合驾驶人在匝道行车过程的视频文件，对比两场景下各关键点心率标准化值，诱导标对心率影响情况的进一步解释如下：

（1）在入弯点 PC 处，诱导标已经开始让驾驶人大致感觉到匝道的线形，由于匝道转弯半径小、转角大，驾驶人紧张程度大，因而有诱导标时的心率高于无诱导标的情况；而无诱导标时，驾驶人并不能感觉到匝道的线形，因而心率值低。

（2）当到达 C/4 点时，虽然车辆刚进入匝道，但有诱导标的情况下驾驶人已基本能判断整个匝道的线形，因此心理紧张程度也对应达到最大；而无诱导标时，驾驶人并没意识到道路线形的急缓程度，加之入弯段的转角并不太急，驾驶人紧张程度反而减小。

（3）MC 为匝道的中点，线形在此处的转角达到最大，由于诱导标已经使驾驶人提前感知到匝道的线形，到达此处时驾驶人的心率已明显减小；而无诱导标时，驾驶人到达

MC 点才意识到匝道的转角很大,此时驾驶人的心率值也明显增大。

(4)当车辆到达 3C/4 点时,诱导标存在的情况下,驾驶人已经完全把握了匝道的线形,随后的心率值继续减小,心理紧张程度逐渐消除;而无诱导标时,驾驶人难以准确判断匝道线形,加之车辆惯性共同作用,驾驶人在 3C/4 点处的心率达到最大。直到驶过匝道 3C/4 点,驾驶人已能看到匝道的结束位置,紧张程度逐渐减小,驾驶人心率恢复正常。

图 11-8 表明,两场景对应的最大心率标准化值几乎相同,但是并不在同一位置出现。相比之下,有诱导标时驾驶人能够提前感知匝道的弯度,诱导标具有提前预告和积极导向匝道弯度的作用。

11.3　指导意义

11.3.1　指导工程实践的作用

线形诱导标对驾驶人在弯道行驶过程中的操控行为、生理心理特征存在显著影响,这些影响结果对工程实践具有一定的指导意义:

(1)匝道处设置线形诱导标会影响驾驶人的视觉行为,进而影响驾驶人的操控行为,有利于行车安全。

(2)诱导标可以作为控制弯道车速的重要设施,使驾驶人的减速意愿增强。

(3)线形诱导标可以降低驾驶人的紧张程度,提高驾驶人匝道行车过程的舒适程度。

总之,匝道处合理设置线形诱导标可以起到提前预告前方弯道、提供线形引导、使驾驶人产生减速愿望和降低匝道行车紧张程度的作用,有助于行车的安全性和舒适性。

11.3.2　指导理论研究的作用

明确指示性线形诱导标对驾驶人的作用机理是对其进行优化设置的前提,本章仅从驾驶人视觉感知、操控行为、车辆运行状态及驾驶人心理感受 5 个方面分析了线形诱导标对驾驶人的影响,进一步的研究需在全面剖析线形诱导标对驾驶人影响的基础上,探讨诱导标对驾驶人的作用机理。

从国外研究成果看,诱导标的优化设置需考虑不同的道路和交通条件,本章并未考虑道路线形和交通量的影响,未来的研究需明确不同道路线形下诱导标对驾驶人的影响,结合诱导标对驾驶人的影响机理,获得不同道路线形下诱导标的优化设置方法。同时,由于夜晚条件下驾驶人更难准确判断道路线形,夜晚条件下线形诱导标对驾驶人的影响需要进一步探究。

第12章 减速标线

12.1 减速标线简介

12.1.1 减速标线定义及设置原则

减速标线用于警告车辆驾驶人前方应减速慢行。减速标线的减速原理，是使驾驶人产生视错觉，即车道变窄或车速加快的错觉，从而影响驾驶人松加速踏板或踩制动踏板以降低车速。

国家标准《道路交通标志和标线》(GB5768.3—2009)规定，收费广场减速标线设于收费广场适当位置，为白色反光虚线，根据设置位置的不同，可以是单虚线，双虚线和三虚线，垂直于行车方向设置。收费广场减速标线应按以下原则配置：让驶向收费车道的车辆通过多标线间隔的时间大致相等，以利于行驶速度逐步降低，减速度一般设计为1.8m/s。

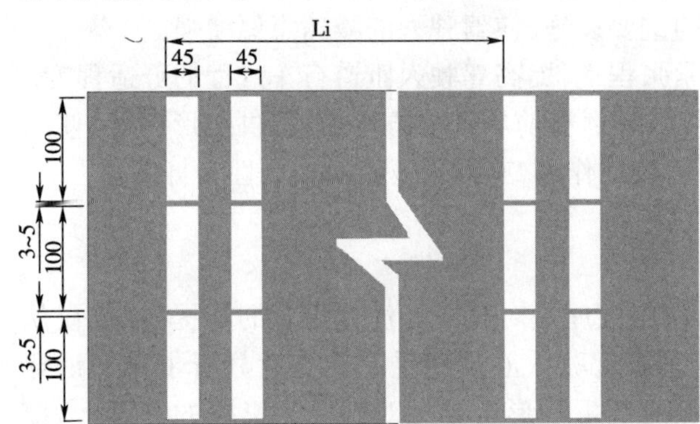

图12-1 车行道横向减速标线尺寸图(单位:cm)

车行道减速标线设置于弯路、坡路、隧道洞口前、长下坡路段以及其他需要减速的路段前或路段中的机动车行车道内，分为车行道横向减速标线和车行道纵向减速标线，可用振动标线的形式。车行道横向减速标线为一组垂直于车道中心线的白色标线，线宽45cm，线与线间距45cm，如图12-1所示。车行道横向减速标线的设置间隔应使车辆通过各标线间隔的时间大致相等，以利于行驶速度逐步降低，减速度一般设计为1.8m/s，可按表12-1的规定进行设置。车行道减速标线的设置方式如图12-2所示。

车行道横向减速标线的设置间隔 表12-1

减速标线	第二道	第三道	第四道	第五道	第六道	第七道	第八道	第九道
间隔(m)	$L_1=17$	$L_2=20$	$L_3=23$	$L_4=26$	$L_5=28$	$L_6=30$	$L_7=32$	$L_8=32$
标线条数	2	2	2	2	2	2	2	2

车行道纵向减速标线为一组平行于车行道分界线的菱形块虚线,尺寸如图 12-3 所示。在车行道纵向减速标线的起始位置,设置 30m 的渐变段,菱形块虚线由窄变宽,渐变段设置形式如图 12-4 所示。车行道纵向减速标线的设置方式如图 12-5 所示。

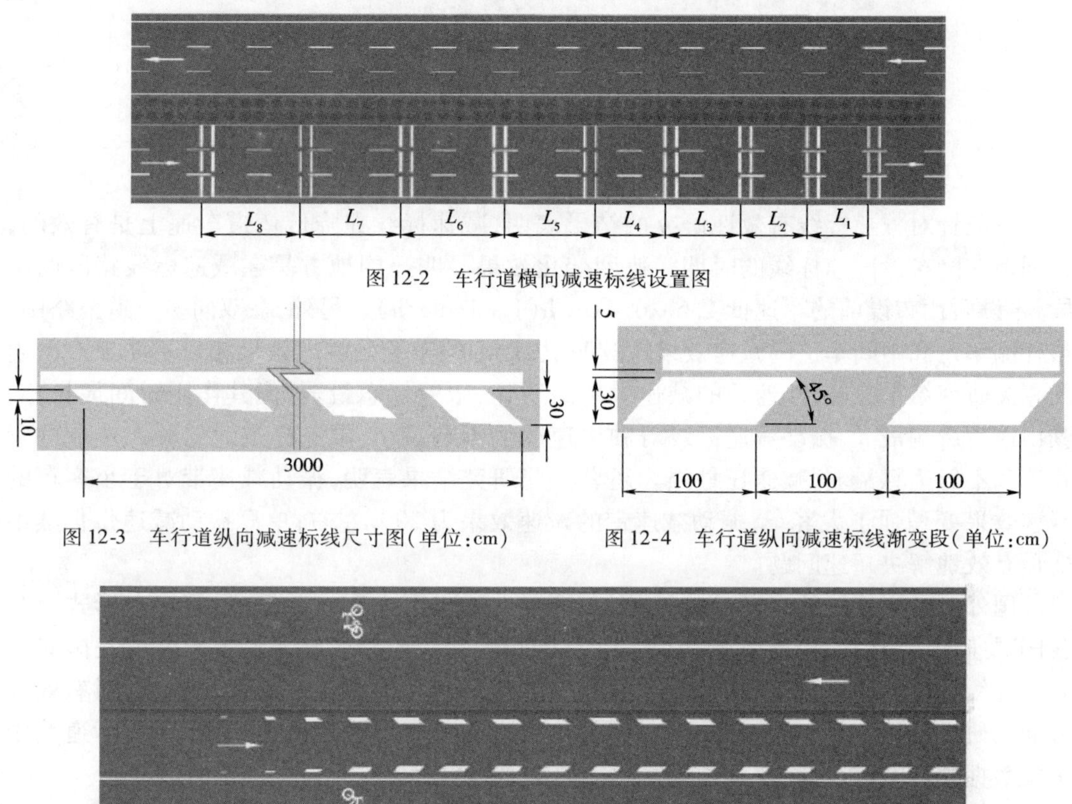

图 12-2 车行道横向减速标线设置图

图 12-3 车行道纵向减速标线尺寸图(单位:cm)

图 12-4 车行道纵向减速标线渐变段(单位:cm)

图 12-5 车行道纵向减速标线设置图

12.1.2 减速效果的评价

美国《交通控制设施手册》(MUTCD2009)对减速标线(Speed Reduction Markings,如图 12-6 所示)做了比较详细的说明。根据 MUTCD2009 的规定,减速标线是一种布设在车行道边缘线或车行道分界线内的横向标线(图 12-6)。在布设时,减速标线的间距将明显地缩短,以使驾驶人产生车速增加的感觉。这种减速标线一般布设在曲率较大的平曲线或竖曲线前,以及需要驾驶人减速的地点前,或是其他需要减速,但已有的限速标志或控速设施未能起到效果的地点。反之,减速标线不应设置在长直路段,或是当地驾驶人(或者对路段比较熟悉的驾驶人)经常行驶的地方(如学校区域)。在应用时,减速标线应被用作限速标志或其他控速设施的辅助手段,而不能被用来替代限速标志或其他控速设施。减速标线的宽度不应大于30.48cm(12in),长度不应大于45.72cm(18in)。

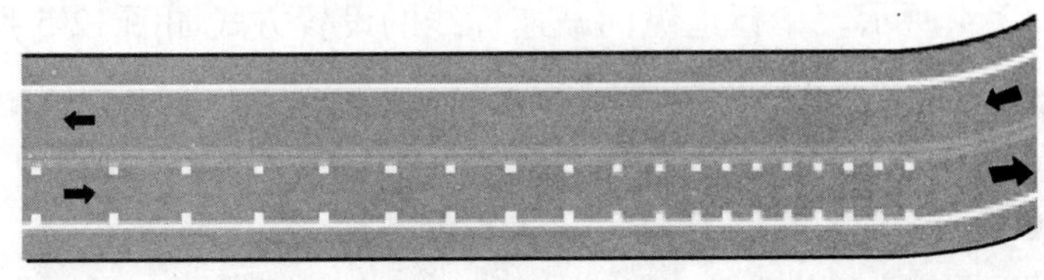

图12-6 MUTCD中减速标线设置图

目前针对减速标线有效性研究的结果表明,减速标线在降低弯道车速上是有效的,特别是在刚布设减速标线的时期。速度变化效果最明显的地方是在减速标线路段的中段,布设后比布设前的车速低1.6~6.4km/h(1~4mile/h)。另外,在双向多车道公路中,最外侧车道和中间车道的减速效果比较明显,最内侧车道的减速效果相对不明显。国内的相关研究结果表明:减速丘的减速效果最明显,限速标志最弱,但其作用时间最长,对驶出速度影响最大,振动减速标线对驶出速度的影响最小;限速标志对驾驶人造成的紧张感和不舒适感最弱,减速丘最强。还有一些研究结果表明,振动减速带对于小客车的减速效果要稍强于大客车;振动减速带的减速效果为20%左右;单靠振动减速带仍然不能最有效地解决超速问题。

国外对减速标线的定义、设计原则和设置方法与国内存在差异;尽管存在形式上与我国减速标线类似的控速设施,但其使用目的却又完全不同,缺乏借鉴意义。我国对于减速标线的减速原理、机理等基础方面的研究不是很多,且缺乏一致的结论;针对有效性方面的研究虽然不少,但是多数研究只是从速度的角度进行评价,并且是在实际道路中采集数据,因此难以排除复杂的道路环境和交通环境对驾驶人速度选择的影响。

12.2 减速标线有效性评价

12.2.1 数据获取

实验一共招募了15名男性驾驶人,平均年龄26岁,平均实际驾龄为4年。本实验开发了4个场景,均为长直下坡路段。场景1没有设置减速标线,场景2设置了纵向减速标线,场景3设置了横向减速标线(图12-7至图12-9)。场景的具体线形参数见表12-2。

实验时间安排在上午8:30—11:00,下午3:00—5:30以及晚上18:30—21:00,每名驾驶人于每个时段各驾驶1次。在每轮实验中,驾驶人均需随机完成3个场景的驾驶任务,实验员需保证每个场景驾驶3次。具体实验流程如下:

(1)实验员向其宣读实验指导语。

(2)安排驾驶人进入模拟舱中进行试驾,试驾完成后,驾驶人须填写驾前调查问卷。

(3)实验员为驾驶人佩戴心电仪和眼动仪。

(4)开始正式实验,并记录驾驶模拟系统、心电仪和眼动仪的数据。

(5)实验完成后,实验员取下仪器,保存并导出数据,检查各项数据记录情况。

(6)实验员指导驾驶人填写驾后调查问卷。

图12-7 无减速标线场景

图12-8 纵向减速标线场景

图12-9 横向减速标线场景

场景线形参数与标线尺寸 表12-2

道路场景			纵向减速标线				横向减速标线	
全长	桥高	车道宽度	长度	初始宽度	渐变段后宽度	渐变段长	长度	宽度
3720m	8.6m	3.75m	100cm	10cm	30cm	30m	3m	45cm

12.2.2 车辆运行状态

相对速度变化和平均加速度均是反映车辆行驶状态的指标。相对速度变化是指驶出和驶入减速标线的速度差与驶入减速标线的速度的比值,该指标可以反映出不同场景减速标线对车辆行驶速度的影响方向和影响程度。平均加速度是指车辆行驶在减速标线路段中(或是对应于布设减速标线的路段中)的加速度的平均值,该指标可以看出在不同场景中车辆行驶速度的变化趋势。

绘制不同场景中驾驶人行驶速度的箱线图以观察速度的分布和变化情况。由图12-10可见,无减速标线场景、纵向减速标线场景、横向减速标线场景的中位速度呈递减趋势,其中,纵向减速标线场景的中位速度相对于无减速标线场景的中位速度降低近10km/h,而有横向减速标线场景的中位速度最低,相对于无减速标线场景的中位速度降低约20~30km/h。由此可见,减速标线对驾驶人的速度选择产生了影响,而横向减速标线的影响会更大。

计算车辆的平均加速度,结果如图12-11所示。无减速标线场景和纵向减速标线场景中多数车辆的加速度分布在0~0.5m/s^{2}之间,即车辆处于加速行驶的状态;横向减速标线场景中有一半的车辆,其加速度为负值,即车辆在下坡路段内平均处于减速行驶的状态。比较不同场景中位数的大小,可以发现无减速标线场景的中位数最大,纵向减速标线场景的中位数较之无减速标线场景有一定程度的下降,而横向减速标线场景的中位数最低,即在有横向减速标线的场景中,车辆的速度增加得更慢。另外,从表 12-3 中可以看出,在无减速标线场景中,有 14 名驾驶人(占总人数的 93.33%)选择在下坡路段加速行驶;在纵向减速标线场景中,有 13 名驾驶人(占总人数的 86.67%)选择在下坡路段加速行驶;而在横向减速标线场景中,选择加速行驶的人数下降到了 8 人(占总人数的 53.33%),即有近一半的人选择控制速度。这说明减速标线,尤其是横向减速标线对驾驶人的速度选择产生了影响。

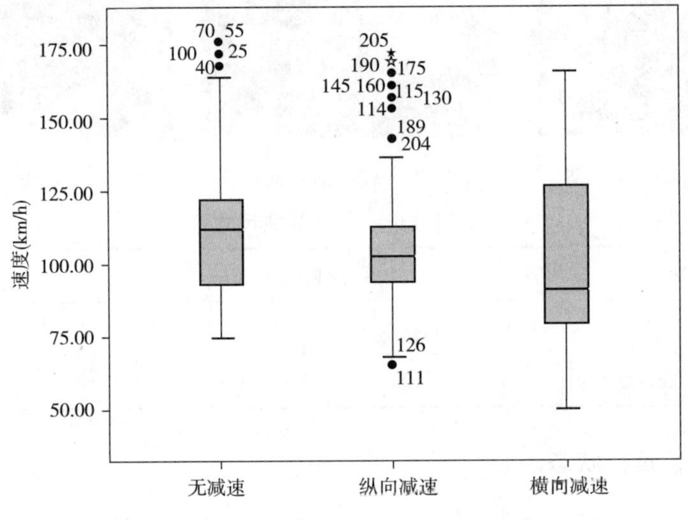

图 12-10 不同场景速度分布箱线图

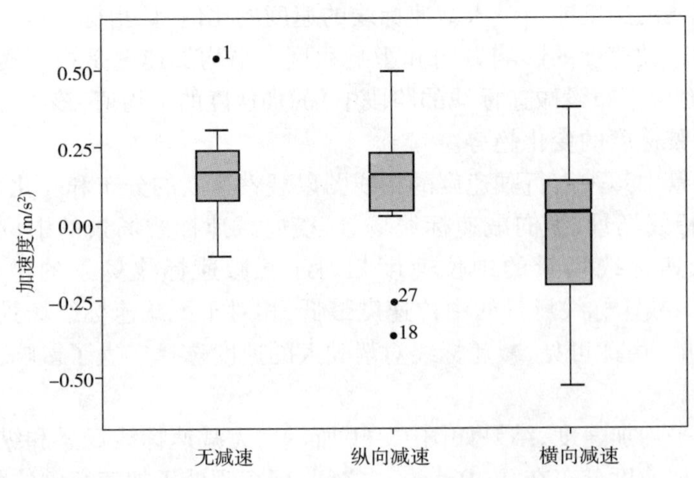

图 12-11 不同场景平均加速度分布箱线图

不同场景中的平均加速度(m/s^2)　　表 12-3

驾驶人编号	无减速标线场景	纵向减速标线场景	横向减速标线场景
J1	0.53	0.49	0.24
J2	0.07	0.05	-0.15
J3	0.02	-0.37	-0.26
J4	0.02	0.47	-0.35
J5	0.11	0.02	-0.53
J6	0.24	0.22	0.38
J7	0.24	0.21	0.18
J8	0.08	0.07	0.25
J9	0.20	0.07	0.04
J10	0.13	0.04	-0.11
J11	0.16	0.08	0.10
J12	0.23	-0.27	0.03
J13	0.30	0.45	-0.27
J14	0.20	0.13	-0.10
J15	-0.11	0.23	0.07

从图 12-12 中可以看出，无减速标线场景和纵向减速标线场景的相对速度变化均为正值，即这 2 个场景的速度整体均呈上升趋势。其中，无减速标线场景的相对速度变化为 0.10；纵向减速标线的相对速度变化为 0.09，相比无减速标线下降 10%，即速度增加幅度略有下降；而带横向减速标线的相对速度变化为 -0.02，说明横向减速标线影响到驾驶人的速度选择，起到了控制速度的作用。不同场景中的相对速度变化见表 12-4。

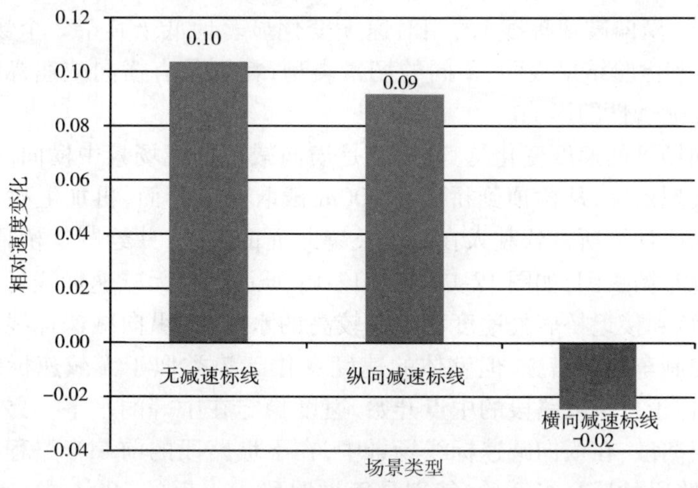

图 12-12　不同场景相对速度变化柱状图

不同场景中的相对速度变化 表 12-4

驾驶人编号	无减速标线场景	纵向减速标线场景	横向减速标线场景
J1	0.41	0.33	0.16
J2	0.07	0.05	-0.21
J3	0.01	-0.21	-0.26
J4	0.02	0.35	-0.09
J5	0.05	0.02	-0.31
J6	0.15	0.16	0.11
J7	0.17	0.13	0.07
J8	0.09	0.08	0.20
J9	0.12	0.11	0.04
J10	0.06	0.03	-0.11
J11	0.12	0.05	0.10
J12	0.11	-0.09	0.01
J13	0.07	0.12	-0.14
J14	0.15	0.09	-0.09
J15	-0.05	0.16	0.14
平均值	0.10	0.09	-0.02
标准差	0.10	0.14	0.16

采用方差分析法(Analysis of Variance, ANOVA),检验不同类型的减速标线对车辆的相对速度变化是否存在显著性的影响。分析结果表明,不同的场景类型对车辆的相对速度变化有显著性的影响,$F(2,28) = 4.090$,$P < 0.05$。对比分析(S-N-K 法)结果表明,横向减速标线场景(横向减速标线)的相对速度变化显著地低于其余 2 个场景的相对速度变化($P < 0.05$)。检验结果表明,不同的场景类型,特别是有横向减速标线的场景,对相对速度变化存在显著性的影响。

为了将不同场景的速度变化趋势,尤其是横向减速标线场景中横向减速标线的减速过程更清晰地表现出来,从桥顶到桥底每 100m 截取一个断面,再加上桥顶和桥底,一共有 7 个关键断面。计算所有驾驶人在每个关键断面的速度,并绘制从桥顶到桥底 7 个关键断面的速度分布箱线图,如图 12-13 至图 12-15 所示。在无减速标线场景中,驾驶人的车速逐渐加快,直到接近桥底处速度稳定在较高的水平;在纵向减速标线场景中,尽管有驾驶人采取了控制车速的措施,但整体的速度变化趋势类似于无减速标线场景,即车速逐渐加快,不同在于从下坡路段的中点开始,速度稳定在中等的水平,另外本场景中驾驶人的速度分布很离散;在横向减速标线场景中,在下坡路段的前一半路程里,车速依然在提高,但在下坡路段的后一半开始,特别是下坡路段中点后的 100m 内,速度降低的比较

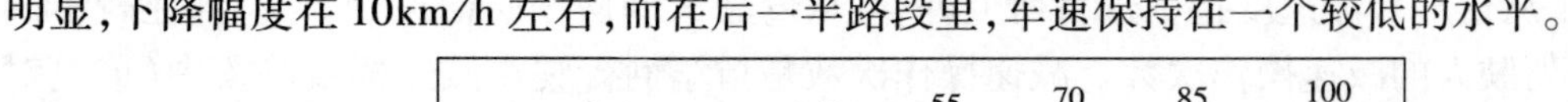

明显，下降幅度在 10km/h 左右，而在后一半路段里，车速保持在一个较低的水平。

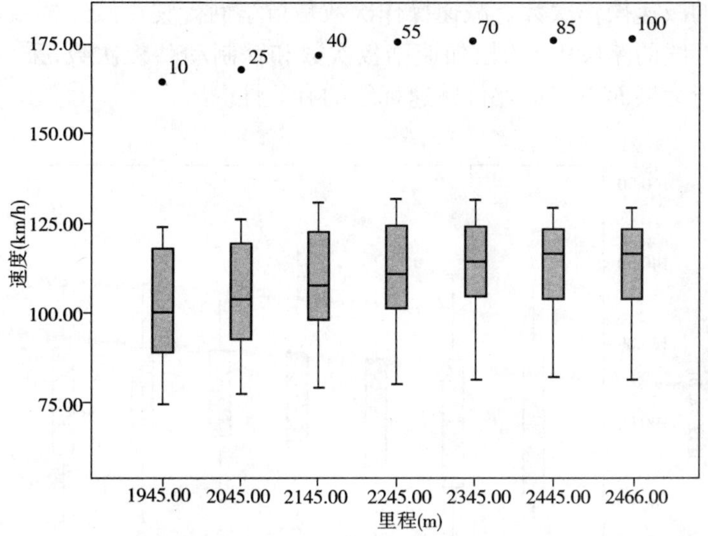

图 12-13　无减速标线场景速度分布箱线图

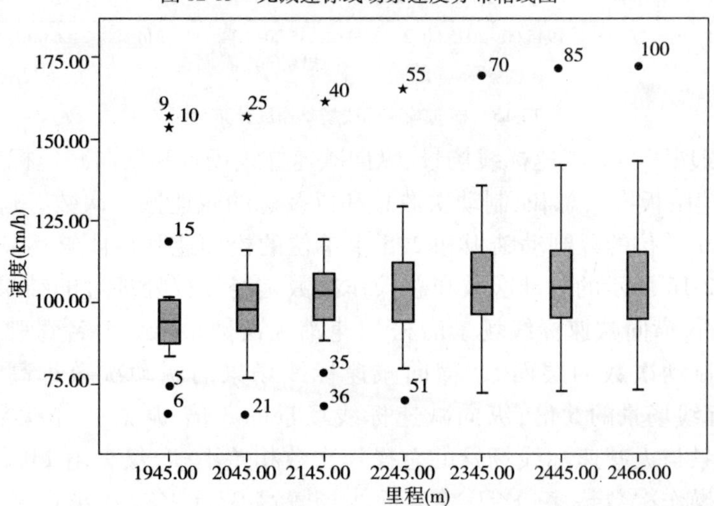

图 12-14　纵向减速标线场景速度分布箱线图

综上所述，从速度指标来看，减速标线具有一定的有效性，其中横向减速标线的减速效果明显优于纵向减速标线的减速效果。横向减速标线对驾驶人的速度选择的影响比较明显，对降低速度具有显著效果。

12.2.3　驾驶人操作行为

驾驶人行车的过程，就是感知、判断决策和操纵 3 个阶段不断循环往复的过程。因此,除了从速度和加速度指标进行研究外,还从驾驶人的操作层面进行研究,即比较不同场景中驾驶人的减速操作次数。减速操作次数是指车辆行驶在减速标线路段中(或是对应于布设减速标线的路段中)的松加速踏板次数和踩制动踏板次数,采用该指标可以从驾驶人的操作行为层面更好地评价减速标线的有效性。

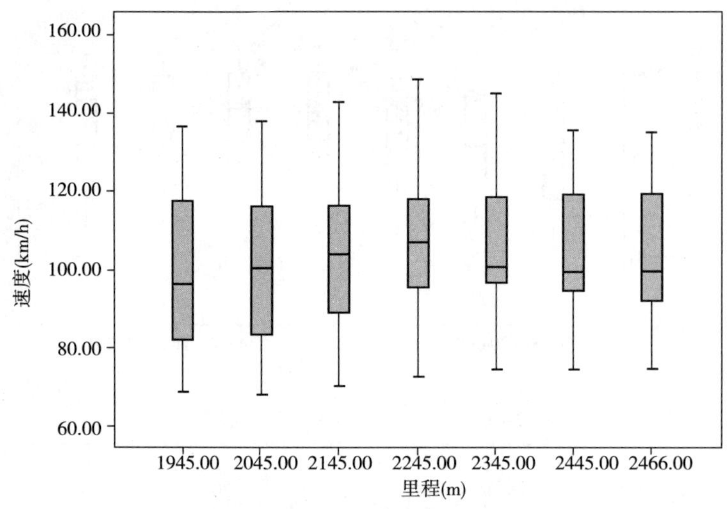

图 12-15 横向减速标线场景速度分布箱线图

图 12-16 表现了在无减速标线场景、纵向减速标线场景和横向减速标线场景中,所有驾驶人的松加速踏板次数总和、制动次数总和以及总的减速操作次数。通过对模拟舱系统测试发现,1 个单位的踩制动踏板和 2.5 个单位的松加速踏板能够达到同样的减速效果。因此,图 12-16 所示的制动次数和总操作次数是经加权处理过的结果。从松加速踏板次数的层面看,横向减速标线场景的松加速踏板次数最低,15 名驾驶人加在一起仅有 14 次,但从制动次数的层面看,横向减速标线场景的制动次数远高于另外两个场景,是无减速标线场景的 6 倍,纵向减速标线场景的 3 倍;从总操作次数的层面看,纵向减速标线场景与无减速标线场景的总操作次数相差不多,仅高出 11.39%;横向减速标线场景的总操作次数最多,比无减速标线场景高 93.67%,比纵向减速标线场景高 73.86%。

采用方差分析法(Analysis of Variance, ANOVA),检验不同类型的减速标线对驾驶人的减速操作次数是否存在显著性的影响。分析结果表明,不同的场景类型对驾驶人的减速操作次数有显著性的影响,$F(2,28) = 4.326, P < 0.05$。对比分析(S-N-K 法)结果表明,横向减速标线场景(横向减速标线)的减速操作次数显著地低于其余 2 个场景的相对速度变化($P < 0.05$)。检验结果表明,不同的场景类型,特别是有横向减速标线的场景,对减速操作次数存在显著性的影响。

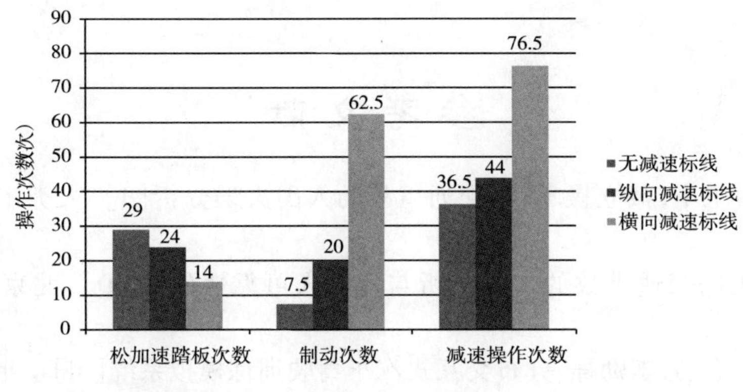

图 12-16 不同场景驾驶人操作次数柱状图

12.2.4 减速标线的应用意义

(1)如果道路环境中没有减速标线或其他速度控制措施,即使是在下坡路段,驾驶人依旧倾向于加快车速,这将使交通事故的发生概率增加,从而不利于保障交通安全。因此,建议设置减速标线等速度控制措施。

(2)减速标线具有一定的有效性,其中横向减速标线的减速效果明显优于纵向减速标线的减速效果。横向减速标线对驾驶人的速度选择的影响比较明显,对降低速度有显著效果。

(3)横向减速标线是在从下坡路段的中点后 100m 的路段内有明显的控制速度的作用,速度降幅在 10km/h 左右。

(4)纵向减速标线对驾驶人的驾驶行为,即减速操作次数没有影响,而横向减速标线对驾驶人的减速操作次数存在显著效果。

(5)综合来看,纵向减速标线使部分驾驶人有控制车速的意识并付诸行动,但结合速度指标和驾驶行为指标,纵向减速标线的减速效果并不明显,即有效性不明显;横向减速标线的减速效果优于纵向减速标线,能影响驾驶人的速度选择,促使驾驶人采取松加速踏板或制动等速度控制操作,并最终有效地降低车速。

参考文献

[1] 黄曙东,甘卫平,戴立操. 道路交通事故的人因失误分析[J]. 人类工效学,2006,9(12):3.

[2] 毕建彬. 道路交通事故的人因分析与驾驶人可靠性研究[D]. 北京:北京交通大学,2012.

[3] 陈定方,尹念动,李勋祥. 分布交互式汽车驾驶训练模拟系统[M]. 北京:科学出版社,2009.

[4] 丁立,熊坚,陈泽林,雷茜. 面向人—车—环境系统的汽车驾驶模拟器的开发和应用[J]. 公路交通科技,2002,12.

[5] 孙显营,熊坚. 车辆驾驶模拟器的发展综述[J]. 交通科技,2001,12(6).

[6] 尹念东. 汽车驾驶模拟器研究现状与技术关键[J]. 湖北汽车工业学院学报,2002,21(2):5-8.

[7] 张俊友. 汽车驾驶模拟器的研究[D]. 北京:中国农业大学,2003.

[8] Cheng J P, yin N D, Chen D F. Research of vehicle simulator based on virtual reality technology. Proceedings of the Ninth International Conference on Computer Supported Cooperative Work in Design[C]. Coventry, UK, 2005: 623-626.

[9] 马艳丽. 驾驶人驾驶特性与道路交通安全对策研究[D]. 哈尔滨: 哈尔滨工业大学,2007.

[10] 金会庆. 道路交通事故预防工程[M]. 北京:人民交通出版社,2005.

[11] 蔡忠法, 刘大健, 章安元. 基于虚拟现实的汽车驾驶模拟训练系统方案研究[J]. 系统仿真学报, 2002,6.

[12] 唐智慧, 左廷亮, 周美玉. 汽车驾驶模拟器在交通工程中的应用[J]. 西南交通大学学报,2006,5.

[13] 汪成为, 高文, 王行仁. 灵境(虚拟现实)技术的理论实现及应用[M]. 北京: 清华大学出版社,1996.

[14] S J amson, F Lai, H Jamson. Driving Simulators for Robust Comparisons: A Case Study Evaluating Road Safety Engineering Treatments [J]. Accident Analysis & Prevention, 2010, 42(3): 961-971.

[15] H Jamson. Curve Negotiation in the Leeds Driving Simulator: The Role of Driver Experience [J]. Engineering in Psychology and Cognitive Ergonomics, 1999, 3: 351-358.

[16] W R Garrott, P A Grygier, J P Chrstos, et al. Methodology for Validating the National

Advanced Driving Simulator's Vehicle Dynamics (Nadsdyna)[J]. SAE transactions, 1997, 106: 882-894.

[17] K Beullens, K Roe ,J Van den Bulck. Excellent Gamer, Excellent Driver? The Impact of Adolescents'Video Game Playing On Driving Behavior: A Two-Wave Panel Study[J]. Accident Analysis & Prevention, 2011, 43(1): 58-65.

[18] 张文彤. SPSS 统计分析基础教程[M]. 北京:高等教育出版社,2004.

[19] 何晓群. 多元统计分析[M]. 北京:中国人民大学出版社,2004.

[20] 李云雁,胡传荣. 实验设计与数据处理[M]. 北京:化学工业出版社,2008.

[21] 邓勃. 数理统计方法在分析测试中的应用[M]. 北京:化学工业出版社,1984.

[22] 孙培勤,刘大壮. 实验设计数据处理与计算机模拟[M]. 河南:河南科学技术出版社,2001.

[23] 王武宏,孙逢春,曹琦,等. 道路交通系统中驾驶行为理论与方法[M]. 北京:科学出版社,2001.

[24] 何民,荣建,任福田. 判定跟驰状态的研究[J]. 公路交通科技,2001,18(4):74-78.

[25] 魏丽英, 隽志才, 田春林. 驾驶人换车道行为模拟分析[J]. 中国公路学报, 2001, 14(1):77-80.

[26] 刘运通,石建军,熊辉. 交通系统仿真技术[M]. 北京:人民交通出版社,2002.

[27] 邹智军,杨东援. 微观交通仿真中换车道模型[J]. 中国公路学报,2002,15(2):105-108.

[28] Zhang Y L , Owen L E , Clark J E. Multi2regimeapproach for microscopic traffic simulation[J]. Transportation Research Record , 1998 , 1644 : 103- 115.

[29] Hoe C Lee, Don Cameron, Andy H Lee. Assessing the driving performance of older adult drivers: on-road versus simulated driving [J]. Accident analysis and prevention, 2003,35(5):797-803.

[30] Dianne Parker, Robert West, Steve Stradling,et al. Behavioural characteristics and involvement in different types of traffic accident [J]. Accident analysis and prevention, 1995, 27(4): 571-581.

[31] 张晖. 基于驾驶行为的疲劳状态识别研究[D]. 湖北:武汉理工大学,2009.

[32] 张祖怀. 基于人体生理信号的驾驶疲劳研究方法及其应用[D]. 哈尔滨:哈尔滨工业大学,2006.

[33] Noland, R B, L Oh. The Effect of Infrastructure and Demographic Change on Traffic-related Fatalities and Crashes: A Case Study of Illinois County-level Data[J]. Accident Analysis and Prevention,2004,36(4):525-532.

[34] Bamzai, R, Y D Lee,et al. Safety Impacts of Highway Shoulder Attributes in Illinois.

Report FHWA-ICT-11-078[C]. FHWA, U. S. Illinois Center for Transportation, 2011.

[35] Ben-Bassat, T, D Shina. Effects of Shoulder Width, Guardrail and Roadway Geometry on Driver Perception and Behavior[J]. Accident Analysis and Prevention, 2011, 43: 2142-2152.

[36] van der Horst, R , S de Ridder. Influence of Roadside Infrastructure on Driving Behavior. In Transportation Research Record: Journal of the Transportation Research Board, No. 2018, Transportation Research Board of the National Academies[C]. Washington D. C, 2007:36-44.

[37] 吴寿昌,丁军华,明图章. 高等级公路路肩宽度研究[J]. 公路,1996,6.

[38] 唐正光,徐则民,吴华金,等. 山岭区公路路肩宽度及其交通特性分析[J]. 公路交通科技,2010,8.

[39] 郭海龙. 基于行车安全性的山区高速公路合理路肩宽度研究[D]. 陕西:长安大学,2005.

[40] Victor T W, J L Harbluk, J A Engstrom. Sensitivity of Eye-movement Measures to In-vehicle Task Difficulty[J]. Transportation Research, 2005, Part F:167-190.

[41] 郭玮珍, 郭兴明, 万小萍. 以心率和心率变异性为指标的疲劳分析系统[J]. 医疗卫生装备, 2005,26(8):1-2.

[42] 刘灵. 心率变异性在汽车司机驾驶疲劳检测中的应用研究[D]. 重庆: 重庆大学,2007.

[43] Malic M, Camm AJ. Spectral analysis of the heart rate variability signal. Armonk[M]. NY: Future Publishing Company, 1990:19-32.

[44] Cowan MJ, Burr RL, Narayanan SB. Comparison of autoregression and fast Fourier transformtechniques for power spectral analysis of heart period variability of personswith sudden cardiac arrest before and after therapy to increase heart period variability[J]. Electrocardiol, 1992, 25 : 23.

[45] Burr RL, Cowan MJ. Autoregressive spectral models of heart rate variability[J]. Electrocardiol, 1992, 10 (2): 152.

[46] 张祖怀. 基于人体生理信号的驾驶疲劳研究方法及其应用[D]. 哈尔滨:哈尔滨工业大学,2006.

[47] 金键. 驾驶疲劳机理及馈选模式研究[D]. 四川:西南交通大学,2002.

[48] Dinges D F, Pack F, Williams K, et al. Cumulative sleepiness, mood disturbance, and psychomotor vigilance performance decrements during a week of sleep restricted to 4-5 hours per night [J]. Sleep, 1997, 20: 267-277.

[49] 段振伟, 景国勋, 杨书召. 基于安全人机工程学的驾驶疲劳因素及其产生机理分析

[J]. 河南理工大学学报(自然科学版), 2008, 27(1): 21-27.

[50] 李相勇,蒋葛夫. 层次分析法(AHP)在驾驶疲劳致因分析中的运用[J]. 人类工效学, 2003, 9(2): 58-60.

[51] 常继增,马光伟,郭英. 卡车驾驶室噪声对驾驶人听觉损害的危害性评估[J]. 劳动医学, 1998, 15(4): 210-211.

[52] 陈建新,成鑫,陈飞. 高速公路驾驶疲劳影响因素分析[J]. 公路交通科技,2010,6: 265-268.

[53] 张翠. 驾驶人自身因素引起的驾驶疲劳对交通安全的影响[J]. 道路交通与安全, 2010, (3): 30-33.

[54] 毛喆. 基于驾驶人生理特征分析的驾驶疲劳状态识别方法研究[D]. 湖北: 武汉理工大学,2006.

[55] 吴群. 基于心电信号的驾驶疲劳检测方法研究[D]. 浙江:浙江大学,2008.

[56] 徐科军. 信号分析与处理[M]. 北京:清华大学出版社,2006:188-190.

[57] LAL S K L, CRAIG A, BOORD P, et al. Development of an Algorithm for an EEG-based Driver Fatigue Countermeasure[D]. Journal of Safety Research, 2003,34(3): 321-328.

[58] 周洪文,余正武,周本涛. 公路绿化与施工质量管理[M]. 北京:人民交通出版社, 2008:28-28.

[59] 王建军,赖友兵,王婷静. 基于驾驶人视觉心理特征的高等级公路景观分析[J]. 城市交通,2006,4(5):73-77.

[60] 贾致荣,郭忠印. “555”原则及其在公路景观设计中的应用[J]. 公路,2007(10): 209-212.

[61] 牛世峰. 公路弯道路段交通安全特性研究[D]. 吉林:吉林大学,2008.

[62] 肖润谋,等. 山区公路交通安全标志设计[J]. 长安大学学报(自然科学版). 2006,26(3).

[63] Samuel G Charlton. The role of attention in horizontal curves: A comparison of advance warning, delineation, and road marking treatments [J]. Accident Analysis and Prevention,2006.

[64] 陆建,姜 军,叶海飞. 普通公路路侧限速标志设置位置的确定方法[J]. 长安大学学报,2011,1(31).

[65] 赵永平, 王建军, 罗石贵. 指示性线形诱导标设置间距探讨[J]. 河南交通科技,1998.

[66] 毛慧. 线形诱导标设置[J]. 公路交通科技, 2001,18(5).

[67] 黄建镇. 山区高等级公路线形诱导标志设置的研究[D]. 福建: 福建农林大

学,2004.

[68] 彭武雄. 驾驶人视线诱导设施设置合理间距研究[D]. 湖北:武汉理工大学,2007.

[69] Elisabeth R Rose, Paul J Carlson. Spacing Chevrons on Horizontal Curves: Transportation Research Record. 1918[R]. Transportation Research Board of the National Academies, Washington D. C., 2005.

[70] Zwahlen, H T. Optimal Application and Placement of Roadside Reflective Devices for Curves on Two-Lane Rural Highways: Report FHWA/OH-94/011[R]. FHWA, U. S. Department of Transportation, 1983.

[71] Zwahlen, H T, J Y Park. Curve Radius Perception Accuracy as a Function of Number of Delineation Devices (Chevrons): In Transportation Research Record 1495, TRB[R]. National Research Council, Washington D. C., 1994.

[72] Niessner, C W. Post Mounted Delineators: Report FHWA-TS-83-208[R]. FHWA, U. S. Department of Transportation, 1983.

[73] Carlson, P J, E R Rose, et al. Simplifying Delineator and Chevron Application for Horizontal Curves: Report FHWA/TX-04/0-4052-1 [R]. Texas Transportation Institute, College Station, 2004.

[74] 郑芳. 道路控速设施的设计及应用研究[D]. 长春:吉林大学,2007.

[75] Eric Meyer. Application of Optical Speed Bars to Highway Work Zones: Transportation Research Record 1657[R]. Paper No. 99-1299.

[76] Stuart T Godley, Thomas J Triggs, Brian N. Fildes. Driving Simulator validation for speed research[J]. Accident Analysis and Prevention, 2002, 34: 589-600.

[77] Timothy J Gates, Xiao Qin, David ANoyce. Effectiveness of Experimental Transverse-Bar Pavement Marking as Speed-Reduction Treatment on Freeway Curves: Transportation Research Record[J]. Transportation Research Board, 2008, 2056.

[78] 姜军,王紫鹃,吴靖,等. 典型车速控制措施的有效性与适应性分析[J]. 交通信息与安全,2010,28(3):96-99.